# 时标动态经济建模与分析

罗 华 著

科学出版社

北 京

## 内 容 简 介

本书介绍动态经济模型的时标建模与分析. 主要内容有时标 Solow 模型、时标 Ramsey 模型、时标蛛网模型、时标乘数-加速数模型、时标通货膨胀和失业关系模型、时标上的行为经济学理论等. 本书试图通过尽可能多的动态模型时标分析的呈现, 帮助读者快速了解时标与动态经济学交叉的研究前沿.

本书可供高等院校数学专业和经济学专业的研究生或者高年级本科生阅读, 也可以作为高等院校教师和相关领域科研工作者教学与研究的参考书, 也可供对动态经济模型与时标微积分理论感兴趣的从业人员阅读.

图书在版编目(CIP)数据

时标动态经济建模与分析/罗华著. —北京:科学出版社, 2023.12
ISBN 978-7-03-076781-3

Ⅰ. ①时⋯ Ⅱ. ①罗⋯ Ⅲ. ①经济模型-研究 Ⅳ. ①F224.0

中国国家版本馆 CIP 数据核字(2023)第 202706 号

责任编辑: 李 欣 李香叶 / 责任校对: 彭珍珍
责任印制: 张 伟 / 封面设计: 无极书装

*科学出版社* 出版
北京东黄城根北街 16 号
邮政编码: 100717
http://www.sciencep.com

*北京九州迅驰传媒文化有限公司* 印刷
科学出版社发行 各地新华书店经销

\*

2023 年 12 月第 一 版 开本: 720×1000 1/16
2023 年 12 月第一次印刷 印张: 12 1/2
字数: 252 000
**定价: 98.00 元**
(如有印装质量问题, 我社负责调换)

# 前　　言

时标是实数集的任意非空闭子集, 1988 年由德国学者 S. Hilger 提出, 是统一连续时间和离散时间的一种新的时间框架. 时标上的微分方程称为动态方程. 时标微积分理论自创立至今, 一直蓬勃发展, 在生物、物理、生命等学科领域的应用成果丰富. 近年来, 越来越多的学者开始关注时标微积分理论在经济学中的应用, 把动态经济模型中的时间变量推广到时标进行建模并做进一步的分析, 是目前该领域主要的研究方向.

时间变量的加入是动态经济学分析区别于静态经济学问题的关键. 因为工具选择的限制, 现有动态经济学分析通常单一使用连续时间或者离散时间, 这不仅造成与现实经济现象的割离, 也产生了时间选择影响模型分析结果的理论难题. 而在时标上考察动态经济学问题, 一方面便于贴切描述现实, 精准分析各变量之间的联系; 另一方面, 也易于把握经济活动实际发展脉络, 提升经济趋势的预测精度; 同时避免了错误选择时间类型可能带来的结果偏差.

本书整理了近 10 年来时标微积分理论在动态经济学应用中的研究工作, 主要内容集中在经济增长模型的分析领域, 也关注其他经典经济学模型的时标分析, 以及行为经济学的一些基础理论. 为了帮助读者以最快速度了解这个领域的前沿研究内容, 作者力图尽可能多地纳入经济学模型, 但为了章节的连贯性和主题的鲜明性, 也忍痛割舍了一些十分有趣的结论, 以及一些以数学推导为主, 经济模型分析为辅的开创性成果. 本书也以相当篇幅包含了作者近些年在该领域的研究结果, 并针对目前该领域研究普遍存在的问题, 如欠缺经济学含义的讨论、缺少时标结论在经济学层面的解释等, 给出了自己的思考与观点. 对本书议题感兴趣的读者也可以在阅读过程中随时发现待开拓的领域, 并会发现能相对容易地加以实践.

全书共 11 章, 具体内容安排如下.

第 1 章介绍研究背景与预备知识. 时标动态经济增长模型是时标微积分理论与经济增长理论的交叉研究. 本章介绍研究背景、现状与意义, 并尽可能多地列出后续章节所要用到的时标基本概念、相关记号和基础知识.

第 2 章定义时标增长率与弹性的经济学概念. 给出并证明了一些时标增长率与弹性的必要的运算性质.

第 3 章建立时标 Solow 模型, 分析相关经济变量的动态学过程和均衡状态, 重点讨论时标结构对经济增长的影响.

第 4 章采用数据模拟的形式, 定量分析时标结构对经济均衡增长路径的影响. 设定代表不同经济活动频率的几组时标, 比较相同经济在不同时标结构下的均衡增长路径和均衡状态.

第 5 章建立时标 Ramsey 模型并求解, 讨论人均消费和人均资本的动态学, 以及时标结构对于经济均衡状态的影响.

第 6 章是 Ramsey 模型不同算子版本的比较. 时标上有两种导数算子, 一种是 delta 导数, 另一种是 nabla 导数. 两种导数算子对应两个时标 Ramsey 模型的版本. 本章不仅讨论这两种版本的模型构建与求解结果, 也同时与离散版本和连续版本进行比较, 并给出 Ramsey 模型的扩展——一个调节版本的相关结论. 对自由边界条件下的时标 Ramsey 模型, 介绍边界条件的处理过程以及求解步骤.

第 7 章讨论时标蛛网模型, 分别建立了时标线性和非线性蛛网模型, 通过引入正常价格和调整各期预期拓展了原有模型, 利用时标一阶动态初值问题对其建模, 还利用二阶动态方程考察具有时滞的相关市场. 不仅讨论了模型的通解, 也给出了模型的稳定性条件.

第 8 章讨论时标分数阶微分算子蛛网模型. 在整合分数阶微分算子之下, 建立了时标蛛网模型, 既给出动态模型的一般解和稳定性标准, 也在特定时标上给出应用实例. 分数阶微积分是从整数阶微积分发展而来的重要分支, 而整合分数阶微分算子又是一种性质很好的分数阶微分算子, 时标分数阶微分算子蛛网模型有助于更灵活地讨论产量和价格的波动.

第 9 章建立了时标乘数–加速数模型, 在 Samuelson 基本乘数–加速数模型的基础上, 内生化政府支出、考虑税收和开放经济, 对模型进行了修正, 给出了时标乘数–加速数模型一般形式, 并讨论了它的 Hicks 拓展. 对每种情形, 都既给出拓展和自伴形式的动态方程, 也给出特定时标的实例.

第 10 章使用时标动态方程分析菲利普斯曲线现象, 该现象描述了一个经济体中通货膨胀和失业之间的历史反比关系. 建立了由三个方程——菲利普斯关系、自适应预期方程和货币政策方程——所描述的时标通货膨胀和失业关系模型, 并提供了必要的和充分的稳定性标准.

第 11 章介绍时标上的行为经济学理论. 时标结构天然具有刻画时间选择与行为模式的优势, 因此适用于行为经济学理论分析. 通过建立和分析一个时标 "吃蛋糕" 模型, 以及一个时标家庭消费模型, 说明在涉及跨期选择时, 时标分析可以解释行为经济学中的一些现象.

本书的撰写历经 2022 年上海疫情最严重的时期, 感谢全国驰援和上海的努力, 感谢所有在这个时期即使面临各种不确定性, 依然心怀希望, 认真生活, 温良恭谨的人民.

感谢我的博士生导师马如云教授和博士后导师艾洪德教授, 是他们的引领与教导指引我步入了时标与经济学交叉的研究方向. 本书从构思起笔到完成, 也得到诸多国内同行专家的鼓励, 在此一并表示衷心的感谢! 本书的写作参考了国内外相关领域的许多文献资料, 感谢著作者的知识共享! 感谢硕士研究生谷红军, 他在时标 Ramsey 模型的分析和数值模拟阶段做了很多细致的工作. 感谢我的家人, 是他们的理解、支持和爱护, 才让我至今依然能够保持对学术和生活的热爱.

感谢上海外国语大学国际金融贸易学院的全力支持. 感谢上海外国语大学国际金融贸易学院的全力支持和资助! 特别致谢科学出版社的责任编辑李欣女士和各位工作人员, 他 (她) 们为本书的出版付出了细致辛勤的劳动!

因作者水平和经验有限, 本书难免有不足之处. 如蒙读者不吝赐教, 作者将不胜感激.

罗 华

2022 年 4 月

# 目 录

前言
第1章 研究背景与预备知识 ·········································· 1
   1.1 研究背景和相关记号 ·········································· 1
   1.2 时标微积分 ·················································· 4
   1.3 时标指数函数 ················································ 10
   1.4 一阶与二阶时标 delta 线性动态方程 ···························· 14
   1.5 一阶与二阶时标 nabla 线性动态方程 ···························· 22
第2章 时标增长率和弹性 ············································ 25
   2.1 时标增长率 ·················································· 25
   2.2 时标弹性 ···················································· 28
第3章 时标 Solow 模型 ·············································· 33
   3.1 传统 Solow 模型 ·············································· 33
   3.2 时标 Solow 模型 ·············································· 35
   3.3 不考虑技术进步的时标 Solow 模型的均衡分析 ·················· 38
   3.4 有技术进步的时标 Solow 模型的均衡分析 ······················ 43
   3.5 人均资本存量路径的定性讨论 ·································· 47
第4章 时标经济增长模型的数据模拟 ·································· 50
   4.1 时标 Cobb-Douglas 生产函数 ·································· 50
   4.2 没有技术进步和人口增长时的均衡增长路径 ······················ 51
   4.3 有技术进步和人口增长时的均衡增长路径 ························ 54
第5章 时标 Ramsey 模型 ············································ 56
   5.1 传统 Ramsey 模型 ············································ 56
   5.2 时标 Ramsey 模型 ············································ 60
   5.3 经济的动态学与均衡分析 ······································ 63
   5.4 时标结构对均衡的影响 ········································ 67
第6章 Ramsey 模型不同算子版本的比较 ······························ 69
   6.1 预备定理及离散和连续 Ramsey 模型 ···························· 69
   6.2 时标 Ramsey 模型 ············································ 71
   6.3 自由边界条件下的 Ramsey 模型 ································ 75

## 第 7 章　时标蛛网模型 ······ 79
### 7.1　离散和连续蛛网模型 ······ 79
### 7.2　时标蛛网模型 ······ 82
### 7.3　正常价格预期的时标蛛网模型 ······ 88
### 7.4　适应性价格预期的时标蛛网模型 ······ 98
### 7.5　二阶时标蛛网模型 ······ 104
### 7.6　时标非线性蛛网模型 ······ 110

## 第 8 章　时标整合分数阶蛛网模型 ······ 115
### 8.1　时标整合分数阶导数与积分 ······ 115
### 8.2　时标整合分数阶蛛网模型 ······ 119
### 8.3　带预期的时标整合分数阶蛛网模型 ······ 124
### 8.4　几个可继续研究的问题 ······ 128

## 第 9 章　时标乘数-加速数模型 ······ 130
### 9.1　传统乘数-加速数模型框架 ······ 130
### 9.2　时标乘数-加速数模型的一般形式 ······ 132
### 9.3　时标乘数-加速数模型的自伴形式 ······ 137
### 9.4　考虑政府税收的时标乘数-加速数模型 ······ 139
### 9.5　Samuelson 基本乘数-加速数模型的时标版本 ······ 142
### 9.6　开放经济乘数-加速数模型的 Hicks 拓展 ······ 144
### 9.7　封闭经济乘数-加速数模型的 Hicks 拓展 ······ 150

## 第 10 章　时标通货膨胀和失业关系模型 ······ 153
### 10.1　连续时间模型 ······ 153
### 10.2　离散时间模型 ······ 157
### 10.3　时标 Aljinovic 版本模型 ······ 161
### 10.4　时标 Chiang 版本模型 ······ 169

## 第 11 章　时标上的行为经济学理论 ······ 177
### 11.1　预备知识 ······ 177
### 11.2　"吃蛋糕"问题 ······ 177
### 11.3　家庭消费问题 ······ 183

## 参考文献 ······ 187

# 第 1 章 研究背景与预备知识

时标动态经济建模与分析是时标微积分和动态方程理论与动态经济学的交叉研究. 本章介绍研究背景、现状与意义, 并尽可能多地列出后续章节所要用到的时标基本概念和基础知识.

## 1.1 研究背景和相关记号

时间变量的加入是动态经济学分析区别于静态经济学问题的关键. 目前, 动态经济学理论的模型分析均是先选定时间类型, 再进行分析. 例如增长问题, 若视产出在一个等步长的时间序列 (例如每周、每月) 上发生, 则可用离散时间的差分方程理论进行建模分析; 若视产出在所有时点都有发生, 则可用连续时间的微分方程理论进行建模分析. 还有些模型混合使用离散和连续时间. 选择连续时间变量类型, 或者选择离散时间变量类型, 很多时候影响着模型分析的最终结果 ([Gandolfo 1980]). 现实经济活动十分复杂, 任意时点都可能发生或不发生 (例如各种产出、资本存量的变化以及消费等), 因此可以认为时间变量类型的选择在很多时候人为限制或者人为调整了经济活动的发生时点, 而且单一使用一种时间变量类型也很难贴切描述现实以及精准分析各变量之间的联系, 同时还制约着经济活动实际发展脉络和趋势的预测精度. 如果有一种时间框架, 可以统一连续和离散情形, 那么动态经济建模就不用犹豫如何选择时间变量类型, 也不用担心错误的选择带来结果的偏差, 分析过程因此会更易于进行且更便于解释. 时标, 正是这样的一种时间框架.

时标 (Time Scales), 1988 年由德国学者 S. Hilger 提出 ([Hilger1988, Hilger 1990]), 被定义为实数集的任意非空闭子集, 是统一连续时间和离散时间的一种新的时间框架. 时标上的微分方程称为动态方程, 连续时间的微分方程和离散时间的差分方程是动态方程的两个特例. 近十几年以来, 时标微积分和动态方程理论在生物、物理、生命等学科领域的应用开始迅速发展, 在经济学学科中的应用起步较晚, 虽然相关文献也逐年增多, 但是仍然缺乏系统性探讨和深度应用, 现有成果还主要以经典经济增长模型在时标上的扩展为主.

经济增长理论包括一组经济增长模型, 这一组经济增长模型组成了某一阶段的经济增长理论, 在不同层面解释了一组经验经济增长事实. 经济学家 Paul Romer 获得 2018 年诺贝尔经济学奖的主要贡献就是其将技术创新纳入了宏观经济分析,而这源于他在 20 世纪 90 年代的研究中构建了一个人们在经济活动中有意识地进行研究开发以促进技术进步的数理模型.

经济增长模型中, 内生经济增长模型是经济增长理论的重大进步. 20 世纪 50 年代和 60 年代, 虽然新古典经济增长理论占据主流地位, 但后来可视作内生经济增长模型的一些工作已经在不断创造中. Kenneth Arrow (1962 年) 的干中学模型、Hirofumi Uzawa (1965 年) 的人力资本驱动的生产率改进模型、Karl Shell (1969 年) 的发明创新活动模型, 分别对知识的外部性、人力资本的作用、技术创新的内生化作出了初步尝试. 继而 Edmund Phelps (1966 年)、William Nordhaus (1969 年) 等很多其他研究者也对技术、创新和知识的进步如何纳入增长模型进行了初步探索, 这些研究都为内生经济增长理论的创立提供了一定的理论基础和模型的雏形. 20 世纪 80 年代末开始, 新增长理论开始进入繁荣阶段, 出现了一些有代表性的学者, 建立了一批真正意义上的内生经济增长模型. 例如 Romer (1986 年) 对知识、技术的内生化; Robert Lucas (1988 年) 把人力资本引入内生变量; Murphy 和 Vishny (1989 年) 对资本和知识外部性的讨论; Gene Grossman 和 Elhanan Helpman (1991 年) 的横向创新模型; Philippe Aghion 和 Peter Howitt (1992 年) 提出的创造性毁灭模型等. 还有一些学者, 他们把金融中介、信用制度、产权制度和环境污染等其他因素作为一个内生变量, 建立了他们的增长模型. 近年来, 不仅储蓄率内生化、制度内生化等获得更深入地研究, 有关教育与增长、保险嵌入与增长、人力资本与增长、税收与增长、环境与增长、金融发展与经济增长的文献也不断见诸期刊, 彰显着经济增长理论牢靠的根基性与旺盛的生命力.

若细化一下内生经济增长模型的类型, 可分其为把知识内生化的模型、把人力资本内生化的模型、把技术创新内生化的模型、把经济规模内生化的模型, 以及把其他因素内生化的模型. 它们的创立目标其实是一致的, 即不断将外生变量内生化, 使模型更加贴近实际, 使理论能更加有力地解释和预测现实世界.

从 "内生化" 的角度考察, 时标经济增长模型相当于把动态经济增长模型中的时间变量 "内生化", 考察经济变量取值变化的快慢 (如投资的速度、生产的频率等) 对增长结果的影响. 也可以说是通过把经济活动频率纳入宏观经济分析研究, 研究增长快慢与贫富差距是否另有缘由. 既然任何有助于决策和理解, 并能显著减少不确定性的模型都可能具有实用价值, 那么时标经济增长模型是有望给动态经济理论提供新的研究视角的, 甚至可能挖掘出连续和离散时间变量未曾揭示的隐藏的经济学含义.

对经典经济增长模型的时标化, 或者说对时标在经济增长理论中的应用, 已有一些工作. [Atici2009] 比较时标微积分的 delta 和 nabla 算子时, 引入了 Ramsey 模型, 分别使用 delta 和 nabla 微分推广 Ramsey 模型到时标上, 并给出了模型的解. 结果表明在时标为连续的情况下, 使用两种算子建模的结果完全相同, 以此说明两种算子在某些时标下是相同的. [Bohner2013] 依据时标微积分理论, 推导出了时标 Solow 模型的非线性一阶动态方程的解. 到 2015 年, 他们又在时标上进一步分析了 Solow 模型, 建立了一个比较定理, 比较了两个经济体在一定条件下的人均资本的大小. 在假设人口增长率是一个单调递减函数时, 本书讨论了 Solow 模型解的稳定性和单调性. 詹再东 ([Zhan2012]) 深入和系统地研究了时标动态微分系统的最优控制问题, 并给出两个时标最优控制应用的例子, 其中一个就是在时标上考察 Ramsey 模型. 根据最大值原理, 通过 Hamilton 函数导出正规方程组, 在假定跨期效用替代函数为自然对数函数的条件下, 得到了最优消费—储蓄路径. 结果发现在时标上, 人均消费增长率会随时标结构 $\mu(t)$ 波动. 这与单纯连续时间或离散时间建模所得的人均消费增长率都是常数并不一致. 这种人均消费增长率会随时标结构 $\mu(t)$ 波动的现象可以解释为消费者更愿意接受不同时期消费的波动. 这个结果符合著名感觉剥夺实验的结论, 即人若长时间生活在缺乏刺激变化的环境里, 就会感到无聊而去寻求一定的新异刺激, 人需要有不断变化的刺激输入, 才能更多地拥有力量, 更好地发展. 本书作者同样建立了时标 Solow 增长模型和时标 Ramsey 模型, 在细致分析模型的稳态水平和动态行为时, 发现均衡时总资本存量和总产出水平的稳态增长率不再是常数, 而是达到了一种新的稳态——rd 稳态. 这些工作从不同角度做出了各自的贡献, 可以看作是经济增长模型在时间变量 "内生化" 的道路上跨出的第一步.

时标在经济学中的应用并不只限于经济增长模型的时标化拓展. [Atici2006] 研究时标变分法的一篇文献里, 给出了一个时标消费者终生效用最大化问题, 发现若消费时点取值于时标, 效用最大消费路径的增长率会随时标结构波动. 这与按期消费的离散模型和瞬时效用相加的连续模型所得的 "增长率为常值" 的结论不一致. [Atici2008] 讨论厂商理论中的 HMMS 模型, 获得了时标生产-库存最优路径. 这个最优路径也与时标结构有关, 其通过时标模型得到的 "生产周期越长, 成本越大" 等经济结论是离散模型分析无法直接得出的. [Tisdell2008] 在给一阶动态方程可解性结果选取应用实例时, 也发现动态方程理论在求解 Keynesian-Cross 模型时十分便利. Bohner 研究团队还曾探讨过时标蛛网模型、时标乘数-加速数模型, 以及在时标上考察描述通货膨胀率和失业率关系的菲利普斯曲线. 这些已有成果从各个方面展示着时标经济分析的优越性和较大潜力.

时标统一了连续和离散两种时间类型, 又包括中间各种可能的时间分布, 建模范围十分广泛, 可以弥补连续与离散分析的不足; 在连续和离散分析结果不统一的情形下, 还可以揭示不统一的本质原因, 帮助确定更有效的建模方案; 离散时间模型无法获知的部分结果, 通过时标建模却可能实现因果分析, 因此无论从理论层面, 还是实践层面, 时标动态经济建模与分析都是一个值得挖掘和继续深入的研究领域. 经济中总会遇到离散和连续模型无法捕捉事件所有特征的情况, 从这个意义上说，时标动态模型为所有时间类型的事件提供了一个更"完整"的分析框架. 但在它发展到足够成熟，并且能够被灵活应用于经济学分析之前，经济学家们对它的认可并不会非常容易. 我们对复杂世界的认知至今还是非常有限的，所以对能够处理复杂问题的工具的接受也是需要较长一段时间的.

时标动态经济分析正在经历数学——数理——经济的三阶段过程. 已有成果普遍还缺乏模型经济学含义的深入讨论，缺少时标结论在经济学层面的解释，且因为缺少对应数据库，暂时也无法直接应用于实证分析. 因此现阶段并不敢说这条道路一定就能促成动态经济学理论的新发展，但是基础研究的价值也许正是如此，做好当下，静待未来. 基于这样的思考和认识，本书作者觉得有必要将现有成果、自己这几年的思考和研究结果整理成书. 本书是国内介绍时标动态经济分析的一本书，希望能在当下和未来的某个时刻，给相关领域的读者带来启发和帮助.

以下列出本书用到的若干记号.

$\mathbb{T}$: 时标;

$\mathbb{R}$: 实数集;

$\mathbb{R}^+$: 正实数集;

$\mathbb{Z}$: 整数集;

$\mathbb{N}$: 自然数集;

$\mathbb{N}_0$: 正整数集;

$h\mathbb{Z}$: $\{hk: k \in \mathbb{Z}, h > 0\}$;

$q^{\mathbb{N}_0}$: $\{q^n: n \in \mathbb{N}_0, q > 1\}$;

$\mathbb{C}$: 复数集;

$\varnothing$: 空集;

$C_{\mathrm{rd}}(\mathbb{T})$: $\mathbb{T}$ 上 rd 连续函数的全体;

$C_{\mathrm{rd}}^1(\mathbb{T})$: $\mathbb{T}$ 上可导，且导函数 rd 连续的函数的全体 (导数区分 delta 导数和 nabla 导数);

$C^1(\mathbb{T})$: $\mathbb{T}$ 上可导，且导函数连续的函数的全体 (导数区分 delta 导数和 nabla 导数);

$C^2(\mathbb{T})$: $\mathbb{T}$ 上二阶可导，且二阶导函数连续的函数的全体 (导数区分 delta 导数和 nabla 导数).

## 1.2 时标微积分

本节介绍时标概念和时标微积分的基本概念和基础定理. 它们是全书数学公式推导部分阅读的基础. 读者也可以查看 [Agarwal1999, Bohner2001, Bohner2003, Hilger1990, Kaymakcalan1996] 及所引参考文献获得更系统的介绍.

## 1.2 时标微积分

**定义 1.2.1** 时标定义为实数集的任意非空闭子集. 例如

$$\mathbb{R}, \mathbb{Z}, q^{\mathbb{N}_0}, [1,2] \cup [4.5, 9], [-1, 3] \cup \mathbb{N}, \quad \text{Cantor 集}$$

时标通常用 $\mathbb{T}$ 表示.

**定义 1.2.2** 设 $\mathbb{T}$ 是时标, $t \in \mathbb{T}$. 规定 $\inf \varnothing = \sup \mathbb{T}, \sup \varnothing = \inf \mathbb{T}$. 定义前跳算子 $\sigma : \mathbb{T} \to \mathbb{T}$ 和后跳算子 $\rho : \mathbb{T} \to \mathbb{T}$ 分别为

$$\sigma(t) = \inf\{s \in \mathbb{T} : s > t\}, \quad \rho(t) = \sup\{s \in \mathbb{T} : s < t\}$$

前向步长函数 $\mu : \mathbb{T} \to [0, +\infty)$ 和后向步长函数 $v : \mathbb{T} \to [0, +\infty)$ 分别为

$$\mu(t) = \sigma(t) - t, \quad v(t) = t - \rho(t)$$

根据 $\mu(t) > 0, \mu(t) = 0, v(t) > 0, v(t) = 0$, 可以把 $\mathbb{T}$ 上的点 $t$ 分为四种类型, 对应分别称为右离散、右稠密、左离散和左稠密. 既左离散又右离散的点称为孤立点.

如果 $\mathbb{T}$ 有一个右离散的最大值 $m$, 那么记 $\mathbb{T}^k = \mathbb{T} - m$, 否则 $\mathbb{T}^k = \mathbb{T}$. 如果 $\mathbb{T}$ 有一个左离散的最小值 $n$, 那么记 $\mathbb{T}_k = \mathbb{T} - n$, 否则 $\mathbb{T}_k = \mathbb{T}$. 记 $\mathbb{T}_k^k = \mathbb{T}^k \cap \mathbb{T}_k$.

以下给出具体时标的例子.

**例 1.2.1** 当 $\mathbb{T} = \mathbb{R}$ 时, $\sigma(t) = \rho(t) = t, \mu(t) = v(t) \equiv 0$.

**例 1.2.2** 令 $h > 0, \mathbb{T} = h\mathbb{Z} := \{hk : k \in \mathbb{Z}\}, t \in \mathbb{T}$. 计算可得

$$\sigma(t) = \inf\{t + h, t + 2h, t + 3h, \cdots\} = t + h$$

$$\rho(t) = \sup\{t - h, t - 2h, t - 3h, \cdots\} = t - h$$

因此任意 $t \in h\mathbb{Z}$ 都是孤立点, 且前向步长函数和后向步长函数分别为

$$\mu(t) = t + h - t \equiv h, \quad v(t) = t - (t - h) \equiv h, \quad \forall t \in \mathbb{T}$$

对 $h = 1$, 即 $\mathbb{T} = \mathbb{Z}$ 的特殊情形, 有

$$\sigma(t) = t + 1, \quad \rho(t) = t - 1, \quad \mu(t) = v(t) \equiv 1$$

**例 1.2.3** 当 $\mathbb{T} = q^{\mathbb{N}_0} = \{q^n : n \in \mathbb{N}_0, q > 1\}$ 时, 对 $t = q^m$, 计算可得

$$\sigma(t) = \inf\{q^n : n \in [m+1, +\infty)\} = q^{m+1} = qq^m = qt$$

$$\rho(t) = \sup\{q^n : n \in [-\infty, m-1])\} q^{m-1} = \frac{q^m}{q} = \frac{t}{q}$$

前向步长函数和后向步长函数分别为

$$\mu(t) = qt - t = (q-1)t, \quad v(t) = t - \frac{t}{q} \equiv \frac{(q-1)t}{q}, \quad \forall t \in \mathbb{T}$$

**定义 1.2.3** 假设函数 $f : \mathbb{T} \to \mathbb{R}$. 定义 $f^\sigma : \mathbb{T}^k \to \mathbb{R}$ 为

$$f^\sigma(t) = f(\sigma(t)), \quad t \in \mathbb{T}$$

时标 $\mathbb{T}$ 上的开区间 $(a,b)_{\mathbb{T}}$ 定义为 $(a,b)_{\mathbb{T}} = \{t \in \mathbb{T} \mid a < t < b\}$. 其他类型 (闭区间、半开半闭区间) 类似定义.

时标上函数的连续性如通常定义.

**定义 1.2.4** 如果函数 $f : \mathbb{T} \to \mathbb{R}$ 在 $\mathbb{T}$ 上任意右连续的点处都连续, 左稠密的点处存在有限极限, 那么称 $f$ 为 $\mathbb{T}$ 上 rd 连续的函数. $\mathbb{T}$ 上 rd 连续函数的全体记作 $C_{\text{rd}}(\mathbb{T})$. ld 连续函数类似定义.

以下介绍时标函数 $f : \mathbb{T} \to \mathbb{R}$ 的导数.

**定义 1.2.5** 设 $f : \mathbb{T} \to \mathbb{R}, t \in \mathbb{T}^k$. 如果存在一个数, 记为 $f^\Delta(t)$, 使对任意 $\varepsilon > 0$, 存在 $t$ 的邻域 $U$ ($U = (t - \delta, t + \delta) \cap \mathbb{T}, \delta > 0$), 对任意 $s \in U$, 总成立

$$\left| [f^\sigma(t) - f(s)] - f^\Delta(t)[\sigma(t) - s] \right| \leqslant \varepsilon |\sigma(t) - s|$$

则称 $f$ 在 $t$ 点 delta 可导, 称 $f^\Delta(t)$ 为 $f$ 在 $t$ 点的 delta 导数. 若对任意 $t \in \mathbb{T}^k$, $f$ 在 $t$ 点 delta 可导, 则称 $f$ 在 $\mathbb{T}^k$ 上 delta 可导. 如果 $f^\Delta$ 在 $\mathbb{T}^{k^2} := (\mathbb{T}^k)^k$ 上 delta 可导, 则称 $f^{\Delta\Delta} = (f^\Delta)^\Delta$ 是 $f$ 在 $\mathbb{T}$ 上的二阶 delta 导数. 类似可定义更高阶的 delta 导数.

**注 1.2.1** 如果 $\mathbb{T} = \mathbb{R}$, 那么 $f^\Delta(t) = f'(t)$, $f^{\Delta\Delta}(t) = f''(t)$, delta 导数退化成连续时间上的导数; 如果 $\mathbb{T} = \mathbb{Z}$, 那么

$$f^\Delta(t) = \frac{f^\sigma(t) - f(t)}{\mu(t)} = \frac{f(t+1) - f(t)}{1} = \Delta f(t)$$

$$f^{\Delta\Delta}(t) = \frac{f^\Delta(\sigma(t)) - f^\Delta(t)}{\mu(t)} = \frac{f^\Delta(t+1) - f^\Delta(t)}{1}$$

$$= \Delta f(t+1) - \Delta f(t) = \Delta^2 f(t)$$

delta 导数退化成离散时间上的差分; 如果 $\mathbb{T} = q^{\mathbb{N}_0}$, 那么

$$f^\Delta(t) = \frac{f^\sigma(t) - f(t)}{\mu(t)} = \frac{f(qt) - f(t)}{(q-1)t}, \quad \forall t \in q^{\mathbb{N}_0}$$

## 1.2 时标微积分

而

$$f^{\Delta\Delta}(t) = \frac{f^{\Delta}(\sigma(t)) - f^{\Delta}(t)}{\mu(t)} = \frac{f^{\Delta}(qt) - f^{\Delta}(t)}{(q-1)t}$$

$$= \frac{\frac{f(q^2t) - f(qt)}{q(q-1)t} - \frac{f(qt) - f(t)}{(q-1)t}}{(q-1)t}$$

$$= \frac{f(q^2t) - f(qt) - qf(qt) + qf(t)}{q(q-1)^2 t^2}$$

$$= \frac{f(q^2t) - (q+1)f(qt) + qf(t)}{q(q-1)^2 t^2}$$

**定理 1.2.1** 设 $f: \mathbb{T} \to \mathbb{R}, t \in \mathbb{T}^k$. 以下结论成立:
(1) 如果 $f$ 在 $t$ 点 delta 可导, 那么 $f$ 在 $t$ 点连续.
(2) 如果 $f$ 在 $t$ 点连续且 $t$ 右离散, 那么 $f$ 在 $t$ 点 delta 可导, 且

$$f^{\Delta}(t) = \frac{f^{\sigma}(t) - f(t)}{\mu(t)}$$

(3) 如果 $f$ 在 $t$ 点 delta 可导, 那么

$$f^{\sigma}(t) = f(t) + \mu(t) f^{\Delta}(t)$$

(4) 如果 $f$ 在 $t$ 点 delta 可导, 那么 $f^{\sigma}: \mathbb{T}^k \to \mathbb{R}$ 在 $t$ 点也 delta 可导, 且

$$(f^{\sigma})^{\Delta}(t) = \sigma^{\Delta}(f^{\Delta})^{\sigma}$$

**定理 1.2.2** 假设 $f, g: \mathbb{T} \to \mathbb{R}$ 在 $t \in \mathbb{T}^k$ 点可导, 那么在 $t$ 点,
(1) $f + g: \mathbb{T} \to \mathbb{R}$ delta 可导, 且 delta 导数为

$$(f+g)^{\Delta}(t) = f^{\Delta}(t) + g^{\Delta}(t)$$

(2) 对任意常数 $\alpha$, $\alpha f: \mathbb{T} \to \mathbb{R}$ delta 可导, 且 delta 导数为

$$(\alpha f)^{\Delta}(t) = \alpha f^{\Delta}(t)$$

(3) 乘积函数 $fg: \mathbb{T} \to \mathbb{R}$ delta 可导, 且 delta 导数为

$$(fg)^{\Delta}(t) = f^{\Delta}(t) g(t) + f^{\sigma}(t) g^{\Delta}(t) = f(t) g^{\Delta}(t) + f^{\Delta}(t) g^{\sigma}(t)$$

(4) 若 $f(t)f^\sigma(t) \neq 0$, 则 $\dfrac{1}{f}$ delta 可导, 且 delta 导数为

$$\left(\frac{1}{f}\right)^\Delta (t) = -\frac{f^\Delta(t)}{f(t)f(\sigma(t))}$$

(5) 若 $g(t)g^\sigma(t) \neq 0$, 则 $\dfrac{f}{g}$ delta 可导, 且 delta 导数为

$$\left(\frac{f}{g}\right)^\Delta (t) = \frac{f^\Delta(t)g(t) - f(t)g^\Delta(t)}{g(t)g^\sigma(t)}$$

**定理 1.2.3** 若 $f^\Delta(t) \equiv 0, t \in \mathbb{T}^k$, 则 $f(t)$ 在 $\mathbb{T}$ 上恒为常值.

**定理 1.2.4** 若 $f$ 在 $(a,b)_\mathbb{T}$ 上连续, 在 $[a,b)_\mathbb{T}$ 上等 delta 可导, 则 $f$ 在 $(a,b)_\mathbb{T}$ 上是单调增加、单调减少、单调不减、单调不增的, 分别等价于 $f^\Delta(t) > 0, f^\Delta(t) < 0, f^\Delta(t) \geqslant 0, f^\Delta(t) \leqslant 0$.

**定理 1.2.5** (复合函数 delta 导数) 设 $f : \mathbb{R} \to \mathbb{R}$ 是连续可导的, $g : \mathbb{T} \to \mathbb{R}$ 是 delta 可导的. 则 $f \circ g : \mathbb{T} \to \mathbb{R}$ 是 delta 可导的, 且 delta 导数为

$$(f \circ g)^\Delta(t) = \left\{\int_0^1 f'(g(t) + h\mu(t)g^\Delta(t))\mathrm{d}h\right\} g^\Delta(t)$$

与 delta 导数对应地有 nabla 导数.

**定义 1.2.6** 假设 $f : \mathbb{T} \to \mathbb{R}, t \in \mathbb{T}_k$, 如果存在一个数, 记为 $f^\nabla(t)$, 使对任意 $\varepsilon > 0$, 存在 $t$ 的邻域 $U$ ($U = (t-\delta, t+\delta) \cap \mathbb{T}, \delta > 0$), 对任意 $s \in U$, 总成立

$$\left|f(\rho(t)) - f(s) - f^\nabla(t)[(\rho(t) - s)]\right| \leqslant \varepsilon |\rho(t) - s|$$

则称 $f$ 在 $t$ 点 nabla 可导, 称 $f^\nabla(t)$ 为 $f$ 在 $t$ 点的 nabla 导数. 若对任意 $t \in \mathbb{T}_k$, $f$ 在 $t$ 点都 nabla 可导, 则称 $f$ 在 $\mathbb{T}$ 上 nabla 可导. 若对任意 $t \in \mathbb{T}_k$, $f$ 在 $t$ 点 nabla 可导, 则称 $f$ 在 $\mathbb{T}_k$ 上 nabla 可导. 如果 $f^\nabla$ 在 $\mathbb{T}_{k^2} = (\mathbb{T}_k)_k$ 上 nabla 可导, 则称 $f^{\nabla\nabla} = (f^\nabla)^\nabla$ 是 $f$ 在 $\mathbb{T}$ 上的二阶 nabla 导数. 类似可定义更高阶的 nabla 导数.

**注 1.2.2** 如果 $\mathbb{T} = \mathbb{R}$, 那么 $f^\nabla(t) = f'(t)$, nabla 导数退化成连续时间上的导数; 如果 $\mathbb{T} = \mathbb{Z}$, 那么 $f^\nabla(t) = \nabla f(t) = f(t) - f(t-1)$, nabla 导数退化成离散时间上的后向差分; 如果 $\mathbb{T} = q^{\mathbb{N}_0}$, 那么

$$f^\nabla(t) = \frac{f(t) - f^\rho(t)}{v(t)} = \frac{f(t) - f\left(\frac{t}{q}\right)}{\frac{(q-1)t}{q}} = \frac{q\left(f(t) - f\left(\frac{t}{q}\right)\right)}{(q-1)t}, \quad \forall t \in q^{\mathbb{N}_0}$$

## 1.2 时标微积分

关于 delta 导数的诸多性质都可以类推到 nabla 导数上来, 这里不再赘述.

接着介绍时标函数 $f: \mathbb{T} \to \mathbb{R}$ 的积分.

**定义 1.2.7** 如果函数 $f: \mathbb{T} \to \mathbb{R}$ 对任意的 $t \in \mathbb{T}^k$ 处都存在原函数 $F$, 使得 $F^\Delta(t) = f(t)$, 那么 $f(t)$ 在 $a$ 到 $b$ 上的柯西 delta 积分定义为

$$\int_a^b f(t)\Delta t = F(b) - F(a), \quad a, b \in \mathbb{T}$$

**注 1.2.3** 根据 Cauchy delta 积分定义, 对 $t \in \mathbb{T}^k$, 有

$$\int_t^{\sigma(t)} f(\tau)\Delta\tau = \mu(t)f(t)$$

**注 1.2.4** 如果 $\mathbb{T} = \mathbb{R}$, 那么 $\int_a^b f(t)\Delta t = \int_a^b f(t)dt$; 如果 $\mathbb{T} = \mathbb{Z}$, 那么

$$\int_a^b f(t)\Delta t = \begin{cases} \sum_{t=a}^{b-1} f(t), & a < b \\ 0, & a = b \\ \sum_{t=b}^{a-1} f(t), & a > b \end{cases}$$

如果 $\mathbb{T} = q^{\mathbb{N}_0}$, 那么

$$\int_a^b f(t)\Delta t = \begin{cases} \sum_{t \in [a,b)} (q-1)tf(t), & a < b \\ 0, & a = b \\ -\sum_{t \in [b,a)} (q-1)tf(t), & a > b \end{cases}$$

**定义 1.2.8** 如果函数 $f: \mathbb{T} \to \mathbb{R}$ 在任意的 $t \in \mathbb{T}_k$ 处都存在原函数 $F$, 使得 $F^\nabla(t) = f(t)$, 那么 $f(t)$ 在 $a$ 到 $b$ 上的 Cauchy nabla 积分定义为

$$\int_a^b f(t)\nabla t = F(b) - F(a), \quad a, b \in \mathbb{T}$$

**定理 1.2.6** 任意 rd 连续的函数 $f: \mathbb{T} \to \mathbb{R}$ 都有原函数, 且对 $t_0 \in \mathbb{T}$, $F(t) = \int_{t_0}^t f(\tau)\Delta\tau$ 是 $f$ 的原函数. ld 连续的函数性质类似.

最后, 基于弹性部分需要用到时标 delta 偏导数的概念, 故也介绍在此.

**定义 1.2.9** 设 $f$ 是 $\mathbb{T} \times \mathbb{T}$ 上的实值函数. 对 $(x,y) \in \mathbb{T} \times \mathbb{T}$,

(1) 若对 $\forall \varepsilon > 0, \exists U_x$, 使对 $\forall s \in U_x$, 总成立

$$\left| f(\sigma(x),y) - f(s,y) - f_x^\Delta(x,y)[\sigma(x) - s] \right| \leqslant \varepsilon |\sigma(x) - s|$$

则称 $f$ 有对 $x$ 的偏导数 $f_x^\Delta(x,y)$.

(2) 若对 $\forall \varepsilon > 0, \exists U_y$, 使对 $\forall t \in U_y$, 总成立

$$\left| f(x,\rho(y)) - f(x,t) - f_y^\Delta(x,y)[\rho(y) - t] \right| \leqslant \varepsilon |\rho(y) - t|$$

则称 $f$ 有对 $y$ 的偏导数 $f_y^\Delta(x,y)$.

## 1.3 时标指数函数

本节介绍时标指数函数及其基本运算性质. 它们在后文时标动态经济模型的分析中被反复使用. 读者可以通过查看 [Bohner2001, Bohner2003] 更系统地了解时标指数函数的应用. 基于本书内容展开的需要, 部分记号做了调整.

**定义 1.3.1** 如果函数 $p: \mathbb{T} \to \mathbb{R}$ 满足

$$1 + \mu(t)p(t) \neq 0, \quad \forall t \in \mathbb{T}^k$$

那么称函数 $p$ 是 $\mu$ 回归的. 所有 $\mu$ 回归的且 rd 连续的函数 $f: \mathbb{T} \to \mathbb{R}$ 构成的集合

$$\mathcal{R} = \mathcal{R}(\mathbb{T}) = \mathcal{R}(\mathbb{T}, \mathbb{R})$$

同样将所有正 $\mu$ 回归且 rd 连续的函数全体记为

$$\mathcal{R}^+ = \mathcal{R}^+(\mathbb{T}, \mathbb{R}) = \{f \in \mathcal{R} : 1 + \mu(t)f(t) > 0, \forall t \in \mathbb{T}^k\}$$

**定义 1.3.2** 对任意 $p, q \in \mathcal{R}$, 定义 $\mu$ 环加 (或 $\mu$ 圈和) 运算 "$\oplus$" 如下:

$$(p \oplus q)(t) := p(t) + q(t) + \mu(t)p(t)q(t), \quad t \in \mathbb{T}^k$$

集合 $\mathcal{R}$ 在 $\mu$ 环加下是一个阿贝尔群 (Abelian group), 称为 $\mu$ 回归群, 且 $\mu$ 环减运算 "$\ominus$" 可定义为

$$(\ominus q)(t) := -\frac{q(t)}{1 + \mu(t)q(t)}, \quad \forall t \in \mathbb{T}^k$$

$$(p \ominus q)(t) = (p \oplus (\ominus q))(t) = \frac{p(t) - q(t)}{1 + \mu(t)q(t)}, \quad \forall t \in \mathbb{T}^k$$

## 1.3 时标指数函数

当 $p,q \in \mathcal{R}$ 时, 也有 $p \oplus q, p \ominus q \in \mathcal{R}$.

**性质 1.3.1** $\mu$ 环加和 $\mu$ 环减运算满足以下运算性质:

(1) $p \ominus p = 0$;

(2) $\ominus(\ominus p) = p$;

(3) $\ominus (p \ominus q) = q \ominus p$;

(4) $\ominus (p \oplus q) = (\ominus p) \oplus (\ominus q)$.

**定义 1.3.3** 令

$$\mathcal{R}(\alpha) := \begin{cases} \mathcal{R}, & \alpha \in \mathbb{N} \\ \mathcal{R}^+, & \alpha \in \mathbb{R} \setminus \mathbb{N} \end{cases}$$

对 $\alpha \in \mathbb{R}$ 和 $p \in \mathcal{R}(\alpha)$, 定义 $\mu$ 环积 (或 $u$ 圈点) 运算

$$(\alpha \odot p)(t) = \alpha p(t) \int_0^1 [1+\mu(t) p(t) h]^{\alpha-1} dh$$

接下来给出 delta 指数函数的定义与性质.

**定义 1.3.4** 对于常数 $h > 0$, 定义 Hilger 复空间

$$\mathbb{C}_h = \left\{ z \in \mathbb{C} : z \neq -\frac{1}{h} \right\}$$

$$\mathbb{Z}_h = \left\{ z \in \mathbb{C} : -\frac{\pi}{h} < \text{Im}(z) \leqslant \frac{\pi}{h} \right\}$$

规定 $\mathbb{C}_0 = \mathbb{C}$, $\mathbb{Z}_0 = \mathbb{C}$.

**定义 1.3.5** 对于常数 $h > 0$, 定义复平 $\mu$ 面柱面变换 $\xi_h : \mathbb{C}_h \to \mathbb{Z}_h$,

$$\xi_h(x) = \frac{1}{h} \text{Log}(1 + xh)$$

如果 $h = 0$, 定义 $\xi_0 = x, x \in \mathbb{C}$.

**定义 1.3.6** 令 $p \in \mathcal{R}$, 那么 delta 指数函数定义为

$$e_p(t,s) = \exp \left( \int_s^t \xi_{\mu(\tau)}(p(\tau)) \Delta \tau \right), \quad s,t \in \mathbb{T}$$

**注 1.3.1** 当 $\mathbb{T} = \mathbb{R}$ 时, $e_\alpha(t,t_0) = e^{\alpha(t-t_0)}$; 当 $\mathbb{T} = \mathbb{Z}$ 时, $e_\alpha(t,t_0) = (1+\alpha)^{(t-t_0)}$; 当 $\mathbb{T} = q^{\mathbb{N}_0}$ 时, $e_\alpha(t,t_0) = \prod_{s \in [t_0,t)} [1 + (q-1)\alpha s], t > t_0$.

**性质 1.3.2** 设 $p,q \in \mathcal{R}, a,b,t,s,r \in \mathbb{T}$. 则 delta 指数函数满足如下性质:

(1) $e_0(t,s) \equiv 1$, $e_p(t,t) \equiv 1$;

(2) $e_p(\sigma(t), s) = (1 + \mu(t) p(t)) e_p(t, s)$;

(3) $\dfrac{1}{e_p(t,s)} = e_{\ominus p}(t, s)$;

(4) $e_p(t, s) = \dfrac{1}{e_p(s, t)} = e_{\ominus p}(s, t)$;

(5) $e_p(t, s) e_p(s, r) = e_p(t, r)$;

(6) $e_p(t, s) e_q(t, s) = e_{p \oplus q}(t, s)$;

(7) $\dfrac{e_p(t, s)}{e_q(t, s)} = e_{p \ominus q}(t, s)$;

(8) $\left(\dfrac{1}{e_p(\cdot, s)}\right)^\Delta = -\dfrac{p(\cdot)}{e_p^\sigma(\cdot, s)}$;

(9) $e_{p \ominus q}^\Delta(\cdot, s) = (p - q)\dfrac{e_p(\cdot, s)}{e_q^\sigma(\cdot, s)}$;

(10) $[e_p(s, \cdot)]^\Delta = -p\,[e_p(s, \cdot)]^\sigma$;

(11) $\displaystyle\int_a^b p(t) e_p(s, \sigma(t)) \Delta t = e_p(s, a) - e_p(s, b)$,

且若 $\alpha \in \mathbb{R}$ 和 $p \in \mathcal{R}(\alpha)$, 则

$$e_{\alpha \odot p}(\cdot, t_0) = e_p^\alpha$$

**定义 1.3.7** 如果函数 $p: \mathbb{T} \to \mathbb{R}$ 满足

$$1 - v(t) p(t) \neq 0, \quad \forall t \in \mathbb{T}_k$$

那么称函数 $p$ 是 $v$ 回归的. 所有 $v$ 回归的且 ld 连续的函数 $f: \mathbb{T} \to \mathbb{R}$ 构成的集合记为

$$\mathcal{R}_v = \mathcal{R}_v(\mathbb{T}) = \mathcal{R}_v(\mathbb{T}, \mathbb{R})$$

同样将所有正 $v$ 回归且 ld 连续的函数全体记为

$$\mathcal{R}_v^+ = \mathcal{R}_v^+(\mathbb{T}, \mathbb{R}) = \{f \in \mathcal{R}_v : 1 - v(t) f(t) > 0, \forall t \in \mathbb{T}_k\}$$

在 $\mathcal{R}_v$ 上可类似定义 $v$ 环加和 $v$ 环减运算, 分别记为 $\oplus_v$ 和 $\ominus_v$.

$$(p \oplus_v q)(t) := p(t) + q(t) - v(t) p(t) q(t), \quad t \in \mathbb{T}_k$$

$$(\ominus_v q)(t) := -\dfrac{q(t)}{1 - v(t) q(t)}, \quad \forall t \in \mathbb{T}_k$$

$$(p \ominus_v q)(t) = (p \oplus_v (\ominus_v q))(t) = \dfrac{p(t) - q(t)}{1 - v(t) q(t)}, \quad \forall t \in \mathbb{T}_k$$

## 1.3 时标指数函数

集合 $\mathcal{R}_v$ 在 $v$ 环加下是一个阿贝尔群, 称为 $v$ 回归群. 记

$$\mathcal{R}_v(\alpha) := \begin{cases} \mathcal{R}_v, & \alpha \in \mathbb{N} \\ \mathcal{R}_v^+, & \alpha \in \mathbb{R}\backslash\mathbb{N} \end{cases}$$

对 $\alpha \in \mathbb{R}$ 和 $p \in \mathcal{R}_v(\alpha)$, 定义 $v$ 环积运算

$$(\alpha \odot_v p)(t) = \alpha p(t) \int_0^1 [1 - v(t)p(t)h]^{\alpha-1} dh$$

以下给出 nabla 指数函数的定义和性质.

**定义 1.3.8** 设 Hilger 复空间 $\mathbb{Z}_h$ 和 $\mathbb{C}$ 同定义 1.3.4. 对于常数 $h > 0$, 定义复平面 $v$ 柱面变换 $\hat{\xi}_h : \mathbb{C}_h \to \mathbb{Z}_h$,

$$\hat{\xi}_h(x) = -\frac{1}{h}\mathrm{Log}(1 - xh)$$

如果 $h = 0$, 定义 $\hat{\xi}_0(x) = x$, $x \in \mathbb{C}$.

**定义 1.3.9** 令 $p \in \mathcal{R}_v$, 那么 nabla 指数函数定义为

$$\hat{e}_p(t,s) = \exp\left(\int_s^t \hat{\xi}_{v(\tau)}(p(\tau))\nabla\tau\right), \quad s, t \in \mathbb{T}$$

nabla 指数函数的性质与 delta 指数函数类似.

**性质 1.3.3** 设 $p, q \in \mathcal{R}_v, a, b, c \in \mathbb{T}$. 则 nabla 指数函数满足如下性质:
(1) $\hat{e}_0(t,s) \equiv 1$, $\hat{e}_p(t,t) \equiv 1$;
(2) $\hat{e}_p(\rho(t),s) = (1 + v(t)p(t))\hat{e}_p(t,s)$;
(3) $\dfrac{1}{\hat{e}_p(t,s)} = \hat{e}_{vp}(t,s)$;
(4) $\hat{e}_p(t,s) = \dfrac{1}{\hat{e}_p(s,t)} = \hat{e}_{\ominus_v p}(s,t)$;
(5) $\hat{e}_p(t,s)\hat{e}_p(s,r) = \hat{e}_p(t,r)$;
(6) $\hat{e}_p(t,s)\hat{e}_q(t,s) = \hat{e}_{p\oplus_v q}(t,s)$;
(7) $\dfrac{\hat{e}_p(t,s)}{\hat{e}_q(t,s)} = \hat{e}_{p\ominus_v q}(t,s)$;
(8) $\left(\dfrac{1}{\hat{e}_p(\cdot,s)}\right)^{\nabla} = -\dfrac{p(\cdot)}{\hat{e}_p^{\rho}(\cdot,s)}$;
(9) $\hat{e}_{p\ominus_v q}^{\nabla}(\cdot,t_0) = (p-q)\dfrac{\hat{e}_p(\cdot,t_0)}{\hat{e}_q(\cdot,t_0)}$;

(10) $[\hat{e}_p(c,\cdot)]^\nabla = -p[\hat{e}_p(c,\cdot)]^\rho$;

(11) $\int_a^b p(t)\hat{e}_p(c,\rho(t))\nabla t = \hat{e}_p(c,a) - \hat{e}_p(c,b)$,

且若 $\alpha \in \mathbb{R}$ 和 $p \in \mathcal{R}_v(\alpha)$,

$$\hat{e}_{\alpha \odot p}(\cdot, t_0) = \hat{e}_p^\alpha$$

## 1.4 一阶与二阶时标 delta 线性动态方程

本节列出一阶和二阶时标 delta 线性动态方程及初值问题的主要求解定理. 这些定理使用在时标蛛网模型、时标乘数-加速数模型、时标通货膨胀和失业关系模型等的分析中. 读者可以通过查看 [Bohner2001, Bohner2003] 发现它们的证明. 本书对它们进行了重新整合, 后续章节中动态经济模型的分析也可以看作是这些定理的经济应用.

**1. 一阶时标线性动态方程及初值问题的求解**

**定义 1.4.1** 如果 $p \in \mathcal{R}$, 那么一阶齐次时标动态方程

$$y^\Delta = p(t)y \tag{1.4.1}$$

称为是 $\mu$ 回归的.

**定理 1.4.1** 设动态方程 (1.4.1) 是回归的, $t_0 \in \mathbb{T}$. 那么一阶齐次时标动态方程初值问题

$$y^\Delta = p(t)y, \quad y(t_0) = 1, \quad t \in \mathbb{T}^k \tag{1.4.2}$$

有唯一解 $y = e_p(\cdot, t_0)$.

**定理 1.4.2** 设动态方程 (1.4.1) 是 $\mu$ 回归的, $t_0 \in \mathbb{T}$, $y_0 \in \mathbb{R}$. 那么一阶齐次时标动态方程初值问题

$$y^\Delta = p(t)y, \quad y(t_0) = y_0, \quad t \in \mathbb{T}^k \tag{1.4.3}$$

的唯一解为 $y = e_p(\cdot, t_0)y_0$.

**定义 1.4.2** 如果动态方程 (1.4.1) 是回归的, 且 $f \in C_{\mathrm{rd}}(\mathbb{T})$, 那么一阶非齐次时标动态方程

$$y^\Delta = p(t)y + f(t) \tag{1.4.4}$$

称为是 $\mu$ 回归的.

**定理 1.4.3** 设动态方程 (1.4.1) 是 $\mu$ 回归的, $t_0 \in \mathbb{T}$, $y_0 \in \mathbb{R}$. 那么一阶非齐次时标动态方程初值问题

$$y^\Delta = p(t)y + f(t), \quad y(t_0) = y_0, \quad t \in \mathbb{T}^k$$

## 1.4 一阶与二阶时标 delta 线性动态方程

的唯一解为
$$y(t) = e_p(t,t_0) y_0 + \int_{t_0}^{t} e_p(t,\sigma(\tau)) f(\tau) \Delta\tau$$

**2. 二阶齐次时标线性动态方程及初值问题的求解**

考虑齐次方程
$$y^{\Delta\Delta} + \alpha(t) y^{\Delta} + \beta(t) y = 0 \tag{1.4.5}$$

**定义 1.4.3** 如果 $\alpha, \beta \in C_{\mathrm{rd}}(\mathbb{T})$, 且成立
$$1 - \mu(t)\alpha(t) + \mu^2(t)\beta(t) \neq 0, \quad \forall t \in \mathbb{T}^k \tag{1.4.6}$$

那么二阶齐次时标动态方程 (1.4.5) 称为是 $\mu$ 回归的.

**注 1.4.1** 当 $\mu\beta - \alpha \in \mathcal{R}$ 时, 二阶齐次常系数时标动态方程 (1.4.5) 是 $\mu$ 回归的. 这是因为 (1.4.6) 式可以写成
$$1 + \mu(t)[\mu(t)\beta(t) - \alpha(t)] \neq 0, \quad \forall t \in \mathbb{T}^k$$

从而等价于 $\mu\beta - \alpha \in \mathcal{R}$.

**定义 1.4.4** 对 delta 可导函数 $y_1$ 和 $y_2$, 定义 $y_1$ 和 $y_2$ 的 delta 朗斯基行列式 (Wronskian) $W = W(y_1, y_2)$ 为
$$W(t) = \det \begin{pmatrix} y_1(t) & y_2(t) \\ y_1^{\Delta}(t) & y_2^{\Delta}(t) \end{pmatrix}$$

**注 1.4.2** 设 $y_1$ 和 $y_2$ 是二阶齐次时标动态方程 (1.4.5) 的两个解. 当朗斯基行列式 $W(y_1, y_2) \neq 0, \forall t \in \mathbb{T}^k$ 时, $y_1$ 和 $y_2$ 构成 (1.4.5) 的基础解系.

**定理 1.4.4** 如果函数 $y_1$ 和 $y_2$ 构成方程 (1.4.5) 的基础解系, 那么二阶齐次时标动态方程 (1.4.5) 的通解为
$$y(t) = c_1 y_1(t) + c_2 y_2(t)$$

其中 $c_1$ 和 $c_2$ 是两个常数. 进一步, 对 $t_0 \in \mathbb{T}^k, y_0, y_0^{\Delta} \in \mathbb{R}$, 二阶齐次时标动态方程初值问题
$$y^{\Delta\Delta} + \alpha(t) y^{\Delta} + \beta(t) y = 0, \quad y(t_0) = y_0, \quad y^{\Delta}(t_0) = y_0^{\Delta} \tag{1.4.7}$$

的解为
$$y(t) = \frac{y_2^{\Delta}(t_0) y_0 - y_2(t_0) y_0^{\Delta}}{W(y_1, y_2)(t_0)} y_1(t) + \frac{y_1(t_0) y_0^{\Delta} - y_1^{\Delta}(t_0) y_0}{W(y_1, y_2)(t_0)} y_2(t)$$

这里 $W(y_1, y_2)$ 是 $y_1$ 和 $y_2$ 的 delta 朗斯基行列式 (见定义 1.4.4).

对变系数, 即 $\alpha, \beta$ 不是常数的二阶时标动态方程 (1.4.5), 没有通用的方法去求解. 但是当一个解已知时, 可以使用降阶法找到另一个解, 使之与已知解线性无关, 从而获得方程 (1.4.5) 的通解. 另外, 对一些具有特殊形式的动态方程, 比如因子形式的方程, 也可以给出通解的特定表达式.

对常系数, 即 $\alpha, \beta$ 是常数的二阶时标动态方程

$$y^{\Delta\Delta} + \alpha y^{\Delta} + \beta y = 0, \quad \alpha, \beta \in \mathbb{R} \tag{1.4.8}$$

它的通解可以通过时标指数函数形式具体给出, 见定理 1.4.5.

**定理 1.4.5** 设 $\alpha^2 - 4\beta \neq 0$. 如果 $\mu\beta - \alpha \in \mathcal{R}$, 那么二阶齐次常系数时标动态方程 (1.4.8) 的基础解系为

$$e_{\lambda_1}(t, t_0), \quad e_{\lambda_2}(t, t_0)$$

其中 $t_0 \in \mathbb{T}^k$, $\lambda_1, \lambda_2$ 为特征方程 $\lambda^2 + \alpha\lambda + \beta = 0$ 的根, 即

$$\lambda_1 = \frac{-\alpha - \sqrt{\alpha^2 - 4\beta}}{2}, \quad \lambda_2 = \frac{-\alpha + \sqrt{\alpha^2 - 4\beta}}{2} \tag{1.4.9}$$

此时方程 (1.4.8) 的通解为

$$y(t) = c_1 e_{\lambda_1}(t, t_0) + c_2 e_{\lambda_2}(t, t_0)$$

其中 $c_1$ 和 $c_2$ 是两个常数.

**注 1.4.3** 当 $\lambda_1, \lambda_2 \in \mathcal{R}$ 时, 可以证明二阶齐次常系数时标动态方程 (1.4.8) 是 $\mu$ 回归的.

**定理 1.4.6** 设 $\alpha^2 - 4\beta \neq 0, t_0 \in \mathbb{T}^k, y_0, y_0^{\Delta} \in \mathbb{R}$. 如果 $\mu\beta - \alpha \in \mathcal{R}$, 那么二阶齐次常系数时标动态方程初值问题

$$y^{\Delta\Delta} + \alpha y^{\Delta} + \beta y = 0, \quad y(t_0) = y_0, \quad y^{\Delta}(t_0) = y_0^{\Delta} \tag{1.4.10}$$

的解为

$$y_0 \frac{e_{\lambda_1}(t, t_0) + e_{\lambda_2}(t, t_0)}{2} + \frac{\alpha y_0 + 2 y_0^{\Delta}}{\sqrt{\alpha^2 - 4\beta}} \frac{e_{\lambda_2}(t, t_0) - e_{\lambda_1}(t, t_0)}{2}$$

其中 $\lambda_1, \lambda_2$ 如 (1.4.9) 式定义.

**定理 1.4.7** 设 $\alpha^2 - 4\beta = 0$. 记

$$p = -\frac{\alpha}{2}$$

## 1.4 一阶与二阶时标 delta 线性动态方程

如果 $p \in \mathcal{R}$, 那么二阶齐次常系数时标动态方程 (1.4.8) 的基础解系为

$$e_p(t, t_0), \quad e_p(t, t_0) \int_{t_0}^{t} \frac{1}{1+p\mu(\tau)} \Delta \tau$$

其中 $t_0 \in \mathbb{T}$. 二阶齐次常系数时标动态方程初值问题 (1.4.10) 的解为

$$e_p(t, t_0) \left[ y_0 + (y_0^\Delta - py_0) \int_{t_0}^{t} \frac{1}{1+p\mu(\tau)} \Delta\tau \right]$$

3. 二阶非齐次时标线性动态方程及初值问题的求解

考虑二阶非齐次方程

$$y^{\Delta\Delta} + \alpha(t) y^\Delta + \beta(t) y = f(t) \tag{1.4.11}$$

**定义 1.4.5** 如果 $\alpha, \beta, f \in C_{rd}(\mathbb{T})$, 且 (1.4.6) 式成立, 那么二阶非齐次时标动态方程 (1.4.11) 称为是 $\mu$ 回归的.

非齐次方程 (1.4.11) 通常可用两种方法进行求解. 一种是常数变易法; 另一种是零化子方法. 以下通过一个常系数的例子说明两种方法的应用.

**例 1.4.1** 利用常数变易法求解非齐次方程

$$y^{\Delta\Delta} - 5y^\Delta + 6y = e_4(t, t_0) \tag{1.4.12}$$

**解** 非齐次方程 (1.4.12) 对应的齐次方程是

$$y^{\Delta\Delta} - 5y^\Delta + 6y = 0 \tag{1.4.13}$$

既然可由 (1.4.9) 式计算得

$$\lambda_1 = \frac{5 - \sqrt{(-5)^2 - 4 \times 6}}{2} = 2, \quad \lambda_2 = \frac{5 + \sqrt{(-5)^2 - 4 \times 6}}{2} = 3$$

根据定理 1.4.5, 齐次方程 (1.4.13) 的通解为

$$y(t) = c_1 e_2(t, t_0) + c_2 e_3(t, t_0)$$

因此非齐次方程 (1.4.12) 的解具有形式

$$y_p(t) = \alpha(t) e_2(t, t_0) + \beta(t) e_3(t, t_0)$$

而且 $\alpha(t)$ 和 $\beta(t)$ 满足

$$\alpha^\Delta(t) e_2^\sigma(t,t_0) + \beta^\Delta(t) e_3^\sigma(t,t_0) = 0$$

$$2\alpha^\Delta(t) e_2^\sigma(t,t_0) + 3\beta^\Delta(t) e_3^\sigma(t,t_0) = e_4(t,t_0)$$

从而可解得

$$\alpha^\Delta(t) = -\frac{e_4(t,t_0)}{e_2^\sigma(t,t_0)}, \quad \beta^\Delta(t) = -\frac{e_4(t,t_0)}{e_3^\sigma(t,t_0)}$$

进一步有

$$\alpha(t) = -\frac{1}{2} e_{\frac{2}{1+2\mu(t)}}(t,t_0), \quad \beta(t) = e_{\frac{2}{1+3\mu(t)}}(t,t_0)$$

因此特解

$$\begin{aligned} y_p(t) &= \alpha(t) e_2(t,t_0) + \beta(t) e_3(t,t_0) \\ &= -\frac{1}{2} e_{\frac{2}{1+2\mu(t)}}(t,t_0) e_2(t,t_0) + e_{\frac{2}{1+3\mu(t)}}(t,t_0) e_3(t,t_0) \\ &= -\frac{1}{2} e_{\frac{2}{1+2\mu(t)} \oplus 2}(t,t_0) + e_{\frac{2}{1+3\mu(t)} \oplus 3}(t,t_0) \\ &= -\frac{1}{2} e_4(t,t_0) + e_4(t,t_0) = \frac{1}{2} e_4(t,t_0) \end{aligned}$$

从而非齐次方程 (1.4.12) 的通解为

$$y(t) = c_1 e_2(t,t_0) + c_2 e_3(t,t_0) + \frac{1}{2} e_4(t,t_0)$$

零化子方法 (annihilator method) 又称待定系数法.

记 $D$ 为 delta 导数算子, $D^n f(t) = f^{\Delta^n}(t)$, $n \in \mathbb{N}$, 其中 $D^0 = I$ 为恒同映射.

**定义 1.4.6** 如果存在不全为零的常数 $\alpha_i, 0 \leqslant i \leqslant n$, 使得

$$(\alpha_n D^n + \alpha_{n-1} D^{n-1} + \cdots + \alpha_0 I) f(t) = 0$$

那么称 $f: \mathbb{T} \to \mathbb{R}$ 可以被零化. 称算子 $\alpha_n D^n + \alpha_{n-1} D^{n-1} + \cdots + \alpha_0 I$ 是 $f$ 的一个零化子.

**例 1.4.2** 利用零化子方法求解非齐次方程 (1.4.12).

**解** 利用 delta 导数算子可以改写非齐次方程 (1.4.12) 为如下形式:

$$(D - 2I)(D - 3I) y = (D^2 - 5D + 6I) y = e_4(t,t_0)$$

用 $e_4(t,t_0)$ 的零化子 $D - 4I$ 乘以上式两边, 得

$$(D - 4I)(D - 2I)(D - 3I) y = 0 \tag{1.4.14}$$

## 1.4 一阶与二阶时标 delta 线性动态方程

即若 $y$ 是非齐次方程 (1.4.14) 的解, 则 $y$ 具有以下形式:

$$y(t) = c_1 e_2(t, t_0) + c_2 e_3(t, t_0) + c_3 e_4(t, t_0)$$

根据定理 1.4.5 和例 1.4.1, 非齐次方程 (1.4.14) 对应的齐次方程

$$y^{\Delta\Delta} - 5y^{\Delta} + 6y = (D - 2I)(D - 3I)y = 0 \tag{1.4.15}$$

的基础解系是 $e_2(t, t_0), e_3(t, t_0)$, 因此方程 (1.4.12) 有以下形式的特解:

$$y_p(t) = c_3 e_4(t, t_0)$$

为了确定 $c_3$, 将 $y_p$ 代入非齐次方程 (1.4.14), 得

$$e_4(t, t_0) = y_p^{\Delta\Delta}(t) - 5y_p^{\Delta}(t) + 6y_p(t)$$
$$= 16 c_3 e_4(t, t_0) - 20 c_3 e_4(t, t_0) + 6 c_3 e_4(t, t_0)$$
$$= 2 c_3 e_4(t, t_0)$$

因此 $c_3 = \dfrac{1}{2}$. 从而 $y_p(t) = \dfrac{1}{2} e_4(t, t_0)$. 进一步, 非齐次方程 (1.4.12) 的通解就是

$$y(t) = c_1 e_2(t, t_0) + c_2 e_3(t, t_0) + \frac{1}{2} e_4(t, t_0)$$

以下给出二阶非齐次时标动态方程初值问题

$$y^{\Delta\Delta} + \alpha(t) y^{\Delta} + \beta(t) y = f(t), \quad y(t_0) = y_0, \quad y^{\Delta}(t_0) = y_0^{\Delta} \tag{1.4.16}$$

的可解性定理.

**定理 1.4.8** 设非齐次方程 (1.4.11) 是 $\mu$ 回归的. 那么对 $t_0 \in \mathbb{T}^k, y_0, y_0^{\Delta} \in \mathbb{R}$, 二阶非齐次时标动态方程初值问题 (1.4.16) 有唯一解.

下面的定理 1.4.9 是常数变易法的一般定理. 为了便于读者应用, 这里也同时给出定理的证明.

**定理 1.4.9** 设 $t_0 \in \mathbb{T}^k, y_0, y_0^{\Delta} \in \mathbb{R}$. 假定 $y_1$ 和 $y_2$ 是齐次方程 (1.4.5) 的基础解系, 那么二阶非齐次时标动态方程初值问题 (1.4.16) 的解为

$$y(t) = c_1 y_1(t) + c_2 y_2(t) + \int_{t_0}^{t} \frac{y_1(\sigma(\tau)) y_2(t) - y_2(\sigma(\tau)) y_1(t)}{W(y_1, y_2)(\sigma(\tau))} f(\tau) \Delta \tau$$

其中常数

$$c_1 = \frac{y_2^{\Delta}(t_0) y_0 - y_2(t_0) y_0^{\Delta}}{W(y_1, y_2)(t_0)}, \quad c_2 = \frac{y_1(t_0) y_0^{\Delta} - y_1^{\Delta}(t_0) y_0}{W(y_1, y_2)(t_0)}$$

而 $W(y_1, y_2)$ 是 $y_1$ 和 $y_2$ 的 delta 朗斯基行列式 (见定义 1.4.4).

**证** 根据定理 1.4.5, 已知齐次方程 (1.4.5) 的通解为 $c_1 y_1(t) + c_2 y_2(t)$, 接下来为非齐次方程

$$y^{\Delta\Delta} + \alpha(t) y^{\Delta} + \beta(t) y = f(t)$$

寻找形如

$$y^*(t) = c_1(t) y_1(t) + c_2(t) y_2(t) \tag{1.4.17}$$

的特解, 其中 $c_1(t)$ 和 $c_2(t)$ 待定. 既然

$$y^{*\Delta}(t) = c_1^{\Delta}(t) y_1^{\sigma}(t) + c_1(t) y_1^{\Delta}(t) + c_2^{\Delta}(t) y_2^{\sigma}(t) + c_2(t) y_2^{\Delta}(t)$$

那么只要

$$c_1^{\Delta}(t) y_1^{\sigma}(t) + c_2^{\Delta}(t) y_2^{\sigma}(t) = 0 \tag{1.4.18}$$

就有

$$y^{*\Delta}(t) = c_1(t) y_1^{\Delta}(t) + c_2(t) y_2^{\Delta}(t) \tag{1.4.19}$$

选择满足 (1.4.18) 式的 $c_1(t)$ 和 $c_2(t)$, 对 (1.4.19) 式进一步 delta 求导, 可得

$$y^{*\Delta\Delta}(t) = c_1^{\Delta}(t) y_1^{\Delta\sigma}(t) + c_1(t) y_1^{\Delta\Delta}(t) + c_2^{\Delta}(t) y_2^{\Delta\sigma}(t) + c_2(t) y_2^{\Delta\Delta}(t)$$

记 $Ly = y^{\Delta\Delta} + \alpha(t) y^{\Delta} + \beta(t) y$, 则

$$Ly^* = c_1(t) L y_1(t) + c_2(t) L y_2(t) + c_1^{\Delta}(t) y_1^{\Delta\sigma}(t) + c_2^{\Delta}(t) y_2^{\Delta\sigma}(t)$$
$$= c_1^{\Delta}(t) y_1^{\Delta\sigma}(t) + c_2^{\Delta}(t) y_2^{\Delta\sigma}(t)$$

因此 $c_1(t)$ 和 $c_2(t)$ 还必须满足

$$c_1^{\Delta}(t) y_1^{\Delta\sigma}(t) + c_2^{\Delta}(t) y_2^{\Delta\sigma}(t) = f(t) \tag{1.4.20}$$

联合 (1.4.18) 式和 (1.4.20) 式, 可建立关于 $c_1^{\Delta}(t)$ 和 $c_2^{\Delta}(t)$ 的系统

$$\begin{pmatrix} y_1^{\sigma}(t) & y_2^{\sigma}(t) \\ y_1^{\Delta\sigma}(t) & y_2^{\Delta\sigma}(t) \end{pmatrix} \begin{pmatrix} c_1^{\Delta}(t) \\ c_2^{\Delta}(t) \end{pmatrix} = \begin{pmatrix} 0 \\ f(t) \end{pmatrix}$$

由此解得

$$\begin{pmatrix} c_1^{\Delta}(t) \\ c_2^{\Delta}(t) \end{pmatrix} = \frac{1}{W^{\sigma}(y_1, y_2)(t)} \begin{pmatrix} y_2^{\Delta\sigma}(t) & -y_2^{\sigma}(t) \\ -y_1^{\Delta\sigma}(t) & y_1^{\sigma}(t) \end{pmatrix} \begin{pmatrix} 0 \\ f(t) \end{pmatrix}$$

## 1.4 一阶与二阶时标 delta 线性动态方程

也就是

$$c_1^\Delta(t) = -\frac{y_2^\sigma(t) f(t)}{W^\sigma(y_1, y_2)(t)}, \quad c_2^\Delta(t) = \frac{y_1^\sigma(t) f(t)}{W^\sigma(y_1, y_2)(t)}$$

在初值条件 $y(t_0) = y_0, y^\Delta(t_0) = y_0^\Delta$ 下，两端 delta 积分，继续求解得

$$c_1(t) = -\int_{t_0}^t \frac{y_2^\sigma(\tau)f(\tau)}{W^\sigma(y_1,y_2)(t\tau)}\Delta\tau, \quad c_2(t) = \int_{t_0}^t \frac{y_1^\sigma(\tau)f(\tau)}{W^\sigma(y_1,y_2)(\tau)}\Delta\tau$$

再代回 (1.4.17) 式，即有

$$y^*(t) = c_1(t)y_1(t) + c_2(t)y_2(t)$$
$$= \int_{t_0}^t \frac{y_1(\sigma(\tau))y_2(t) - y_2(\sigma(\tau))y_1(t)}{W(y_1,y_2)(\sigma(\tau))} f(\tau)\Delta\tau$$

根据非齐次方程解的结构，结论得证. $\square$

**4. 一阶伴随时标线性动态方程及初值问题的求解**

这一节的最后，给出一阶伴随初值问题解的存在性和唯一性定理.

**定理 1.4.10** 设 $p \in \mathcal{R}, t_0 \in \mathbb{T}, x_0 \in \mathbb{R}$. 那么一阶齐次伴随时标动态方程初值问题

$$x^\Delta = -p(t)x^\sigma, \quad x(t_0) = x_0 \tag{1.4.21}$$

的唯一解为 $x = e_{\ominus p}(\cdot, t_0)x_0$.

**定理 1.4.11** 设动态方程 (1.4.4) 是 $\mu$ 回归的，$t_0 \in \mathbb{T}, x_0 \in \mathbb{R}$. 那么一阶非齐次伴随时标动态方程初值问题

$$x^\Delta = -p(t)x^\sigma + f(t), \quad x(t_0) = x_0 \tag{1.4.22}$$

的唯一解为

$$x(t) = e_{\ominus p}(t, t_0)x_0 + \int_{t_0}^t e_{\ominus p}(t, \tau)f(\tau)\Delta\tau$$

或者可以写成

$$x(t) = e_{\ominus p}(t, t_0)\left[x_0 + \int_{t_0}^t e_{\ominus p}(t_0, \tau)f(\tau)\Delta\tau\right]$$

## 1.5 一阶与二阶时标 nabla 线性动态方程

本节列出一阶和二阶时标 nabla 线性动态方程及初值问题的主要求解定理. 本书第 6 章的 Ramsey 模型不同算子版本的比较中有时标 nabla 动态方程的展开, 其余章节虽然以时标 delta 动态方程为主讨论, 但是都可以依据 delta 动态方程写出 nabla 动态方程的版本. 即使二者在数学分析上的差别不大, 仍然可能发现经济解释上的不同. 对时标 nabla 微积分和动态方程可解性理论感兴趣的读者请查看 [Bohner2003].

**定义 1.5.1** 如果 $p \in \mathcal{R}_v$, 那么一阶齐次时标动态方程

$$y^\nabla = p(t) y \tag{1.5.1}$$

称为是 $v$ 回归的. 当齐次方程 (1.5.1) 是 $v$ 回归的, 并且 $f: \mathbb{T} \to \mathbb{R}$ 是 ld 连续的, 称非齐次方程

$$y^\nabla = p(t) y + f(t) \tag{1.5.2}$$

是 $v$ 回归的.

**定理 1.5.1** 假设方程 (1.5.1) 是 $v$ 回归的. 对 $t_0 \in \mathbb{T}$, 一阶齐次时标动态方程初值问题

$$y^\nabla = p(t) y, \quad y(t_0) = y_0, \quad t \in \mathbb{T}_k \tag{1.5.3}$$

有唯一解 $y = \hat{e}_p(\cdot, t_0) y_0$.

**定理 1.5.2** 假设方程 (1.5.2) 是 $v$ 回归的. 对 $t_0 \in \mathbb{T}$, $y_0 \in \mathbb{R}$, 一阶非齐次时标动态方程初值问题

$$y^\nabla = p(t) y + f(t), \quad y(t_0) = y_0, \quad t \in \mathbb{T}_k$$

有唯一解

$$y(t) = \hat{e}_p(t, t_0) y_0 + \int_{t_0}^{t} \hat{e}_p(t, \rho(\tau)) f(\tau) \nabla \tau.$$

**定义 1.5.2** 如果 $\alpha, \beta, f$ 都是 ld 连续的, 且满足

$$1 + v(t) \alpha(t) + v^2(t) \beta(t) \neq 0, \quad \forall t \in \mathbb{T}_k$$

那么二阶非齐次时标动态方程

$$y^{\nabla\nabla} + \alpha(t) y^\nabla + \beta(t) y = f(t) \tag{1.5.4}$$

## 1.5 一阶与二阶时标 nabla 线性动态方程

称为是 $v$ 回归的. 非齐次方程 (1.5.4) 对应的齐次方程是

$$y^{\nabla\nabla} + \alpha(t)y^{\nabla} + \beta(t)y = 0 \tag{1.5.5}$$

**定理 1.5.3** 设非齐次方程 (1.5.4) 是 $v$ 回归的. 那么对 $t_0 \in \mathbb{T}_k, y_0, y_0^{\nabla} \in \mathbb{R}$, 二阶非齐次时标动态方程初值问题

$$y^{\nabla\nabla} + \alpha(t)y^{\nabla} + \beta(t)y = f(t), \quad y(t_0) = y_0, \quad y^{\nabla}(t_0) = y_0^{\nabla}, \quad t \in \mathbb{T}_k \tag{1.5.6}$$

有唯一解.

**定义 1.5.3** 对 nabla 可导函数 $y_1$ 和 $y_2$, 定义 $y_1$ 和 $y_2$ 的 nabla 朗斯基行列式 $W = W(y_1, y_2)$ 为

$$W(t) = \det \begin{pmatrix} y_1(t) & y_2(t) \\ y_1^{\nabla}(t) & y_2^{\nabla}(t) \end{pmatrix}$$

**定理 1.5.4** 如果函数 $y_1$ 和 $y_2$ 构成方程 (1.5.5) 的基础解系, 那么二阶齐次时标动态方程 (1.5.5) 的通解为

$$y(t) = c_1 y_1(t) + c_2 y_2(t)$$

其中 $c_1$ 和 $c_2$ 是两个常数. 进一步, 对 $t_0 \in \mathbb{T}_k, y_0, y_0^{\nabla} \in \mathbb{R}$, 二阶非齐次时标动态方程初值问题 (1.5.6) 的解为

$$y(t) = \frac{y_2^{\nabla}(t_0)y_0 - y_2(t_0)y_0^{\nabla}}{W(y_1, y_2)(t_0)} y_1(t) + \frac{y_1(t_0)y_0^{\nabla} - y_1^{\nabla}(t_0)y_0}{W(y_1, y_2)(t_0)} y_2(t)$$

这里 $W(y_1, y_2)$ 是 $y_1$ 和 $y_2$ 的 nabla 朗斯基行列式 (见定义 1.5.3).

对常系数方程情形, 也有与 1.4 节类似的结论.

当 $-v\beta - \alpha \in \mathcal{R}_v$ 时, 二阶齐次常系数时标动态方程

$$y^{\nabla\nabla} + \alpha y^{\nabla} + \beta y = 0, \quad \alpha, \beta \in \mathbb{R} \tag{1.5.7}$$

称为是 $v$ 回归的.

**定理 1.5.5** 设 $\alpha^2 - 4\beta \neq 0$. 如果方程 (1.5.7) 是 $v$ 回归的, 那么它的基础解系为

$$\hat{e}_{\lambda_1}(\cdot, t_0), \quad \hat{e}_{\lambda_2}(\cdot, t_0)$$

其中 $t_0 \in \mathbb{T}_k$,

$$\lambda_1 = \frac{-\alpha - \sqrt{\alpha^2 - 4\beta}}{2}, \quad \lambda_2 = \frac{-\alpha + \sqrt{\alpha^2 - 4\beta}}{2}$$

进一步, 二阶齐次常系数时标动态方程初值问题

$$y^{\nabla\nabla} + \alpha y^{\nabla} + \beta y = 0, \quad y(t_0) = y_0, \quad y^{\nabla}(t_0) = y_0^{\nabla}, \quad t \in \mathbb{T}_k \tag{1.5.8}$$

的解是

$$y_0 \frac{\hat{e}_{\lambda_1}(\cdot, t_0) + \hat{e}_{\lambda_2}(\cdot, t_0)}{2} + \frac{\alpha y_0 + 2 y_0^{\nabla}}{\sqrt{\alpha^2 - 4\beta}} \frac{\hat{e}_{\lambda_2}(\cdot, t_0) - \hat{e}_{\lambda_1}(\cdot, t_0)}{2}$$

**定理 1.5.6** 设 $\alpha^2 - 4\beta = 0$. 记

$$p = -\frac{\alpha}{2}$$

如果 $p \in \mathcal{R}_v$, 那么二阶齐次常系数时标动态方程 (1.5.7) 的基础解系为

$$\hat{e}_p(t, t_0), \quad \hat{e}_p(t, t_0) \int_{t_0}^{t} \frac{1}{1 - pv(\tau)} \nabla \tau$$

其中 $t_0 \in \mathbb{T}$. 二阶齐次常系数时标动态方程初值问题 (1.5.8) 的解为

$$\hat{e}_p(t, t_0) \left[ y_0 + (y_0^{\nabla} - p y_0) \int_{t_0}^{t} \frac{1}{1 - pv(\tau)} \nabla \tau \right]$$

# 第 2 章 时标增长率和弹性

要在时标框架下推广和分析动态经济学问题, 需要明确增长率与弹性等基本经济学概念. 本章定义时标上的时变量、增长率和弹性概念, 同时给出并证明了一些必要的运算性质. 其中时标弹性的概念在本书后面的章节使用较少, 但考虑到弹性在经济分析中应用的广泛性, 这里予以保留, 读者可根据需要选读. 本章各个概念的定义和运算性质都以 delta 导数为例展开, nabla 导数的情形类似可得.

所有经济变量都随时间而演化, 称为时变量. 若以 $t$ 表示时间, 则当 $t$ 连续取值, 如 $0 \leqslant t < \infty$ 时, 经济变量为连续时间时变量; 当 $t$ 离散取值, 如 $t = 0, 1, \cdots, T$ 时, $T \leqslant \infty$, 经济变量为离散时间时变量; 而当 $t$ 在时标上取值时, 则称经济变量为时标时变量. 以 $\mathbb{T}$ 表示任意一个时标, 以下均设 $t \in \mathbb{T}$.

## 2.1 时标增长率

增长率是经济分析的基本概念. 以下定义时标上经济变量的增长率.

记一个给定的时标时变量为 $x(t)$. 则定义 $x(t)$ 的增长率为

$$g_x(t) = \frac{x^\Delta(t)}{x(t)} \tag{2.1.1}$$

在连续情形 $\mathbb{T} = \mathbb{R}$ 下, 对应着

$$g_x(t) = \frac{x'(t)}{x(t)} = \frac{d}{d(t)} \ln x$$

在离散情形 $\mathbb{T} = \mathbb{Z}$ 下, 对应着

$$g_x(t) = \frac{\Delta x_t}{x_{t-1}}$$

若已知增长率, 则可推算出增长倍数

$$\frac{x(t)}{x(t_0)} = e_{g_x}(t, t_0)$$

这里

$$e_{g_x}(t, t_0) = \exp\left(\int_{t_0}^t \xi_{\mu(\tau)}(g_x(\tau)) \, \Delta\tau\right)$$

$$\xi_{\mu(\tau)}(g_x) = \frac{1}{\mu(\tau)} \text{Log}(1 + \mu(\tau)g_x(\tau)) \tag{2.1.2}$$

若增长率 $g_x$ 恒为常数, 则 (2.1.2) 成为

$$x(t) = x(t_0)e_0(t,t_0) = x(t_0), \quad g_x \equiv 0$$
$$x(t) = x(t_0)e_c(t,t_0), \quad g_x \equiv c \neq 0$$

因为

$$\ln \frac{x(t)}{x(t_0)} = \ln e_{g_x}(t,t_0) = \int_{t_0}^t \xi_{\mu(\tau)}(g_x(\tau))\Delta\tau$$

所以增长率 $g_x$ 在 $[t_0,t]_\mathbb{T}$ 上的平均值, 即平均增长率为

$$\bar{g} \frac{1}{t-t_0} \ln \frac{x(t)}{x(t_0)} = \frac{1}{t-t_0} \int_{t_0}^t \xi_{\mu(\tau)}(g_x(\tau))\Delta\tau$$

以下给出时标时变量增长率的一些基本性质.

**性质 2.1.1** (和的增长率)  设 $x, y$ 为时标时变量. 则

$$g_{x \pm y} = \frac{x}{x \pm y} g_x \pm \frac{y}{x \pm y} g_y \tag{2.1.3}$$

证

$$g_{x+y} = \frac{(x+y)^\Delta}{x+y} = \frac{x^\Delta + y^\Delta}{x+y}$$
$$= \frac{x}{x+y} g_x + \frac{y}{x+y} g_y$$

减法情形同理可证. □

两个变量和的增长率公式可以推广到多个变量的. 设 $x_i(i=1,\cdots,n) \in \mathbb{T}$, 那么 $\sum\limits_{i=1}^n x_i$ 的增长率为

$$g_{\sum\limits_{i=1}^n x_i} = \sum_{j=1}^n \frac{x_j}{\sum\limits_{i=1}^n x_i} g_{x_j} \tag{2.1.4}$$

**性质 2.1.2** (乘积的增长率)  设 $x, y$ 为时标时变量. 则

$$g_{xy} = g_x \oplus g_y \tag{2.1.5}$$

即乘积的增长率是各因子增长率之环加.

**证**

$$g_{xy} = \frac{(xy)^\Delta}{xy} = \frac{x^\Delta}{x} + \frac{x^\sigma}{x}\frac{y^\Delta}{y}$$
$$= g_x + (1+\mu g_x)g_y$$
$$= g_x + g_y + \mu g_x g_y$$
$$= g_x \oplus g_y$$

□

若 $x = x_1 x_2 \cdots x_n$,则以上乘积增长率公式可推广至加法公式

$$g_x = \oplus \sum_{i=1}^n g_{x_i}$$

定义 $\oplus n g_x = g_x \oplus g_x \oplus \cdots \oplus g_x (n$ 个 $g_x)$,则成立齐次性

$$g_{x^n} = \oplus n g_x = \sum_{i=1}^n C_n^i \mu^{i-1} g_x^i$$

而对 $x = x_1^{n_1} x_2^{n_2} \cdots x_n^{n_n}, n_i\ (i=1,\cdots,n) \in \mathbb{Z}^+$,则成立叠加公式

$$g_x = \oplus \sum_{i=1}^n \oplus n_i g_{x_i}$$

**性质 2.1.3** (商的增长率) 设 $x, y$ 为时标时变量,且 $g_y$ 是回归的, $y \neq 0$. 则

$$g_{x/y} = \frac{g_x - g_y}{1+\mu g_y} = -(g_x \ominus g_y) \tag{2.1.6}$$

特别地,

**证**

$$g_{x/y} = \frac{(x/y)^\Delta}{x/y} = \frac{y[x^\Delta y - xy^\Delta]}{xyy^\sigma}$$
$$= \frac{x^\Delta y - xy^\Delta}{xy^\sigma} = \frac{xy(g_x - g_y)}{xy^\sigma}$$
$$= \frac{g_x - g_y}{1+\mu g_y} = -(g_x \ominus g_y)$$

□

取 $x \equiv 1$,可从 (2.1.6) 得到 (2.1.7).

$$g_{1/y} = \frac{-g_y}{1+\mu g_y} = g_y \tag{2.1.7}$$

**性质 2.1.4** (复合函数的增长率)  设 $y:\mathbb{T}\to\mathbb{R}$ 是严格增函数，且 $\widetilde{\mathbb{T}}:=y(\mathbb{T})$ 时标，$x:\widetilde{\mathbb{T}}\to\mathbb{R}$. 则复合函数 $x\circ y$ 的增长率满足

$$g_{x\circ y} = g_{x(y)}g_{y(t)}y(t) \tag{2.1.8}$$

**证**

$$\begin{aligned}g_{x\circ y} &= \frac{[x(y(t))]^\Delta}{x(y(t))} = \frac{x^{\widetilde{\Delta}}(y(t))\, y^\Delta(t)}{x(y(t))} \\ &= \frac{x^{\widetilde{\Delta}}(y(t))}{x(y(t))}\frac{y^\Delta(t)}{y(t)}y(t) \\ &= g_{x(y)}g_{y(t)}y(t)\end{aligned}$$

□

**性质 2.1.5** (反函数的增长率)  设函数 $x=f(t):\mathbb{T}\to\mathbb{R}$ 存在反函数 $t=f^{-1}(x):\widetilde{\mathbb{T}}\to\mathbb{T}$, $\widetilde{\mathbb{T}}=f(\mathbb{T})$ 也是一个时标，那么 $t=f^{-1}(x)$ 的增长率 $g_t$ 满足

$$tg_t = \frac{1}{xg_x} \tag{2.1.9}$$

**证**

$$tg_t = (f^{-1})^{\widetilde{\Delta}}(x) = \frac{1}{f^\Delta(t)} = \frac{1}{xg_x}$$

□

## 2.2　时　标　弹　性

弹性与增长率一样，是经济分析的基础概念，虽然本书将只在第 7 章和第 8 章的时标蛛网模型的讨论中提及弹性，但基于它的重要性，依然选择给予介绍，感兴趣的读者可以参考，暂时不需要的读者可以略过，不影响通篇阅读.

**定义 2.2.1**  设 $y=f(t)$ 为 $\mathbb{T}$ 上的 delta 可导函数，且 $f(t)f^\sigma(t)>0$. 则定义 $f$ 在 $t\in\mathbb{T}^k$ 点的弹性为

$$\frac{Ef(t)}{Et} = \frac{t}{f(t)}f^\Delta(t) \tag{2.2.1}$$

若 $\forall t\in\mathbb{T}^k$, $\dfrac{Ef(t)}{Et}$ 都存在，则称 $f$ 在 $\mathbb{T}$ 上可弹. $f$ 对 $t$ 的弹性也记为 $E_{ft}$.

**性质 2.2.1** (和的弹性)  设 $f,g$ 均为时标 $\mathbb{T}$ 上的可弹函数. 则 $f\pm g$ 均于 $\mathbb{T}$ 可弹，且

$$\frac{E(f(t)\pm g(t))}{Et} = \frac{f(t)\dfrac{Ef(t)}{Et}\pm g(t)\dfrac{Eg(t)}{Et}}{f(t)\pm g(t)} \tag{2.2.2}$$

即两个函数之和的弹性等于它们弹性的加权平均.

证

$$\frac{E(f(t)+g(t))}{Et} = \frac{t}{f(t)+g(t)}[f(t)+g(t)]^{\Delta}$$

$$= \frac{tf^{\Delta}(t)+tg^{\Delta}(t)}{f(t)+g(t)}$$

$$= \frac{f(t)\dfrac{Ef(t)}{Et}+g(t)\dfrac{Eg(t)}{Et}}{f(t)+g(t)}$$

减法情形同理可证. □

**注 2.2.1** 以上可弹函数和的弹性公式可推广至任意有限个可弹函数和的情形.

$$\frac{E\left(\sum_{i=1}^{n}f_i\right)}{Et} = \frac{\left[\sum_{i=1}^{n}f_i\dfrac{Ef_i}{Et}\right]}{\sum_{i=1}^{n}f_i} \quad (f_i(i=1,\cdots,n) \text{ 均可弹})$$

讨论可弹函数乘积的弹性之前, 先引入一个新的概念——时标 $\mathbb{T}$ 的增长率, 定义为

$$g_{\mathbb{T}} = \frac{\mu(t)}{t} = \frac{\sigma(t)-t}{t}, \quad t \in \mathbb{T}^k$$

**性质 2.2.2** (乘积的弹性) 设 $f,g$ 均为时标 $\mathbb{T}$ 上的可弹函数. 则 $fg$ 于 $\mathbb{T}$ 可弹, 且

$$\frac{E(f(t)g(t))}{Et} = \frac{Ef(t)}{Et} + \frac{Eg(t)}{Et} + g_{\mathbb{T}}\frac{Ef(t)}{Et}\frac{Eg(t)}{Et} \tag{2.2.3}$$

证

$$\frac{E(f(t)g(t))}{Et} = \frac{t}{f(t)g(t)}[f(t)g(t)]^{\Delta}$$

$$= \frac{t}{f(t)g(t)}[f^{\Delta}(t)g(t)+f^{\sigma}(t)g^{\Delta}(t)]$$

$$= \frac{t}{f(t)g(t)}[f^{\Delta}(t)g(t)+(f+\mu f^{\Delta}(t))g^{\Delta}(t)]$$

$$= \frac{Ef(t)}{Et} + \frac{Eg(t)}{Et} + t\mu(t)\frac{f^{\Delta}(t)g^{\Delta}(t)}{f(t)g(t)}$$

$$= \frac{Ef(t)}{Et} + \frac{Eg(t)}{Et} + g_{\mathbb{T}}\frac{Ef(t)}{Et}\frac{Eg(t)}{Et} \quad □$$

**注 2.2.2**　以上可弹函数乘积的弹性公式 (2.2.3) 也可以推广至任意有限个可弹函数乘积的情形. 为叙述方便, 以三个可弹函数为例.

$$\frac{E(f(t)g(t)h(t))}{Et}$$

$$= \frac{E(f(t))}{Et} + \frac{E(g(t))}{Et} + \frac{E(h(t))}{Et}$$

$$+ g_{\mathbb{T}}\left[\frac{E(f(t))}{Et}\frac{E(g(t))}{Et} + \frac{E(f(t))}{Et}\frac{E(h(t))}{Et} + \frac{E(g(t))}{Et}\frac{E(h(t))}{Et}\right]$$

$$+ g_{\mathbb{T}}^2 \frac{E(f(t))}{Et}\frac{E(g(t))}{Et}\frac{E(h(t))}{Et} \quad (f(t), g(t), h(t) \text{ 均可弹})$$

**注 2.2.3**　以下两式为可弹函数乘积的弹性公式的特殊情形.

$$\frac{Ecf(t)}{Et} = c\frac{Ef(t)}{Et} \quad (c \text{ 为常数})$$

$$\frac{Ef^n(t)}{Et} = \sum_{i=1}^{n} C_n^i g_{\mathbb{T}^{i-1}} \left(\frac{Ef(t)}{Et}\right)^i$$

**性质 2.2.3**（商的弹性）　设 $f, g$ 均为时标 $\mathbb{T}$ 上的可弹函数. 则 $f/g\,(g \neq 0)$ 于 $\mathbb{T}$ 可弹.

$$\frac{E\left(\frac{f(t)}{g(t)}\right)}{Et} = \frac{\frac{Ef(t)}{Et} - \frac{Eg(t)}{Et}}{1 + g_{\mathbb{T}}\frac{Eg(t)}{Et}} \tag{2.2.4}$$

特别地, 有

$$\frac{E\left(\frac{1}{f(t)}\right)}{Et} = \frac{-\frac{Ef(t)}{Et}}{1 + g_{\mathbb{T}}\frac{Ef(t)}{Et}} \tag{2.2.5}$$

**证**

$$\frac{E\left(\frac{f(t)}{g(t)}\right)}{Et} = \frac{t}{f(t)/g(t)}\left[\frac{f(t)}{g(t)}\right]^{\Delta}$$

## 2.2 时标弹性

$$= \frac{tg(t)}{f(t)} \left[ \frac{f^\Delta(t)g(t) - f(t)g^\Delta(t)}{g(t)g^\sigma(t)} \right]$$

$$= \frac{t}{f(t)} \left[ \frac{f^\Delta(t)g(t) - f(t)g^\Delta(t)}{g(t) + \mu g^\Delta(t)} \right]$$

$$= \frac{\dfrac{Ef(t)}{Et} - \dfrac{Eg(t)}{Et}}{1 + g_\mathbb{T} \dfrac{Eg(t)}{Et}}$$

在 (2.2.4) 式中, 令 $f = 1$, $g = f$ 即得 (2.2.5) 式. □

**性质 2.2.4** (复合函数的弹性) 设 $g : \mathbb{T} \to \mathbb{R}$ 严格单调增加, $\widetilde{\mathbb{T}} := g(\mathbb{T})$ 是一个时标. 设 $f : \widetilde{\mathbb{T}} \to \mathbb{R}$. 若 $g(t)$ 和 $f(g(t))$ 分别于 $\mathbb{T}$ 和 $\widetilde{\mathbb{T}}$ 可弹, 则 $f \circ g$ 于 $\mathbb{T}$ 可弹, 且

$$\frac{E[f(g(t))]}{Et} = \frac{\widetilde{E}[f(g(t))]}{\widetilde{E}g(t)} \frac{Eg(t)}{Et}$$

证

$$\frac{E[f(g(t))]}{Et} = \frac{t}{f(g(t))} [f(g(t))]^\Delta$$

$$= \frac{t}{f(g(t))} f^{\widetilde{\Delta}}(g(t)) g^\Delta(t)$$

$$= \frac{g(t)}{f(g(t))} f^{\widetilde{\Delta}}(g(t)) \frac{tg^\Delta(t)}{g(t)}$$

$$= \frac{\widetilde{E}[f(g(t))]}{\widetilde{E}g(t)} \frac{Eg(t)}{Et} \quad \square$$

**注 2.2.4** 复合函数的弹性公式及其证明中出现的 $\widetilde{E}[f(g(t))]/\widetilde{E}g(t)$ 是指 $\widetilde{\mathbb{T}}$ 上 $f(g(t))$ 的弹性, 而 $f^{\widetilde{\Delta}}(g(t))$ 是指 $\widetilde{\mathbb{T}}$ 上 $f(g(t))$ 的 delta 导数, 都是外层函数对中间变量的运算.

**性质 2.2.5** (反函数的弹性) 设 $y = f(x) : \mathbb{T} \to \mathbb{R}$ 有反函数 $x = f^{-1}(y) : \widetilde{\mathbb{T}} \to \mathbb{T}$, 其中 $\widetilde{\mathbb{T}} = f(\mathbb{T})$ 是一个时标, 且 $y = f(x)$ 于 $\mathbb{T}$ 可弹. 则 $x = f^{-1}(y)$ 于 $\widetilde{\mathbb{T}}$ 可弹, 且

$$\frac{Ex}{Ey} = \frac{1}{\dfrac{Ey}{Ex}} \qquad (2.2.6)$$

证

$$\frac{Ex}{Ey} = \frac{y}{x} [f^{-1}(y)]^{\widetilde{\Delta}} = \frac{y}{x} \frac{1}{f^\Delta(x)}$$

$$= \frac{1}{\dfrac{x}{y}f^{\Delta}(x)} = \frac{1}{\dfrac{Ey}{Ex}} \qquad \square$$

多元函数偏弹性的概念及基本性质可类似讨论. 限于篇幅不再列出, 感兴趣的读者可以参见 [luo2013].

# 第 3 章 时标 Solow 模型

Solow 模型是新古典经济增长理论的重要模型之一 ([Solow1956, Swan1956]), 直至今日依然吸引着广大学者投身于其理论与应用的扩展研究 ([Yan2020, Kufenko2020]). 传统 Solow 模型的建立主要基于连续时间. 本章建立时标 Solow 模型, 系统分析相关经济变量的动态学过程和均衡状态, 重点讨论时标结构对经济增长的影响. 若用时标结构刻画经济活动频率, 则所得结果可以解释经济活动频率如何影响经济变量动态以及经济均衡状态. 本章建模和分析过程可以看作是经济活动频率内生化后的 Solow 模型的扩展, 符合经济增长模型发展和深化的历史进程.

本章得到如下结论: 经济活动频率会改变经济实现均衡所需的时间; 当经济中存在技术进步时, 对于特定的人口增长率和技术进步率, 经济活动频率直接决定经济是否能达到均衡, 且影响均衡人均资本的大小及经济实现均衡所需的时间; 均衡时经济中总资本和总产出的增长率也与经济活动频率相关.

## 3.1 传统 Solow 模型

在一个具有无数同质消费者和生产厂商, 且不存在政府购买和对外贸易的经济中, 消费者拥有全部资本和劳动, 他们的收入主要通过劳动收入和资本收入获得. 厂商按照利润最大化决定其劳动和资本的雇佣水平. 资本的价格 (利率水平) 和劳动的价格 (工资水平) 由完全竞争的要素市场决定.

假设时间 $t$ 是连续的. 对总产出 $Y$、总资本 $K$、技术水平 $A$、总人口 $L$, 传统 Solow 模型的基本形式为

$$Y(t) = F(K(t), A(t)L(t)) \tag{3.1.1}$$

其中生产函数 $F$ 满足如下条件:

(1) $F(\lambda K, \lambda L) = \lambda F(K, L), \lambda, K, L \in \mathbb{R}^+$ (规模报酬不变);
(2) $F(K, 0) = F(0, L) = 0, K, L \in \mathbb{R}^+$ (各生产要素必不可少);
(3) $\dfrac{\partial F}{\partial K} > 0, \dfrac{\partial F}{\partial L} > 0, \dfrac{\partial^2 F}{\partial K^2} < 0, \dfrac{\partial^2 F}{\partial L^2} < 0$ (边际生产力递减);
(4) $\lim\limits_{K \to 0^+} \dfrac{\partial F}{\partial K} = \lim\limits_{L \to 0^+} \dfrac{\partial F}{\partial L} = +\infty, \quad \lim\limits_{K \to +\infty} \dfrac{\partial F}{\partial K} = \lim\limits_{L \to +\infty} \dfrac{\partial F}{\partial L} = 0$ (Inada 条件).

对于资本存量 $K$, 其变化由新增投资和折旧所决定, 则

$$K'(t) = I(t) - \delta K(t) \tag{3.1.2}$$

其中 $\delta$ 是折旧率. 模型假设储蓄全部转化为投资, 不考虑消费选择, 即认定总消费在总产出中占有固定比例 $1-s$, 那么

$$I(t) = S(t) = sY(t) \tag{3.1.3}$$

其中 $S$ 是储蓄, $s$ 是常数储蓄率.

将 (3.1.1) 式、(3.1.3) 式代入 (3.1.2) 式, 得到关于 $K$ 的非线性一阶微分方程

$$K'(t) = sF(K(t), A(t)L(t)) - \delta K(t) \tag{3.1.4}$$

对于技术水平, 假设其初始值为 $A(0)$, 且增长率为 $g$, 即

$$A' = gA(t), \quad A(t) = e^{gt}A(0)$$

对于人口水平, 同样假设初始值为 $L(0)$, 增长率为 $n$, 即

$$L' = nL(t), \quad L(t) = e^{nt}L(0)$$

技术进步率 $g$ 和人口增长率 $n$ 一般情况下为正数, 但在一些国家的某些时期, 可能为负数.

定义有效劳动均资本存量为

$$k(t) = \frac{K(t)}{A(t)L(t)}$$

相应地, 有效劳动均产出就是

$$y(t) = \frac{Y(t)}{A(t)L(t)} = \frac{F(K(t), A(t)L(t))}{A(t)L(t)} = F(k(t), 1) = f(k(t))$$

这里 $f$ 为生产函数的集约形式, 满足

$$f(0) = 0, \quad f'(k) > 0, \quad f''(k) < 0, \quad \lim_{k \to 0^+} f'(k) = +\infty, \quad \lim_{k \to \infty} f'(k) = 0$$

那么 (3.1.4) 式就可以写成如下形式

$$\frac{K'(t)}{A(t)L(t)} = sf(k(t)) - \delta k(t) \tag{3.1.5}$$

对有效劳动均资本存量求微分, 得到

$$\frac{k'(t)}{k(t)} = \frac{K'(t)}{K(t)} - g - n \tag{3.1.6}$$

进而有

$$k'(t) = sf(k(t)) - (\delta + n + g)k(t) \tag{3.1.7}$$

这是传统 Solow 模型的关键方程.

因为要素市场和产品市场是完全竞争市场, 所以储蓄 $c$、利率 $r$、工资 $w$ 都可以如下确定:

$$c = (1-s)y, \quad r = f'(t), \quad w = (1-\alpha)y, \quad \alpha = kf'(k)/y \tag{3.1.8}$$

## 3.2 时标 Solow 模型

3.1 节介绍的传统 Solow 模型是对连续时间建立的. 本节推广时间变量到时标上.

假设 $t \in \mathbb{T}$, $\mathbb{T}$ 为时标. 时标 Solow 模型中, 时间是随时标变化的, 此时, 总产出 $Y$、总资本 $K$、总投资 $I$、总技术水平 $A$、总人口 $L$ 的动态行为可以刻画如下:

$$\begin{cases} Y(t) = F(K(t), A(t)L(t)) \\ K^{\Delta}(t) = I(t) - \delta(t)K(t) \\ I(t) = s(t)Y(t) \\ A^{\Delta}(t) = g(t)A(t) \\ L^{\Delta}(t) = n(t)L(t) \end{cases} \tag{3.2.1}$$

其中 $\forall t, 0 < \delta(t) \leqslant 1$ 表示折旧率, $0 < s(t) \leqslant 1$ 表示储蓄率, $n, g \in \mathcal{R}$, $n$ 表示人口增长率, $g$ 表示技术进步率.

因 $n, g \in \mathcal{R}$, 故 $n, g$ 是 $\mu$ 回归的 (定义 1.3.1). 从而 $1 + \mu n \neq 0$ 且 $1 + \mu g \neq 0$. 根据定理 1.4.1, 动态方程组 (3.2.1) 中, 人口演化方程 $L^{\Delta}(t) = n(t)L(t)$ 有唯一解

$$L(t) = L(0) e_n(\cdot, 0)$$

而技术行为方程 $A^{\Delta}(t) = g(t)A(t)$ 有唯一解

$$A(t) = A(0) e_g(\cdot, 0)$$

又因 $L$ 代表总人口, 所以 $L(t) > 0$, 为此要求 $1 + \mu n > 0$, 还可以由此解得

$$n > 0 \quad \text{或} \quad \mu n > -1 \left(\text{即} -\frac{1}{\mu} < n < 0\right) \tag{3.2.2}$$

技术只需要满足 $1 + \mu g \neq 0$, 不做取值为正的要求.

整理 (3.2.1) 式, 得

$$K^\Delta(t) = s(t)Y(t) - \delta(t)K(t) = s(t)F(K(t), A(t)L(t)) - \delta(t)K(t) \tag{3.2.3}$$

不考虑就业问题, 人均等同于劳动. 定义有效劳动人均资本和有效劳动人均产出如下:

$$k(t) = \frac{K(t)}{A(t)L(t)}, \quad y(t) = \frac{Y(t)}{A(t)L(t)} \tag{3.2.4}$$

根据 (3.2.1) 式和 (3.2.3) 式可得

$$\frac{K^\Delta(t)}{A(t)L(t)} = s(t)f(k(t)) - \delta(t)k(t) \tag{3.2.5}$$

对 $k$ 求 delta 导数, 得

$$k^\Delta = \left(\frac{K}{AL}\right)^\Delta = \frac{K^\Delta AL - K(AL^\Delta + A^\Delta L^\sigma)}{ALA^\sigma L^\sigma}$$

$$= \frac{K^\Delta}{A^\sigma L^\sigma} - \frac{KL^\Delta}{LA^\sigma L^\sigma} - \frac{KA^\Delta}{ALA^\sigma}$$

$$= \frac{K^\Delta}{AL(1+\mu g)(1+\mu n)} - \frac{n}{(1+\mu g)(1+\mu n)}k - \frac{g}{1+\mu g}k$$

$$= \frac{s}{(1+\mu g)(1+\mu n)} f \circ k - \left(\frac{\delta + n}{(1+\mu g)(1+\mu n)} + \frac{g}{1+\mu g}\right)k$$

将 $t$ 代回公式, 最终得到

$$k^\Delta(t) = \frac{s(t)}{(1+\mu(t)g(t))(1+\mu(t)n(t))} f(k(t))$$

$$- \left(\frac{\delta(t) + n(t)}{(1+\mu(t)g(t))(1+\mu(t)n(t))} + \frac{g(t)}{1+\mu(t)g(t)}\right) k(t) \tag{3.2.6}$$

## 3.2 时标 Solow 模型

(3.2.6) 式表明随时间的变化, 有效劳动均资本存量是两项之差. 第一项是

$$s(t)f(k(t))/((1+\mu(t)g(t))(1+\mu(t)n(t)))$$

其中 $s(t)f(k(t))$ 代表当期储蓄, 也可以理解为有效人均劳动的实际投资, 系数 $1/((1+\mu(t)g(t))(1+\mu(t)n(t)))$ 与时标有关, 可以理解为对时间跨度的一个修正. 当 $\mathbb{T}=\mathbb{R}$ 时, 其值为 1. 第二项是

$$\left(\frac{\delta(t)+n(t)}{(1+\mu(t)g(t))(1+\mu(t)n(t))}+\frac{g(t)}{1+\mu(t)g(t)}\right)k(t)$$

它可以理解为持平投资, 代表为了使得 $k$ 保持现有水平而必要的投资. $\delta(t)k(t)$ 是资本折旧的部分, 其系数是 $1/((1+\mu(t)g(t))(1+\mu(t)n(t)))$, 同样可以理解为对时间跨度的修正. $n(t)k(t)$ 和 $g(t)k(t)$ 分别代表劳动力增长和技术水平增长, 为了保持有效人均劳动和有效人均资本存量不变, 这一部分也必须被弥补.

给 (3.2.6) 式两边同时乘以 $(1+\mu g)(1+\mu n)$, 得

$$(1+\mu g)(1+\mu n)k^{\Delta}=s(f\circ k)-(\delta+n+g+\mu ng)k$$

上式两边减去 $(\mu g+\mu n+\mu g\mu n)k^{\Delta}$, 有

$$k^{\Delta}=s(f\circ k)-\delta k-(n+g+\mu ng)\left(k+\mu k^{\Delta}\right)=s(f\circ k)-\delta k-(n\oplus g)k^{\sigma}$$

将 $t$ 代回公式, 最终得到

$$k^{\Delta}(t)=s(t)f(k(t))-\delta(t)k(t)-(n\oplus g)(t)k^{\sigma}(t) \tag{3.2.7}$$

这是时标 Solow 模型的关键方程.

**例 3.2.1**  当 $\mathbb{T}=\mathbb{R}$ 时, 因为 $\sigma(t)=t,\mu(t)=0$, 所以 (3.2.7) 式对应着

$$k'(t)=s(t)f(k(t))-(\delta(t)+n(t)+g(t))k(t)$$

当 $\delta,n,g,t$ 均为常数时, 上式与连续时间的传统 Solow 模型的关键方程 (3.1.7) 完全相同.

**例 3.2.2**  当 $\mathbb{T}=\mathbb{Z}$ 时, 因为 $\sigma(t)=t+1,\mu(t)=1$, 所以 (3.2.7) 式对应着

$$k(t+1)=\frac{s(t)f(k(t))+(1-\delta(t))k(t)}{(1+n(t))(1+g(t))}$$

这是离散时间的 Solow 模型的关键方程.

**例 3.2.3**  当 $\mathbb{T} = q^{\mathbb{N}_0}, q > 1$ 时，因为 $\sigma(t) = qt, \mu(t) = (q-1)t$，所以 (3.2.7) 式对应着

$$k(qt) = \frac{(q-1)ts(t)f(k(t)) + (1-(q-1)t\delta(t))k(t)}{(1+(q-1)tn(t))(1+(q-1)tg(t))}$$

对任意时标，均可如此获得资本变化的演化方程，表现形式是一个一阶时标动态方程．其中步长函数 $\mu(t) = \sigma(t) - t$ 是刻画时标结构的重要指标，可以解释为经济活动频率，从而通过时标经济增长模型，可以分析经济活动频率的变化如何影响总产出．后续分析中时标结构对模型均衡的影响研究即属于这一类别．

## 3.3  不考虑技术进步的时标 Solow 模型的均衡分析

为了更专注地聚焦于时标结构对模型均衡影响的分析，本节首先讨论没有技术进步的情况．此时，动态方程 (3.2.6) 简化为

$$k^{\Delta}(t) = \frac{s(t)}{1+\mu(t)n(t)} f(k(t)) - \frac{\delta(t)+n(t)}{1+\mu(t)n(t)} k(t) \quad (3.3.1)$$

当人均资本存量 $k$ 不再变化时，经济处于均衡状态．根据 (3.3.1) 式和定理 1.2.3，令 $k^{\Delta} = 0$，得

$$\frac{sf(k)}{1+\mu n} = \frac{(\delta+n)k}{1+\mu n} \quad (3.3.2)$$

既然 $1 + \mu n > 0$，那么 (3.3.2) 式等价于

$$sf(k) = (\delta+n)k \quad (3.3.3)$$

因为此式与时标结构无关，所以均衡的存在性和稳定性结果与连续 Solow 模型的一致．

**定理 3.3.1**  动态方程 (3.1.1) 有且仅有一个正的均衡点．均衡的人均资本存量 $k$ 由方程 (3.3.3) 确定．

**定理 3.3.2**  满足方程 (3.3.3) 的人均资本存量 $k$ 是动态方程 (3.3.1) 的局部稳定均衡点和全局稳定均衡点．

根据 (3.2.2) 式，人口增长率 $n$ 有两种情况：

$$n > 0 \quad \text{或} \quad \mu n > -1 \left( \text{即} \ -\frac{1}{\mu} < n < 0 \right)$$

以下分 $n > 0$ 和 $n < 0$ 两种情况分别讨论．

## 3.3 不考虑技术进步的时标 Solow 模型的均衡分析

**1. 人口增长率 $n > 0$ 时的均衡分析**

这种情况下, 定理 3.3.1 和定理 3.3.2 的结果可如图 3.3.1. 这里人均资本存量的平衡增长路径为 $k = k^*$.

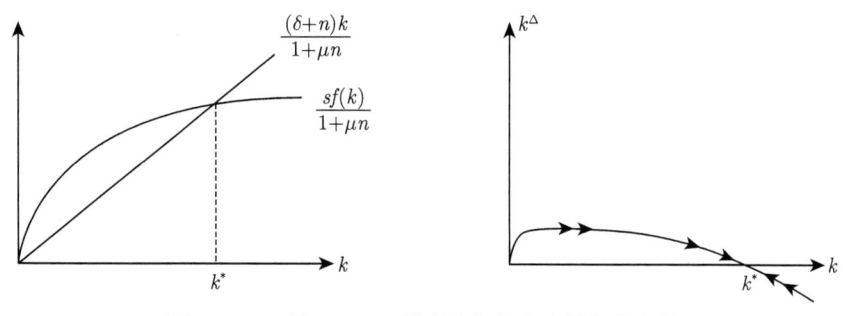

图 3.3.1 时标 Solow 模型均衡的存在性与稳定性

根据 (3.3.1) 式, 当 $sf(k) > (\delta + n)k$ 时, 此时 $k < k^*, k^\Delta(t) > 0$, $k$ 会随时间增加而逐渐增大到 $k^*$. 当 $sf(k) < (\delta + n)k$ 时, 此时 $k > k^*, k^\Delta(t) < 0$, $k$ 会随时间增加而逐渐减小到 $k^*$. 因此 $k^*$ 既是 (3.3.1) 式的局部稳定点, 也是全局稳定点.

上面的分析说明, 当 $n > 0$ 时, 经济存在一个均衡状态, 存在一个均衡的人均资本, 无论当前的人均资本如何, 它总会朝着均衡人均资本演化. 经济处于均衡状态时, 我们关心人均产出、储蓄水平、工资水平等经济变量. 根据均衡时 $f(k) = \dfrac{(\delta+n)k}{s}$, 人均产出

$$y(t) = \frac{Y(t)}{L(t)} = \frac{F(K(t), L(t))}{L(t)} = F(k(t), 1) = f(k(t))$$

以及 (3.1.8) 式, 得当 $k = k^*$ 时, 有

$$y^* = \frac{\delta + n}{s} k^*, \quad c^* = (1-s)y^* \tag{3.3.4}$$

$$r^* = f'(k)^*, \quad w^* = (1 - \alpha^*)y^* \tag{3.3.5}$$

$$\alpha^* = \frac{k^* f'(k)^*}{y^*} = \frac{\delta + n}{s} f'(k)^* \tag{3.3.6}$$

经济处于均衡状态时, 我们还特别关心各个经济变量的增长率. 用 $g_z^*$ 表示变量 $z$ 的均衡增长率. 根据 $K = kL, Y = yL, g_k^* = 0, g_L = n$, 以及 (2.1.5) 式, 可得

$$g_y^* = \frac{f'(k^*)(k^\Delta)^*}{f(k^*)} = 0 \tag{3.3.7}$$

$$g_K^* = n \oplus g_k^* = n \tag{3.3.8}$$

$$g_Y^* = n \oplus g_y^* = n \tag{3.3.9}$$

根据 (3.3.7)—(3.3.9) 式, 在无技术进步时, 时标 Solow 模型均衡时经济变量的增长率和连续时间 Solow 模型的结果一致.

2. 人口增长率 $n < 0$ 时的均衡分析

因为 $\delta > 0$, 所以 $n + \delta$ 有两种情况.

第一种情况: $n + \delta > 0$.

此时, 与 $n > 0$ 时的情况完全相同, 经济最后将实现均衡. 如图 3.3.1, 存在一个均衡人均资本 $k^*$, 人均资本会朝着均衡人均资本演化. 根据 (3.2.2), 还需要

$$-\frac{1}{\mu} < n < 0 \tag{3.3.10}$$

即当人口负增长时, 经济要想实现均衡, 除了要求 $-1/\mu < n$, 还需要 $-\delta < n$, 即 $\delta > -n$, 即要求折旧率较高, 经济才能实现均衡. 这是因为当人口负增长时, 经济体中人口越来越少, 此时如果折旧率较低, 人均资本就会越来越大, 而不会达到均衡. 但如果折旧率较大, 就会抵消因人口减少而导致人均资本上升的因素, 从而使得人均资本趋于一个稳定值之后不再变化, 经济将达到均衡.

第二种情况: $n + \delta < 0$.

此时, 结合 (3.3.10) 式, 有

$$-\frac{1}{\mu} < n < -\delta$$

根据 (3.3.3) 式, 左边 $s > 0$, $f(k) > 0$, 所以 $sf(k) > 0$, 而右边 $(n+\delta)k < 0$, 左右两边不可能相等. 人均资本的导数

$$k^\Delta = \frac{sf(k)}{1+\mu n} - \frac{(\delta+n)k}{1+\mu n} > 0$$

所以人均资本将会持续上升, 经济体不会达到均衡. 如图 3.3.2.

以上的讨论都是在 $1 + \mu n > 0$ 的前提下进行的. 当 $n > 0$ 时, 这个前提自然成立; 当 $n < 0$ 时, $1 + \mu n > 0$, 即 $-\frac{1}{\mu} < n$. 这可以理解为经济活动发生频率 $\mu$ 与人口增长率 $n$ 之间的制约关系, 这种制约关系使得经济体有可能实现均衡或者使得人均资本持续上升. 具体来说, 它允许经济处于长期停滞状态, 此时 $\mu$ 很大, 那么 $-\frac{1}{\mu} < n$ 就限制了负的人口增长率的绝对值很小. 当某些因素比如战争、疾

## 3.3 不考虑技术进步的时标 Solow 模型的均衡分析

病等, 使得人口负增长率很大时, $\mu$ 需很小才能满足 $-\dfrac{1}{\mu} < n$, 这意味着经济必须以较高的频率发生, 而且可以据此计算出频率要高到什么程度.

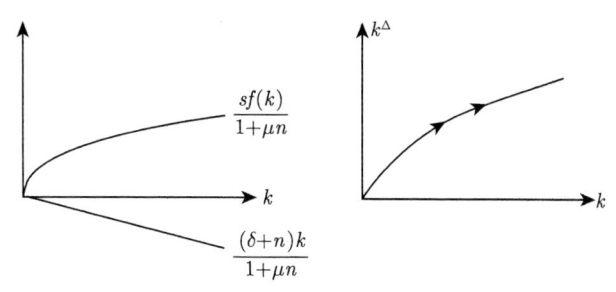

图 3.3.2 人口负增长时时标 Solow 模型的动态行为

以下进行参数变化的静态分析, 分别讨论储蓄率、人口增长率和时标结构变化对均衡水平的影响.

1) 储蓄率变化的影响分析

因为动态方程 (3.3.1) 中, 储蓄率 $s$ 只出现在分子部分, 且可以决定均衡状态的方程 (3.3.3) 与连续和离散 Solow 模型无异, 所以储蓄率 $s$ 的变化引起的模型各内生变量的变化趋势与传统 Solow 模型的分析结果相同.

2) 人口增长率变化的影响分析

人均资本存量的均衡水平 $k^*$ 是由曲线 $sf(k)/(1+\mu n)$ 和直线 $(\delta+n)k/(1+\mu n)$ 的交点决定的.

设人口增长率 $n > 0$. 当 $n$ 增大时, 代表投资的曲线 $sf(k)/(1+\mu n)$ 向下移动. 令

$$f(x) = \dfrac{(\delta + x)k}{1 + \mu x}$$

有

$$f'(x) = \dfrac{k(1-\delta\mu)}{(1+\mu x)^2}$$

可知 $1 - \mu\delta > 0$ 时, 代表持平投资的直线 $(\delta+n)k/(1+\mu n)$ 随着 $n > 0$ 增大而向上移动. 二者结合得均衡的人均资本 $k^*$ 将下降.

假如经济在人口增长率为 $n_1$ 时实现了均衡, 此时人口增长率增大到 $n_2$, 那么经济体会朝着新的均衡演化, 如图 3.3.3, 人均资本将由 $k_1^*$ 减小到 $k_2^*$.

设人口增长率 $n < 0$, 分三种情形讨论.

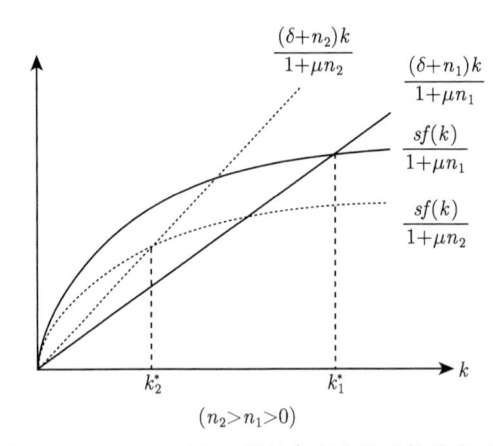

图 3.3.3  $n>0$ 时人口增长率变化前后的均衡对比

**情形 1**  $n$ 变化前后, 都有 $n+\delta>0$, 那么经济体都会最终实现均衡. 当人口增长率由 $n_1$ 增大到 $n_2$, 均衡的人均资本将下降.

**情形 2**  $n$ 变化前后, $n+\delta$ 符号改变. 不妨设 $n_1+\delta>0$, $n_2+\delta<0$. 当人口增长率为 $n_1$ 时, 经济能实现均衡, 人口增长率为 $n_2$ 时, 人均资本会越来越大, 经济体无法实现均衡. 如图 3.3.4.

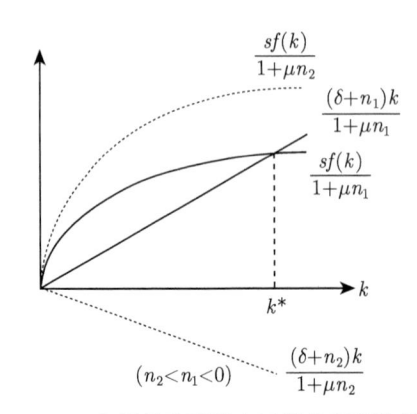

图 3.3.4  $n<0, n+\delta$ 符号改变时人口增长率变化前后的均衡对比

**情形 3**  $n$ 变化前后, 都有 $n+\delta<0$. 那么在变化前后, 经济都不能实现均衡. 如图 3.3.5.

3) 时标结构变化的影响分析

根据均衡条件 (3.3.3), $\mu$ 并不影响经济最终是否能实现均衡, 也不改变均衡的位置. 但由动态方程 (3.3.1) 可知, $k^\Delta$ 与 $\mu$ 成反比. 当 $\mu=0$, $k^\Delta=k'$, 而当 $\mu>0$, 有 $k^\Delta<k'$. 当 $\mu$ 变大, $k^\Delta$ 减小, 即每期人均资本的变化减小, 从而经济实

现最终的均衡需要更长的时间. 取 $\mu_2 > \mu_1 > 0$, 图 3.3.6 反映了时标结构对模型均衡水平的影响.

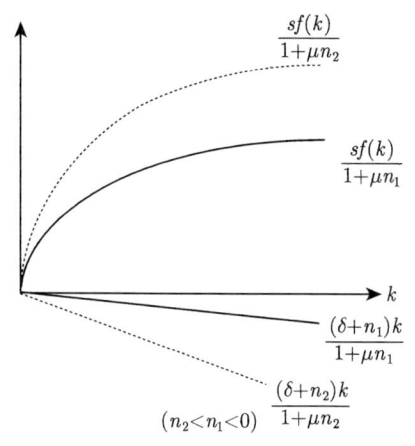

图 3.3.5 $n<0, n+\delta<0$ 时人口增长率变化前后的均衡对比

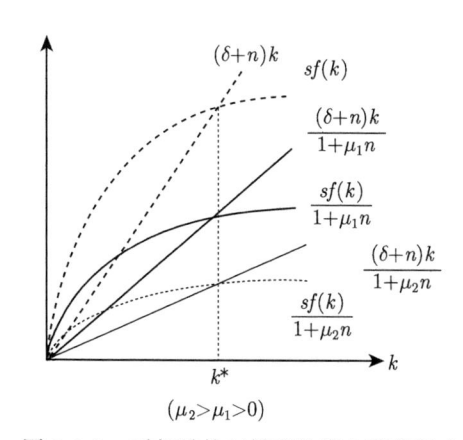

图 3.3.6 时标结构对模型均衡水平的影响

综上所述, 经济活动的发生频率既不改变经济的均衡状态, 也不改变均衡时的人均资本, 但是会改变经济最终实现均衡所需要的时间, 且经济活动发生的频率越低, 实现均衡所需要的时间就越长.

## 3.4 有技术进步的时标 Solow 模型的均衡分析

本节将假设经济可以利用外生技术进步, 技术进步率为 $g(t)$, 且假设 $g \in \mathcal{R}$. 为了保证经济中人口为正, 仍假设 $n \in \mathcal{R}^+$. 虽然一般情况下技术进步率 $g > 0$, 但为了讨论的完整性, 也允许 $g < 0$.

1. 关键方程与均衡分析

整理 (3.2.6) 得

$$k^\Delta = \frac{sf(k)-[\delta+(n\oplus g)]k}{1+\mu(n\oplus g)} = \frac{sf(k)}{(1+\mu g)(1+\mu n)} - \frac{(\delta+n+g+\mu ng)k}{(1+\mu g)(1+\mu n)} \quad (3.4.1)$$

根据 (3.4.1) 式, 经济能否实现均衡取决于曲线 $sf(k)/[1+\mu(n\oplus g)]$ 与直线 $[\delta+(n\oplus g)]k/[1+\mu(n\oplus g)]$ 是否存在一个正的交点. 而这又取决于 $[1+\mu(n\oplus g)]$ 和 $[\delta+(n\oplus g)]$ 的符号.

以下分 $ng > 0$ 和 $ng < 0$ 两种情形讨论.

2. 时标结构对于均衡的影响

根据表 3.4.1 和表 3.4.2, 可以讨论在特定的 $n$ 和 $g$ 下, 如何选择 $\mu$, 即经济活动频率, 能使得经济最终实现均衡. 具体总结见表 3.4.3.

表 3.4.1  $\delta+(n\oplus g)$ 的符号

| $ng$ | $\mu$ | $\delta+(n\oplus g)$ |
|---|---|---|
| $ng > 0$ | $\mu > -\dfrac{\delta+n+g}{ng}$ | 正 |
| | $\mu < -\dfrac{\delta+n+g}{ng}$ | 负 |
| $ng < 0$ | $\mu < -\dfrac{\delta+n+g}{ng}$ | 正 |
| | $\mu > -\dfrac{\delta+n+g}{ng}$ | 负 |

表 3.4.2  $1+\mu(n\oplus g)$ 的符号

| $ng$ | $n, g$ | $\mu$ | $1+\mu(n\oplus g)$ |
|---|---|---|---|
| $ng > 0$ | $n>0, g>0$ | 任意 $\mu$ | 正 |
| | $n<0, g<0$ | $\mu < -\dfrac{1}{n}$ 且 $\mu < -\dfrac{1}{g}$ | 正 |
| | | $-\dfrac{1}{g} < \mu < -\dfrac{1}{n}$ | 负 |
| $ng < 0$ | $n<0, g>0$ | $\mu < -\dfrac{1}{n}$ | 正 |
| | $n>0, g<0$ | $\mu < -\dfrac{1}{g}$ | 正 |
| | | $\mu > -\dfrac{1}{g}$ | 负 |

## 3.4 有技术进步的时标 Solow 模型的均衡分析

表 3.4.3　有技术进步时模型的均衡

| $ng$ | $n, g$ | $\mu$ | $k^*$ |
|---|---|---|---|
| $ng > 0$ | $n > 0, g > 0$ | 任意 $\mu$ | 能实现均衡 |
|  | $n < 0, g < 0$ | $\mu < -\dfrac{1}{n}, \mu < -\dfrac{1}{g}, \mu > -\dfrac{\delta+n+g}{ng}$ | 能实现均衡 |
|  |  | $-\dfrac{1}{g} < \mu < -\dfrac{1}{n}$ 或 $\mu < -\dfrac{\delta+n+g}{ng}$ | 不能实现均衡 |
| $ng < 0$ | $n < 0, g > 0$ | $\mu < -\dfrac{1}{n}, \quad \mu < -\dfrac{\delta+n+g}{ng}$ | 能实现均衡 |
|  | $n > 0, g < 0$ | $\mu < -\dfrac{1}{g}, \quad \mu < -\dfrac{\delta+n+g}{ng}$ | 能实现均衡 |
|  |  | $\mu > -\dfrac{1}{g}$ 或 $\mu > -\dfrac{\delta+n+g}{ng}$ | 不能实现均衡 |

如表 3.4.3 所示, 如果人口增长率和技术进步率都是正的, 那么无论经济活动频率 $\mu$ 是多少, 经济总能实现均衡. 对于其他情况, 比如当人口增长率和技术进步率都是负的, 那么有关步长函数 $\mu$ 的如下条件可以保证经济实现均衡:

$$\mu < -\frac{1}{n}, \quad \mu < -\frac{1}{g}, \quad \mu > -\frac{\delta+n+g}{ng}$$

假如 $|n| > |g|$, 那么上面的条件等价于

$$\mu < -\frac{1}{n}, \quad \mu > -\frac{\delta+n+g}{ng}$$

这个条件要想满足, 实际上还需要 $|\delta| > |g|$.

对于部分人口增长率和技术进步率的组合, 步长函数 $\mu$ 的大小, 即经济活动频率将决定经济最终是否能实现均衡. 因此当时标结构发生变化, 可能会使得经济从能实现均衡变成不能实现均衡, 或使得经济从不能实现均衡变成能实现均衡. 以下只讨论时标变化前后经济均能实现均衡的情况.

令 $\mu_2 > \mu_1 > 0$, 根据 (3.4.1) 式, 令 $k^\Delta = 0$. 则

$$sf(k) = [\delta+(n \oplus g)]k = (\delta + n + g + \mu ng)\,k \tag{3.4.2}$$

当 $\mu$ 增大时, 使得 (3.4.2) 式成立的 $k^*$ 会减小.

如图 3.4.1, 当考虑技术进步时, 步长函数的值 $\mu$ 的变化会改变均衡人均资本的大小, 且当 $\mu$ 越大, 即经济活动发生的频率越低, 均衡的人均资本就越小, 这一点与不考虑技术进步时的情况不同. 另外, 和不考虑技术进步时一样, 经济活动频

率的变化也会改变经济体达到最终均衡状态需要的时间,当经济活动的频率变小,将需要花费更多的时间才能实现均衡.

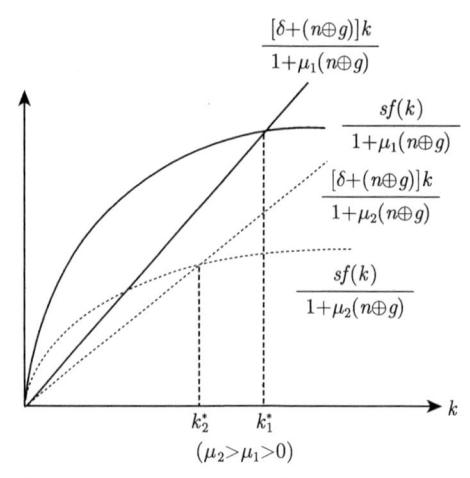

图 3.4.1　时标结构对模型均衡水平的影响

**3. 相关经济变量的增长率**

由表 3.4.3 可知,对不同的人口增长率 $n$ 和技术进步率 $g$,总能选择合适的 $\mu$ 使得经济实现均衡. 假设均衡的人均有效资本水平为 $\hat{k}^*$,用 $g_z$ 表示经济变量 $z$ 的增长率,那么均衡的经济变量增长率如下:

$$g_{\hat{y}^*} = g_{\hat{k}^*} = 0$$
$$g_k = g_A \oplus g_{\hat{k}^*} = g_A$$
$$g_y = g_A \oplus g_{\hat{y}^*} = g_A$$
$$g_K = g_A \oplus n \oplus g_{\hat{k}^*} = n \oplus g_A$$
$$g_Y = g_A \oplus n \oplus g_{\hat{y}^*} = n \oplus g_A$$

上面的增长率中, $g_{\hat{k}^*}$ 和 $g_{\hat{y}^*}$ 分别代表人均有效资本和人均有效产出的增长率, $g_k$ 和 $g_y$ 分别代表人均资本和人均产出的增长率,二者都是 $g_A$,这与连续时间下的 Solow 模型结论一致, 长期的人均资本和人均产出的增长率只取决于技术进步. $g_K$ 和 $g_Y$ 分别代表总资本和总产出的增长率,都是 $n \oplus g_A = n + g_A + \mu n g_A$,这说明长期总资本和长期总产量与人口增长率、技术进步率和时标结构都有关系. 在人口增长率与技术进步率符号相同时 ($n g_A > 0$),经济活动的频率越低,即 $\mu$ 越大,总产出与总资本的增长率就越大,这里 $\mu$ 刻画时标结构,也就是经济活动频率.

这个结果与连续时间下的 Solow 模型不一致，连续时间下长期总资本和长期总产出等于 $n+g_A$，因为 $\mu \equiv 0$，不可能出现 $\mu n g_A$ 这一项，也就是说，连续时间情形遗漏和忽略了某些影响经济增长率的因素，而这些因素与经济活动发生频率相关．

进一步，对于步长取值不等，即 $\mu(t)$ 不是常值函数的时标，总资本存量和总产出水平的均衡增长率会随着经济活动频率（即 $\mu(t)$ 值）的变化而波动．当经济活动发生在连续的时间区间时，总资本存量和总产出水平均衡增长率是恒定的 $n+g_A$，但在经济活动暂停或中断的关键节点，增长率会出现一个跳跃，且在技术进步率 $g_A$ 和人口增长率 $n$ 已知的情况下，跳跃层的垂直高度由 $\mu$ 的值决定，取值 $\mu n g_A$．见图 3.4.2．

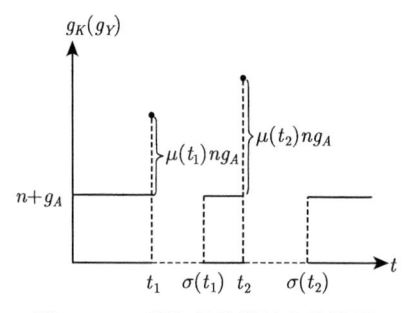

图 3.4.2 经济变量增长率的跳跃

如果仍将均衡定义为所有变量以固定速率增长，那么根据上述分析，由于总资本存量和总产出水平的均衡增长率不再保持不变，时标 Solow 模型将不再处于均衡．既然它们是步长函数的函数，并且随着 $\mu(t)$ 的变化而变化，为了适应这种变化，我们提出两个新概念，rd 常数和 rd 均衡．

**定义 3.4.1** 设函数 $f:\mathbb{T}\to\mathbb{R}$，且在所有右连续的点上，$f$ 取值为常值，则称 $f$ 是时标 $\mathbb{T}$ 上的 rd 常数．

**定义 3.4.2** 当所有经济变量在 $\mathbb{T}$ 上是 rd 常数时，则称经济是 rd 均衡的．

根据如此定义的新概念，可得以下定理．

**定理 3.4.1** 在本节讨论的框架下，时标 solow 模型能实现 rd 均衡．

## 3.5 人均资本存量路径的定性讨论

这一节对人均资本存量路径进行定性讨论，为了方便，不考虑技术进步，且假设 $\delta=0$，即不考虑折旧．此时，时标 Solow 模型的关键方程给出如下人均资本积累路径

$$k^\Delta = \frac{sf(k) - nk}{1 + \mu n} \tag{3.5.1}$$

这是一个一阶时标动态方程. 记初始人均资本存量为 $k(0)$, 则相应的一阶动态方程初值问题等价的积分方程是

$$k(t) = \int_0^t \frac{sf(k(l)) - nk(l)}{1 + \mu(l)n} \Delta l + k(0) \tag{3.5.2}$$

若记

$$\phi(k) = \frac{sf(k) - nk}{1 + \mu n}$$

则

$$\| \phi(k_1) - \phi(k_2) \| = \frac{1}{\| 1 + \mu n \|} \| s[f(k_1) - f(k_2)] - n[k_1 - k_2] \|$$

$$\leqslant \frac{s}{\| 1 + \mu n \|} \| f'(\xi) - n \| \| [k_1 - k_2] \|$$

$$\leqslant M \| [k_1 - k_2] \|$$

这里

$$M = s \max_k \| f'(k) - n \| \tag{3.5.3}$$

是有限常数. 根据 [Tisdell2008, 定理 3.4], 动态积分方程 (3.5.2) 有唯一解, 此解也是动态方程 (3.5.1) 的唯一解. 虽然不能获得人均资本存量的具体表达式, 即动态方程 (3.5.1) 解的显式表达式, 但是通过 Banach 紧算子理论, 仍然可以获知人均资本存量的一些定性特征.

首先, 令

$$k_{i+1}(t) = \int_0^t \phi(k_i(l)) \Delta l + k(0)$$

可知 $\{k_j\}$ 一致收敛于人均资本存量的唯一解. 再令

$$[\phi k](t) = \int_0^t \phi(k(l)) \Delta l + k(0)$$

知 $\Phi$ 的不动点就是动态方程 (3.5.1) 的解. 记 $\Phi^0(k) = k, \Phi^{i+1}(k) = \Phi(\Phi^i(k))$, 则对任意选定的 $k_0$, 若取 $\beta = M\gamma, \gamma > 1$, 可以获得人均资本存量迭代的速度估计:

$$\| \phi^i k_0 - k \| \leqslant e_\beta(T, 0) \frac{\gamma^{-1}}{1 - \gamma^{-1}} \| k_0 - \Phi k_0 \|$$

这里 $T$ 是所考察经济问题中经济活动的终点.

对不同的初始人均资本 $k(0) = A$ 和 $k(0) = B$, 我们也可以分析时标 Solow 模型的人均资本存量路径对初始人均资本存量的依赖性. 估计式如下:

$$\|k(t,A) - k(t,B)\| \leqslant e_M(t,0)|A - B|$$

其中 $M$ 是某障碍带上函数 $k$ 的最大值, 可依据 [Luo 2013, 定理 5.1] 确定. 此式表明, 相对于初始人均资本存量的变化, 人均资本存量水平的差距受时标指数函数的增长所控制, 增长指数限制在 $s \max_k \|f'(k) - n\|$ 之下. 既然 $r = f'(k)$, 那么增长指数实际上就是利息率与人口增长率的正差乘以储蓄率.

# 第 4 章 时标经济增长模型的数据模拟

第 3 章对时标 Solow 模型进行了定性分析,在此基础上,本章采用数据模拟的形式,定量分析时标结构对经济均衡增长路径的影响.

具体地,引入时标上的 Cobb–Douglas 函数作为时标经济增长模型的生产函数,给定经济的初始状态和参数值,给定代表不同经济活动频率的几组时标,分没有技术进步和人口增长,以及有技术进步和人口增长两种情况,比较相同经济在不同时标结构下的均衡增长路径,以及均衡时人均资本的大小和达到均衡所花费的时间,所得结果与定性分析的一致.

## 4.1 时标 Cobb–Douglas 生产函数

参考 [Bohner2013],令

$$0 < \alpha < 1, \quad p(t) = (1-\alpha)s(t), \quad w(t) = \left(\frac{1}{\alpha-1}\odot[(1-\alpha)(\delta+n+g)]\right)$$

则时标上的一般 Cobb-Douglas 生产函数形式如下:

$$f(k) = \frac{(1+\mu n)t(1+\mu g)k}{s} \cdot \left\{\frac{\delta+(n\oplus g)}{(1+\mu n)(1+\mu g)} + \left[w\ominus\left(\frac{1}{\alpha-1}\odot(pk^{\alpha-1})\right)\right]\right\} \quad (4.1.1)$$

其中

$$\frac{1}{\alpha-1}\odot(pk^{\alpha-1}) = \frac{1}{\alpha-1}pk^{\alpha-1}\int_0^1 (1+\mu pk^{\alpha-1}h)^{\frac{1}{\alpha-1}-1}dh$$

$$= \frac{(1+\mu pk^{\alpha-1})^{\frac{1}{\alpha-1}}-1}{\mu}$$

$$w = \frac{1}{\alpha-1}\odot[(1-\alpha)(\delta+n+g)]$$

$$= \frac{1}{\alpha-1}(\delta+n+g)(1-\alpha)\int_0^1 (1+\mu(\delta+n+g)(1-\alpha)h)^{\frac{1}{\alpha-1}-1}dh$$

$$= \frac{(1+\mu(\delta+n+g)(1-\alpha))^{\frac{1}{\alpha-1}}-1}{\mu}$$

从而

$$w \ominus \left(\frac{1}{\alpha-1} \odot (pk^{\alpha-1})\right) = \frac{1}{\mu}\left\{-1+\left(\frac{1+\mu(\delta+n+g)(1-\alpha)}{1+\mu(1-\alpha)sk^{\alpha-1}}\right)^{\frac{1}{\alpha-1}}\right\} \quad (4.1.2)$$

将 (4.1.2) 式代入 (4.1.1) 式, 整理得

$$f(k) = \frac{(1+\mu n)(1+\mu g) k}{\mu s}$$
$$\cdot \left\{\mu \frac{\delta+(n\oplus g)}{(1+\mu n)(1+\mu g)} - 1 + \left(\frac{1+\mu(\delta+n+g)(1-\alpha)}{1+\mu(1-\alpha)sk^{\alpha-1}}\right)^{\frac{1}{\alpha-1}}\right\}$$
(4.1.3)

(4.1.3) 式是包含技术进步和人口增长的时标上的生产函数.

根据 (3.2.7) 式, 有

$$k(\sigma(t)) - k(t) = \mu(t) k^{\Delta}(t)$$
$$= \mu(t) s(t) f(k(t)) - \mu(t) \delta(t) k(t) - \mu(t) (n\oplus g)(t) k(\sigma(t))$$

整理可得

$$(1+\mu(t)(n\oplus g)(t)) k(\sigma(t)) = \mu(t) s(t) f(k(t)) + (1-\mu(t)\delta(t)) k(t) \quad (4.1.4)$$

(4.1.4) 式是人均资本的递推公式, 显示了下一期的人均资本将如何由上一期的人均资本所决定. (4.1.3) 式和 (4.1.4) 式共同决定了每一期的人均资本和人均产出. 给定初始经济状态, 根据这两式可以得到每一期的人均资本和人均产出.

## 4.2 没有技术进步和人口增长时的均衡增长路径

假定没有技术进步和人口增长, 那么 (4.1.3) 式和 (4.1.4) 式可更改为

$$f(k(t)) = \frac{k(t)}{\mu(t)s(t)}\left\{\mu(t)\delta(t) - 1 + \left(\frac{1+\mu(t)\delta(t)(1-\alpha)}{1+\mu(t)(1-\alpha)s(t)k(t)^{\alpha-1}}\right)^{\frac{1}{\alpha-1}}\right\} \quad (4.2.1)$$

$$k(\sigma(t)) = \mu(t) s(t) f(k(t)) + (1 - \mu(t) \delta(t)) k(t) \qquad (4.2.2)$$

假设 $\mathbb{T} = h\mathbb{Z}$, $h > 0$, 那么 $\mu = h$, $\sigma(t) = t + h$, (5.2.1) 式和 (5.2.2) 式分别对应

$$f(k(t)) = \frac{k(t)}{hs(t)} \left\{ h\delta(t) - 1 + \left( \frac{1 + h\delta(t)(1-\alpha)}{1 + h(1-\alpha)s(t)k(t)^{\alpha-1}} \right)^{\frac{1}{\alpha-1}} \right\} \qquad (4.2.3)$$

$$k(t+h) = hs(t) f(k(t)) + (1 - h\delta(t)) k(t) \qquad (4.2.4)$$

分别令 $h = 3$, $h = 5$, $h = 7$, 给定经济初始状态, 模拟经济的均衡增长路径. 给定经济初始状态的参数设定如表 4.2.1.

表 4.2.1 经济初始状态参数值

| 参数 | 参数值 |
| --- | --- |
| $k(0)$ | 1 |
| $\alpha$ | 0.5 |
| $g$ | 0.01 |
| $n$ | 0.01 |
| $s$ | 0.5 |
| $\delta$ | 0.1 |

三种时标结构下经济的均衡增长路径分别如图 4.2.1、图 4.2.2、图 4.2.3. 图中横轴 $t$ 代表时间, 纵轴 $k$ 代表人均资本.

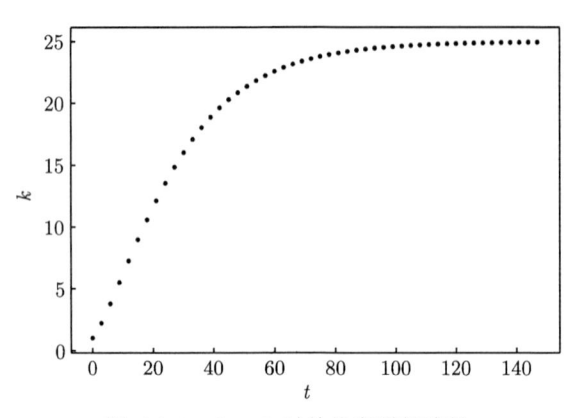

图 4.2.1　$h = 3$ 时的均衡增长路径

## 4.2 没有技术进步和人口增长时的均衡增长路径

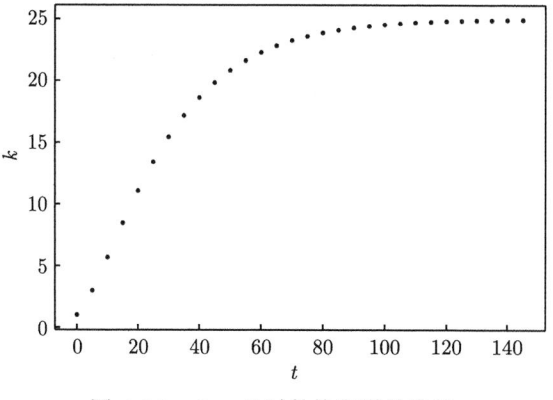

图 4.2.2　$h = 5$ 时的均衡增长路径

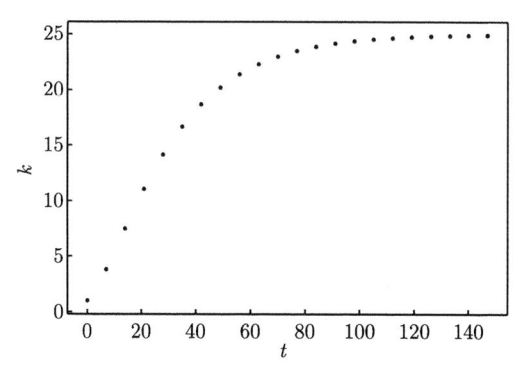

图 4.2.3　$h = 7$ 时的均衡增长路径

模拟结果显示, 当不考虑技术进步和人口增长时, 对于三种不同的经济活动频率, 均衡的人均资本都是相同的, 但是经济达到最终均衡状态花费的时间不同 (表 4.2.2). $h$ 越小, 即经济活动发生频率越高, 经济实现最终均衡状态所需要的时间就越短, 模拟的结果与前面定性分析的结论一致.

表 4.2.2　没有技术进步和人口增长时三种时标结构下均衡状态的比较

| 时标 | 均衡花费的时间 | 均衡人均资本 |
| --- | --- | --- |
| $h = 3$ | 741 | 25.0000 |
| $h = 5$ | 785 | 25.0000 |
| $h = 7$ | 819 | 25.0000 |

## 4.3 有技术进步和人口增长时的均衡增长路径

本节考虑技术进步和人口增长一般模型. 假设 $\mathbb{T}=h\mathbb{Z}$, $h>0$, 那么 $\mu=h$, $\sigma(t)=t+h$, (4.1.3) 式和 (4.1.4) 式更改为

$$f((k(t))=\frac{(1+hn(t))(1+hg(t))k(t)}{hs(t)}$$
$$\cdot\left\{h\frac{\delta(t)+(n(t)\oplus g(t))}{(1+hn(t))(1+hg(t))}-1+\left(\frac{1+h(\delta(t)+n(t)+g(t))(1-\alpha)}{1+h(1-\alpha)s(t)k(t)^{\alpha-1}}\right)^{\frac{1}{\alpha-1}}\right\}$$
(4.3.1)

$$(1+hn(t))(1+hg(t))k(t+h)=hs(t)f(k(t))+(1-h\delta(t))k(t) \quad (4.3.2)$$

分别令 $h=3$, $h=5$, $h=7$, 给定经济初始状态. 在这三种时标结构下, 模拟经济的均衡增长路径. 经济初始状态同表 4.2.1 的设定.

三种时标结构下经济的均衡增长路径分别如图 4.3.1、图 4.3.2、图 4.3.3. 图中横轴 $t$ 代表时间, 纵轴 $k$ 代表人均资本.

由于达到最终均衡的时期较长, 而人均资本在达到一定值后收敛缓慢, 三种时标下均衡增长路径的差异较小, 图形上的差距并不显著, 通过表 4.2.1 具体对比三种时标下经济达到均衡所需要的时间以及均衡人均资本.

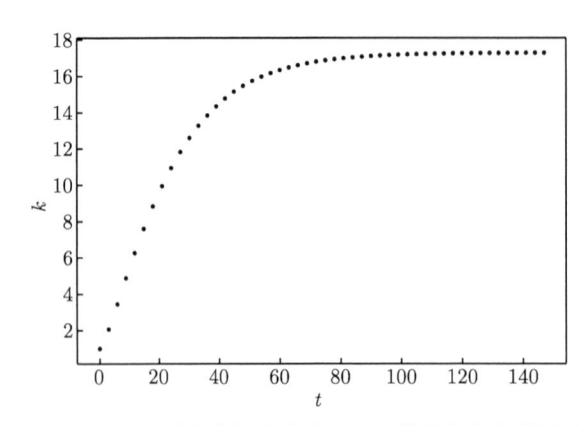

图 4.3.1　$h=3$ 时考虑技术进步和人口增长的均衡增长路径

## 4.3 有技术进步和人口增长时的均衡增长路径

图 4.3.2　$h = 5$ 时考虑技术进步和人口增长的均衡增长路径

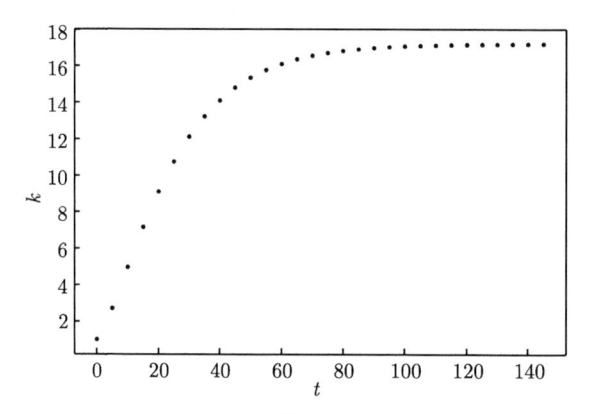

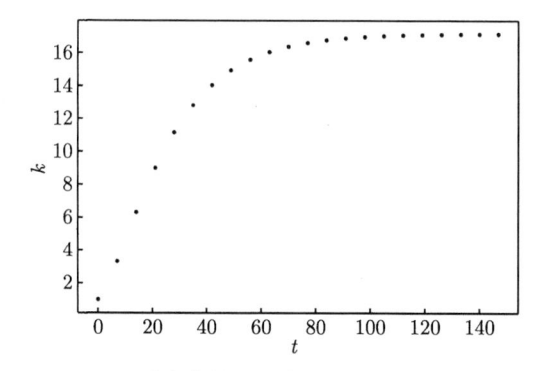

图 4.3.3　$h = 7$ 时考虑技术进步和人口增长的均衡增长路径

同样,由于三种时标结构下均衡增长路径的人均资本在数值上的微小差异,以及达到最终均衡的时期较长,从图形上不易看出不同. 表 4.3.1 对比三种不同的时标结构下,经济达到均衡所需要的时间以及均衡人均资本.

表 **4.3.1**　考虑技术进步和人口增长时三种时标结构下均衡状态的比较

| 时标 | 均衡花费的时间 | 均衡人均资本 |
| --- | --- | --- |
| $h = 3$ | 642 | 17.2969 |
| $h = 5$ | 660 | 17.2255 |
| $h = 7$ | 700 | 17.1480 |

模拟结果显示,当考虑技术进步和人口增长时,对于三种不同的经济活动频率,均衡的人均资本是不相同的. $h = 3$ 对应的经济活动频率最大,均衡的人均资本也最大,经济达到均衡需要的时间最短;当 $h = 7$ 时,均衡的人均资本最小,经济达到均衡需要的时间最长,模拟的结果与前面定性分析的结论一致.

# 第 5 章 时标 Ramsey 模型

(Ramsey1 1982 年) 在 *A Mathematical Theory of Saving* 中提出了最优消费及最优储蓄的概念, 使得储蓄率不必是外生的而可以是家庭最优化选择的结果. Ramsey 模型修正了 Solow 模型中储蓄率外生的假定, 在这个模型中, 资本存量的变动来源于微观层次上竞争性市场中家庭最大化效用和厂商最大化利润的相互作用. Ramsey 模型并没有改变 Solow 模型的基本结论, 但是它通过家庭最优化选择将储蓄率内生化的这一思想不仅使新古典经济增长模型得以完善, 而且还为以后的所有经济增长模型确立一个准则, 即必须以微观层面最优化行为分析来决定每个时点上的资源配置比例.

本章采用相对风险规避系数不变的效用函数, 建立时标 Ramsey 模型并求解, 在不限制家庭效用函数跨期替代弹性为 1, 即不限制家庭效用函数为对数函数的情况下, 得到人均消费的一般动态方程, 给出均衡条件, 并讨论人均消费和人均资本的动态学, 以及时标结构对于经济均衡状态的影响. 所得结论表明, 时标结构确实影响模型均衡时的经济变量. 与传统 Ramsey 模型不同, 时标 Ramsey 模型的消费增长率与后向步长函数取值有关, 后向步长函数值越大, 即经济活动频率越小, 均衡人均资本越小, 而均衡的人均消费越大.

## 5.1 传统 Ramsey 模型

1. 模型的假设

Ramsey 模型与 Solow 模型类似, 但一个显著区别是 Ramsey 模型修正了 Solow 模型中储蓄率外生的假定, 在这个模型中, 资本存量的变动来源于微观层次上竞争性市场中家庭最大化效用和厂商最大化利润的相互作用.

Ramsey 模型将市场简化为厂商和家庭组成的完全竞争市场. 假定经济中存在大量同质厂商, 每个厂商的生产函数都是 $Y = F(K, AL)$, 该函数的有关假设与第 3 章完全相同. 这些厂商在竞争性要素市场上雇佣工人、租赁资本, 然后在竞争性商品市场上出售其产品. 此外这些厂商都由家庭所有, 其利润最大化下所赚取的利润最终全部归于家庭.

假定经济中存在大量的家庭, 每个家庭的人口增长率都是 $n$, 在每个时间点, 家庭每个成员都提供一单位劳动. 每个家庭将所拥有的资本全部租赁给厂商, 并

## 5.1 传统 Ramsey 模型

且其初始资本持有量都是 $K(0)/H$(其中 $K(0)$ 是经济中初始资本的存量, $H$ 是家庭数量, $K(0) > 0$). 为简单起见, 假定不存在折旧, 家庭的收入来自提供劳动和资本的报酬, 以及从厂商那里分得的利润. 家庭将每个时点的收入在消费和储蓄之间进行分配, 并最大化其终生效用. 令 $T$ 代表消费者的生命周期, 家庭效用的函数形式为

$$U = \int_{t=0}^{T} e^{-\delta t} u\left(C\left(t\right)\right) \frac{L\left(t\right)}{H} dt \tag{5.1.1}$$

其中 $C(t)$ 是每个家庭成员在时点 $t$ 的消费, $u(\cdot)$ 是瞬时效用函数, 表示在给定时刻每个家庭成员的效用, $L(t)$ 是经济中的总人口, 所以 $L(t)/H$ 是每个家庭的人口数, $u(C(t))L(t)/H$ 是家庭所有成员在时间 $t$ 的总瞬时效用, $\delta$ 表示贴现率, 一般假设在未来消费同样数量的钱获得的效用小于在当期消费带来的效用, $\delta$ 越大表示家庭越看重当期消费. 瞬时效用函数形式如下:

$$u\left(C\left(t\right)\right) = \frac{C(t)^{1-\theta}}{1-\theta}, \quad \theta > 0, \quad \delta - n - (1-\theta)g > 0 \tag{5.1.2}$$

这种形式的效用函数通常称为相对风险规避系数不变 (Constant Relative Risk Aversion Coeffic) 效用函数, 因为其相对风险规避系数

$$-\frac{Cu''(C)}{u'(C)} = \theta$$

与 $C$ 无关. 如此形式是保证经济能向平衡增长路径收敛的必需条件.

2. 家庭和厂商的行为

厂商的行为就是在完全竞争市场下按现有的劳动和资本进行生产, 按照其各自的边际产出分别支付报酬, 并出售生产的产品. 由于假设生产函数的规模报酬不变, 并且经济是完全竞争的, 因此厂商获得的利润为零. 资本的收入就是资本的边际产出, 以利率 $r(t)$ 表示资本的收入, 那么

$$r(t) = \frac{\partial F(K, AL)}{\partial K} = f'(k(t)) \tag{5.1.3}$$

工资记为 $W(t)$, 在完全竞争市场, 工资等于劳动力的边际产出, 即

$$W(t) = \frac{\partial F(K, AL)}{\partial L} = A\frac{\partial F(K, AL)}{\partial AL} = A[f(k(t)) - k(t)f'(k(t))] \tag{5.1.4}$$

根据 $W(t)$ 可以得到单位有效劳动的工资

$$\omega(t) = f(k(t)) - k(t)f'(k(t)) \tag{5.1.5}$$

家庭的行为总是会在预算约束下最大化其终生效用, 预算约束是家庭的终生消费不超过初始财富加上终生劳动收入的现值. 家庭预算约束如下:

$$k'(t) = k(t)r + W(t)\frac{L(t)}{H} - C(t)\frac{L(t)}{H}, \quad k(0) = \frac{K(0)}{H}, \quad k(T) = 0 \quad (5.1.6)$$

上面是在时间连续时资本的变化, $k(T) = 0$ 表示家庭在最终将所有的资产全部用于终生的消费. 我们也可以将上述约束写成积分的形式如下:

$$\int_{t=0}^{T} e^{-R(t)} C(t) \frac{L(t)}{H} dt \leqslant \frac{K(0)}{H} + \int_{t=0}^{T} e^{-R(t)} W(t) \frac{L(t)}{H} dt \quad (5.1.7)$$

其中 $e^{-R}(t)$ 代表将来对现在的贴现, $R(t) = \int_{\tau=0}^{t} r(\tau) d\tau$, 表示了在 $[0,t]$ 中的连续复利效应. 整理 (5.1.7) 式, 将所有项移到一边, 并合并积分项, 从而得到

$$\frac{K(0)}{H} + \int_{t=0}^{T} e^{-R(t)} [W(t) - C(t)] \frac{L(t)}{H} dt \geqslant 0 \quad (5.1.8)$$

考虑每个家庭在某个时刻 $s$ 拥有的资本量

$$\frac{K(s)}{H} = e^{R(s)} \frac{K(0)}{H} + \int_{t=0}^{s} e^{R(s)-R(t)} [W(t) - C(t)] \frac{L(t)}{H} dt \quad (5.1.9)$$

根据 (5.1.6)~(5.1.8) 式, 可以简单地将预算约束写成

$$e^{-R(T)} \frac{K(T)}{H} \geqslant 0 \quad (5.1.10)$$

(5.1.10) 式又被称为"禁止庞氏博弈条件". 庞氏骗局可以使得发行者的终生消费的现值超过其终生财富的现值, 通过施加 (5.1.10) 式的条件就可以破除这种骗局.

家庭在时刻 $t$ 的总消费 $C(t)L(t)/H$ 等于单位有效劳动的平均消费 $c(t)$ 乘以家庭中有效劳动的数量 $A(t)L(t)/H$. 家庭在时刻 $t$ 的总收入等于单位有效劳动的平均工资乘以 $A(t)L(t)/H$. 家庭初始资本持有量等于时刻 0 的单位有效劳动的平均资本乘以 $A(0)L(0)/H$, 所以 (5.1.6) 式可以写成

$$\int_{t=0}^{T} e^{-R(t)} c(t) \frac{A(t)L(t)}{H} dt \leqslant k(0) \frac{A(0)L(0)}{H} + \int_{t=0}^{T} e^{-R(t)} \omega(t) \frac{A(t)L(t)}{H} dt \quad (5.1.11)$$

## 5.1 传统 Ramsey 模型

其中 $A(t)L(t) = A(0)L(0)e^{(n+g)t}$, 将其代入上式并且两边同时除以 $A(0)L(0)/H$ 可得

$$\int_{t=0}^{T} e^{R(t)}c(t)e^{(n+g)t}dt \leqslant k(0) + \int_{t=0}^{T} e^{-R(t)}\omega(t)e^{(n+g)t}dt \tag{5.1.12}$$

因为 $K(s)$ 与 $k(s)e^{(n+g)t}$ 成正比, 所以禁止庞氏博弈的预算约束 (5.1.10) 式可以写成

$$e^{-R(T)}k(T)e^{(n+g)T} \geqslant 0 \tag{5.1.13}$$

令 $c(t)$ 代表单位有效劳动的平均消费, 因此工人平均消费 $C(t)$ 就是 $A(t)c(t)$, 从而家庭的瞬时效用函数 (5.1.2) 就可以写成

$$u(C(t)) = \frac{C(t)^{1-\theta}}{1-\theta} = \frac{(A(t)c(t))^{1-\theta}}{1-\theta} = \frac{[A(0)e^{gt}]^{1-\theta}c(t)^{1-\theta}}{1-\theta} \tag{5.1.14}$$

将 (5.1.14) 式和 $L(t) = L(0)e^{nt}$ 代入 (5.1.1) 式得

$$\begin{aligned}
U &= \int_{t=0}^{T} e^{-\delta t} u(C(t)) \frac{L(t)}{H} dt \\
&= \int_{t=0}^{T} e^{-\delta t} \left[ A(0)^{1-\theta} e^{(1-\theta)gt} \frac{c(t)^{1-\theta}}{1-\theta} \right] \frac{L(0)e^{nt}}{H} dt \\
&= A(0)^{1-\theta} \frac{L(0)}{H} \int_{t=0}^{T} e^{-\delta t} e^{nt} e^{(1-\theta)gt} \frac{c(t)^{1-\theta}}{1-\theta} dt \\
&= B \int_{t=0}^{T} e^{-\beta t} \frac{c(t)^{1-\theta}}{1-\theta} dt
\end{aligned} \tag{5.1.15}$$

其中 $B = A(0)^{1-\theta}L(0)/H$, $\beta = \delta - n - (1-\theta)g$. 根据 (5.1.2) 式, $\beta$ 总大于 0.

根据上面的分析, 家庭所面临的问题就是在预算约束 (5.1.12) 式下选择 $c(t)$ 的路径, 最大化其终生效用 (5.1.15) 式. 将这个最大化问题重新表述为

$$\max \quad U = B \int_{t=0}^{T} e^{-\beta t} \frac{c(t)^{1-\theta}}{1-\theta} dt$$

$$B = A(0)^{1-\theta}L(0)/H, \quad \beta = \delta - n - (1-\theta)g$$

$$\text{s.t.} \quad k'(t) = k(t)r + w(t)\frac{L(t)A(t)}{H} - c(t)\frac{L(t)A(t)}{H}$$

$$k(0) = \frac{K(0)A(0)L(0)}{H}, \quad k(T) = 0$$

可以用 Lagrange 乘数法来求解上述最优化问题. 构造 Lagrange 函数如下:

$$\begin{aligned}\mathcal{L} =& B\int_{t=0}^{T} e^{-\beta t}\frac{c(t)^{1-\theta}}{1-\theta}\mathrm{d}t \\ &+ \lambda\left[k(0) + \int_{t=0}^{T} e^{-R(t)}\omega(t)e^{(n+g)t}\mathrm{d}t - \int_{t=0}^{T} e^{-R(t)}c(t)e^{(n+g)t}\mathrm{d}t\right]\end{aligned} \quad (5.1.16)$$

对于任意 $t$, $c(t)$ 的一阶条件是

$$Be^{-\beta t}c(t)^{-\theta} = \lambda e^{-R(t)}e^{(n+g)t} \quad (5.1.17)$$

对 (5.1.17) 式两边取对数, 并整理得

$$\frac{\dot{c}(t)}{c(t)} = \frac{r(t) - n - g - \beta}{\theta} = \frac{r(t) - \delta - \theta g}{\theta} \quad (5.1.18)$$

家庭的平均真实消费 $C(t) = A(t)c(t)$, 因此 $C$ 的增长率为

$$\frac{\dot{C}(t)}{C(t)} = \frac{\dot{c}(t)}{c(t)} + \frac{\dot{A}(t)}{A(t)} = g + \frac{r(t) - \delta - \theta g}{\theta} = \frac{r(t) - \delta}{\theta} \quad (5.1.19)$$

(5.1.18) 式为最大化问题的 Euler 方程, 刻画了在给定 $c(0)$ 时, $c$ 是如何随时间变化的, 如果 $c$ 不按 (5.1.18) 式进行变化, 那么家庭就可以在不改变终生支出现值的情况下通过重新安排消费来提高终生效用.

至此, 就完成了 Ramsey 模型的求解, 根据 (5.1.18) 式可以继续研究模型的均衡情况和经济变量的动态学.

## 5.2  时标上的 Ramsey 模型

本节关于经济的假设与 5.1 节完全相同. 将时间推广到时标, 建立一个统一的时标 Ramsey 模型. 假设 $t \in [0, \mathrm{T}]_\mathbb{T}$, 那么在时标 $\mathbb{T}$ 上, 重写家庭效用函数:

$$U = B\int_{0}^{\sigma(T)} \hat{e}_{-\beta}(\rho(s), 0)u(c(\rho(s)))\nabla s \quad (5.2.1)$$

其中 $B = A(0)^{1-\theta}L(0)/H$, $\beta = -[(-\delta) \oplus_v n \oplus_v (1-\theta)g]$, 效用函数 $u(c(s)) = c(s)^{1-\theta}/(1-\theta)$ 没有展开写成具体的形式, 便于后续的推导. $\hat{e}_{-\beta}(s, 0)$ 是 $-\beta$ 的 $\nabla$ 指数函数,

$$\hat{e}_{-\beta}(s, 0) = \exp\left(\int_{\tau=0}^{s} \hat{\xi}_{v(\tau)}(-\beta)\nabla\tau\right) \quad (5.2.2)$$

## 5.2 时标上的 Ramsey 模型

重写约束条件如下：

$$k^{\nabla}(s) = rk(\rho(s)) + w(\rho(s))\frac{L(\rho(s))A(\rho(s))}{H} - c(\rho(s))\frac{L(\rho(s))A(\rho(s))}{H}$$

$$k(0) = K(0)\frac{A(0)L(0)}{H}, \quad k(T) = 0 \tag{5.2.3}$$

所以时标上的家庭效用最大化问题可表述为

$$\max \quad U = B\int_0^{\sigma(T)} \hat{e}_{-\beta}(\rho(s),0)u(c(\rho(s)))\nabla s$$

$$B = A(0)^{1-\theta}L(0)/H, \quad \beta = -[(-\delta) \oplus_v n \oplus_v (1-\theta)g]$$

s.t.

$$k^{\nabla}(s) = rk(\rho(s)) + w(\rho(s))\frac{L(\rho(s))A(\rho(s))}{H} - c(\rho(s))\frac{L(\rho(s))A(\rho(s))}{H}$$

$$k(0) = K(0)\frac{A(0)L(0)}{H}, \quad k(T) = 0$$

与 5.1 节的最大化问题相比，时标上的家庭效用最大化问题仅在于时间上的不同，根据时标最优控制理论，构造时标上的 Lagrange 函数

$$G(s,c,k,w)$$
$$= Bu(c)\hat{e}_{-\beta}(\rho(s),0) + \phi(\rho(s))\left[c\frac{L(\rho(s))A(\rho(s))}{H}\right.$$
$$\left. - rk(\rho(s)) + k^{\nabla}(s) - w(\rho(s))\frac{L(\rho(s))A(\rho(s))}{H}\right]$$

用 $t$ 代替 $\rho(s)$，得

$$G(t,c,k,w) = Bu(c)\hat{e}_{-\beta}(t,0)$$
$$+ \phi(t)\left[c\frac{L(t)A(t)}{H} - rk(t) + k^{\nabla}(t) - w(t)\frac{L(t)A(t)}{H}\right] \tag{5.2.4}$$

Euler 方程为

$$\begin{cases} Bu'(c)\hat{e}_{-\beta}(t,0) + \phi(t)\dfrac{L(t)A(t)}{H} = 0 \\ -r\phi(t) - \phi^{\nabla}(t) = 0 \end{cases} \tag{5.2.5}$$

解得

$$rA(0)^{-\theta} u'(c(t)) \hat{e}_{-\alpha}(t, 0)$$
$$= A(0)^{-\theta} \left\{ \alpha \hat{e}_{-\alpha}(t, 0) u'(c(t)) - [u'(c(t))]^{\nabla} \hat{e}_{-\alpha}(\rho(t), 0) \right\} \quad (5.2.6)$$

其中 $\alpha = -[(-\delta) \oplus_v (1-\theta) g \ominus_v g]$, $\hat{e}_{-\alpha}(\rho(t), 0) = (1 + \alpha v(t))\hat{e}_{-\alpha}(t, 0)$. 整理 (5.2.6) 式得

$$[u'(c(t))]^{\nabla} = \frac{\alpha - r}{1 + \alpha v(t)} u'(c(t))$$

根据复合函数 nabla 求导的链式法则, 有

$$\frac{[u'(c(t))]^{\nabla}}{u'(c(t))} = \frac{\left\{ \int_0^1 u''(c(t) + hv(t)c^{\nabla}(t))dh \right\} c^{\nabla}(t)}{u'(c(t))} = \frac{\alpha - r}{1 + \alpha v(t)} \quad (5.2.7)$$

为了得到消费 $c(t)$ 的变化率, 将 (5.2.7) 式写成

$$\frac{c^{\nabla}(t)}{c(t)} = \frac{u'(c(t))}{c(t) \left\{ \int_0^1 u''(c(t) + hv(t)c^{\nabla}(t))dh \right\}} \cdot \frac{\alpha - r}{1 + \alpha v(t)} \quad (5.2.8)$$

式中, $u'(c(t))/c(t)\left\{ \int_0^1 u''(c(t) + hv(t)c^{\nabla}(t))dh \right\}$ 随时间 $t$ 变化而变化, 假设为 $\xi(t)$, 下面讨论 $\xi(t)$ 的符号.

在上面的推导中, 为了使得效用函数是相对风险规避系数不变 (CRRA) 的效用函数, $u(c(t)) = c(t)^{1-\theta}/(1-\theta)$, 所以,

$$u'(c) = c^{-\theta} > 0$$
$$u''(c) = -\theta c^{-\theta - 1} < 0 \quad (5.2.9)$$

又因为 $c(t)$ 总为正, 所以在任意时刻有

$$\xi(t) < 0$$

$$\frac{c^{\nabla}(t)}{c(t)} = -\xi(t) \cdot \frac{r - \alpha}{1 + \alpha v(t)} \quad (5.2.10)$$

根据 (5.2.10) 式可知, 消费增长率将与 $(r-\alpha)/(1+\alpha v(t))$ 成正比, 如果 $\theta$ 接近于 1, 那么效用函数 $u(c) \to \ln(c)$, 此时 $-\xi(t) = 1$, 所以当效应函数取对数效用函数时, 消费增长率

$$\frac{c^{\nabla}(t)}{c(t)} = \frac{r-\alpha}{1+\alpha v(t)} \tag{5.2.11}$$

至此, 我们完成了在时标上对家庭效用最大化问题的求解, 得到了关于消费增长率的公式.

## 5.3 经济的动态学与均衡分析

1. $c$ 的动态学

方程 (5.2.10) 描述了单个家庭和总体经济中消费的变动, 既然利率 $r = f'(k)$, 重写 (5.2.10) 式为

$$\frac{c^{\nabla}(t)}{c(t)} = -\xi(t) \cdot \frac{f'(k) - \alpha}{1 + \alpha v(t)} \tag{5.3.1}$$

所以, 当 $f'(k) = \alpha$ 时, $c^{\nabla}(t) = 0$, 有效劳动的人均消费 $c$ 将不再变化. 假设此时 $k = k^*$, 因为生产函数满足 Inada 条件, 所以 $f'' < 0$, 那么当 $k > k^*$ 时, $f'(k) < \alpha$, $c^{\nabla}(t) < 0$, 反之当 $k < k^*$ 时, $f'(k) > \alpha$, $c^{\nabla}(t) > 0$.

与 $\mathbb{T} = \mathbb{R}$ 或 $\mathbb{T} = \mathbb{Z}$ 的情况不同, $\alpha = -[(-\delta) \oplus_v (1-\theta)g \ominus_v g]$ 不是一个固定的值, 而是一个与时标有关的变量. 将 $\alpha$ 展开来看, 其形式如下:

$$\alpha = \delta + \theta g \cdot \frac{1 + \delta v(t)}{1 - gv(t)} \tag{5.3.2}$$

其中 $v(t) = t - \rho(t)$ 是后向步长函数, 所以 $\alpha$ 随 $v(t)$ 的变化而变化. 这里假设 $g$ 是正 $v$ 回归的, 即 $v \in \mathcal{R}_v^+$, $1 - gv > 0$.

当 $\mathbb{T} = \mathbb{R}$, $v(t) = 0$, 此时 $\alpha = \delta + \theta g$, (5.3.1) 式变为

$$\frac{c'(t)}{c(t)} = \frac{r(t) - \delta - \theta g}{\theta}$$

这与连续时间 Ramsey 模型结果一致.

根据以上分析, 可以画出消费 $c$ 的动态学图形如图 5.3.1.

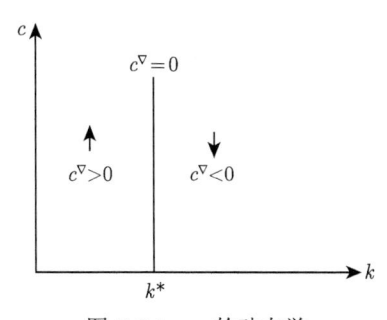

图 5.3.1 $c$ 的动态学

**2. $k$ 的动态学**

本节将分析 $k$ 的动态学. 不考虑折旧, $k$ 的变化由产出和消费的差决定:

$$K^\nabla(t) = F(K(t), A(t)L(t)) - C(t)L(t) \tag{5.3.3}$$

如下定义人均有效资本和人均有效收益:

$$k(t) = \frac{K(t)}{A(t)L(t)}, \quad y(t) = \frac{Y(t)}{A(t)L(t)} \tag{5.3.4}$$

根据 (5.3.3) 式和 (5.3.4) 式可得

$$\frac{K^\nabla(t)}{A(t)L(t)} = f(k(t)) - c(t) \tag{5.3.5}$$

对 $k$ 求 nabla 导数

$$k^\nabla = \left(\frac{K}{AL}\right)^\nabla = \frac{K^\nabla AL - K(AL^\nabla + A^\nabla L^\rho)}{ALA^\rho L^\rho} = \frac{K^\nabla}{A^\rho L^\rho} - \frac{KL^\nabla}{LA^\rho L^\rho} - \frac{KA^\nabla}{ALA^\rho}$$

$$= \frac{K^\nabla}{AL(1-vg)(1-vn)} - \frac{n}{(1-vg)(1-vn)}k - \frac{g}{1-vg}k$$

$$= \frac{1}{(1-vg)(1-vn)}[f(k) - c]$$

$$- \left[\frac{n}{(1-vg)(1-vn)} + \frac{g}{1-vg}\right]k$$

因为已经假设 $g$ 和 $n$ 是 $v$ 回归的, 所以 $1-vg \neq 0, 1-vn \neq 0$. 上面的推导过程中, 各变量均省略了 $t$, 将 $t$ 写回公式, 最终得到

$$k^\nabla(t) = \frac{1}{(1-v(t)g(t))(1-v(t)n(t))}[f(k(t)) - c(t)]$$

$$- \left[\frac{n(t)}{(1-v(t)g(t))(1-v(t)n(t))} + \frac{g(t)}{1-v(t)g(t)}\right]k(t) \tag{5.3.6}$$

(5.3.6) 式两边同时乘以 $(1-v(t)g(t))(1-v(t)n(t))$, 得

$$(1-vg)(1-vn)k^\nabla = f(k) - c - (n+g-vng)k$$

上式两边减去 $(v^2gn - vg - vn)k^\nabla$, 得

$$k^\nabla = f(k) - c - (g+n-vgn)(k-vk^\nabla) = f(k) - c - (n \oplus_v g)k^\rho$$

## 5.3 经济的动态学与均衡分析

将 $t$ 写回公式, 最终得到

$$k^\nabla(t) = f(k(t)) - c(t) - (n(t) \oplus_v g(t))k^\rho(t) \qquad (5.3.7)$$

(5.3.7) 式中, $f(k(t)) - c(t)$ 可理解为储蓄或投资, $(n(t) \oplus_v g(t))k^\rho(t)$ 是持平投资. (5.3.7) 式表明当投资等于持平投资时, 经济会处于均衡状态. 由于 Ramsey 模型主要讨论最优消费的选择问题及其对于经济总体的影响, 因此令 $k^\nabla(t) = 0$, 得

$$\begin{aligned} c(t) &= f(k(t)) - (n(t) \oplus_v g(t))k^\rho(t) \\ &= f(k(t)) - (n(t) + g(t) - v(t)n(t)g(t))k^\rho(t) \end{aligned} \qquad (5.3.8)$$

(5.3.8) 式表明, 当消费等于实际产出与持平投资的差时, $k^\nabla(t) = 0$. 当 $c$ 小于使得 $k^\nabla(t) = 0$ 的水平时, 此时储蓄或投资大于持平投资, 人均资本水平将增大, 反之人均资本水平将减小. 在经济向均衡演化的过程中, 随着人均资本的增大, 消费也逐渐增大, 直到消费达到最大的黄金律水平, 此时, $f'(k) = n + g$. 此后, 如果 $k$ 继续增大, 消费将开始下降.

在 (5.3.8) 式中, 时标通过后向步长函数的形式影响着经济. 假设人口增长率和技术进步率是常数, 那么由于时标的影响, $n(t) + g(t) - v(t)n(t)g(t)$ 将不再是一个常数, 而是随着 $v(t)$ 的变化而波动, 当 $v(t)$ 较大时, 即经济活动发生的频率较大时, $n(t) + g(t) - v(t)n(t)g(t)$ 较小, 对应的图形中, 持平投资直线的斜率就小. 这说明, 在平衡增长路径上, 消费和投资也是波动的. 但是不影响经济总体的发展方向.

根据以上分析, 我们可以总结出受 $c$ 的选择影响的 $k$ 的动态学图形, 如图 5.3.2.

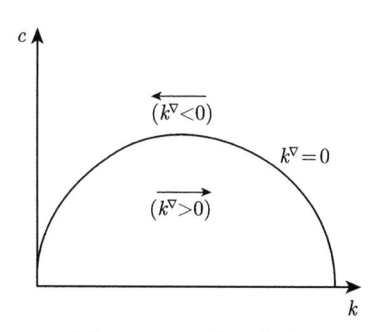

图 5.3.2 $k$ 的动态学

### 3. $c$ 与 $k$ 的动态学

综合图 5.3.1 和图 5.3.2 可以得到图 5.3.3. 图 5.3.3 描述 $c$ 与 $k$ 相互影响变动的情况. 例如当 $c$ 和 $k$ 处在 $c^\nabla = 0$ 线左边和 $k^\nabla = 0$ 曲线上方时, $c^\nabla > 0, k^\nabla < 0$.

此时消费会增大，人均资本会减小. 在其他区域可类似分析消费和人均资本的变动方向. 当经济处在 $c^\nabla = 0$ 线或 $k^\nabla = 0$ 曲线的其中一条时，消费和人均资本只有一个经济变量会发生变化. 当经济处在 $c^\nabla = 0$ 线和 $k^\nabla = 0$ 曲线的交点 $F$ 时，经济处于均衡状态，消费和人均资本都不会变化.

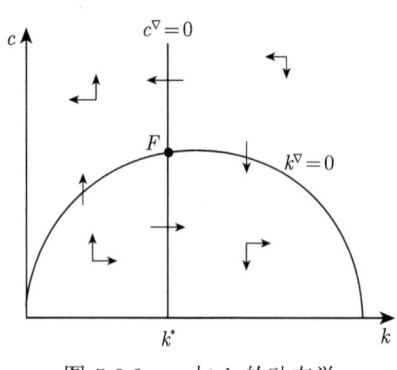

图 5.3.3　$c$ 与 $k$ 的动态学

**4. 经济的均衡分析**

在 Ramsey 模型中，消费由家庭的最优化选择决定. 消费的选择进一步决定了投资，从而决定人均资本的变化方向. 图 5.3.3 说明的是给定消费和人均资本的初始值，在家庭最优化选择的作用下，$c$ 和 $k$ 如何变动. 事实上，在 Ramsey 模型中，只给出了人均资本的初始值，并未给出消费的初始值. 图 5.3.4 展示了对于给定的人均资本的初始值，如何选择消费的初始值才能最终实现均衡状态.

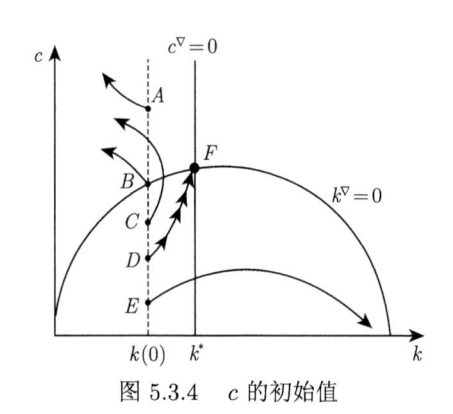

图 5.3.4　$c$ 的初始值

图 5.3.4 中，$k^*$ 为使得消费增长率为 0 的人均资本，假设人均资本初始值 $k(0)$ 小于 $k^*$，那么 $A$ 点到 $E$ 点代表了 5 种不同的初始消费水平的选择. 如果位于 $A$ 点，初始消费较高，根据图 5.3.4，消费将进一步增加，人均资本将减少，经济无法

收敛于均衡点 $F$. 假设经济处于 $B$ 点, 此时 $c^\nabla > 0$, $k^\nabla = 0$, 消费增加, 使得 $c^\nabla > 0$, $k^\nabla < 0$, 接下来和 $A$ 点一样, 经济向左上方移动, 最终也无法收敛于均衡点 $F$. 假设经济初始处于 $C$ 点, 此时 $c^\nabla > 0$, $k^\nabla > 0$, 因此消费增大, 人均资本也增大, 但在人均资本未增大到 $k^*$ 之前, 经济穿过 $k^\nabla = 0$ 曲线, 使得 $c^\nabla > 0$, $k^\nabla < 0$, 那么类似于 $A$ 点和 $B$ 点, 经济向左上方移动, 最终仍无法实现均衡. 假设经济开始位于 $E$ 点, 此时 $c^\nabla > 0$, $k^\nabla > 0$, 人均消费较低, 在经济到达 $k^\nabla = 0$ 曲线之前, 先穿过 $c^\nabla = 0$ 曲线, 到达 $k^\nabla = 0$ 曲线下方, $c^\nabla = 0$ 曲线右侧, 此时 $k^\nabla > 0$, $c^\nabla < 0$, 经济将向右下方移动.

根据以上分析, 在 $C$ 点和 $E$ 点之间, 一定存在一个 $D$ 点, 使得消费和人均资本恰好能转移到平衡点 $F$. $D$ 点也是一个临界点, 高于 $D$ 点的最终都向左上方移动, 低于 $D$ 点的最终都向右下方移动.

根据上面的分析, 初始消费的不同将会导致经济向不同方向演化. 但实际上, 5 条演化路径中, 只有均衡路径才可能存在. 上面已经说明, 在临界点以上, 经济会向左上方发展, 最终达到 $k = 0$, $c$ 却较大的状态, 模型中已经假设不存在庞氏博弈, 因此这是不可能的. 在临界点以下, 经济向右下方发展, 最终达到 $c = 0$, $k$ 却较大的状态, 这也是不可能的. 一方面是因为生产函数满足 Inada 条件, 所以持平投资迟早会超过产出. 另一方面是因为考虑消费者终生效用, $k(T) = 0$, 即消费者不会留下遗产, 他可以在生命的任意时刻提高消费从而提升效用, 所以不会出现 $k$ 较大、产出较大, 消费却为 0 的情况.

综上所述, 只有始于 $D$ 的路径才是平衡路径. 并且对于不同的初始人均资本, 使得经济最终能达到均衡状态的初始消费 $c$ 只有一个. 这个初始消费使经济最终能达到均衡, 并且同时满足了家庭最优化选择、资本的动态学和家庭终生预算约束.

## 5.4 时标结构对均衡的影响

本节分析时标结构对均衡的影响, 根据 5.3 节中的均衡分析, 经济的均衡由代表 $c^\nabla = 0$ 的曲线和 $k^\nabla = 0$ 的曲线的交点决定. 假设 $v_1, v_2$ 代表两个时标的后向步长函数, $v_1 < v_2$.

由 (5.3.1) 式可知, $f'(k) = \alpha$ 决定了 $c^\nabla = 0$ 的曲线. 根据 (5.3.2) 式,

$$\alpha = \delta + \theta g \cdot \frac{1 + \delta v(t)}{1 - g v(t)}$$

因此可以把 $\alpha$ 看成 $v$ 的函数. 因为 $1 - gv(t) > 0$, $\delta > 0$, $g > 0$, 很明显, $(1 + \delta v(t))/(1 - gv(t))$ 随着 $v$ 的增大而增大, 因此 $\alpha$ 是 $v$ 的增函数. 所以

$\alpha(v_1) < \alpha(v_2)$. 假设 $f'(k_1^*) = \alpha(v_1)$, $f'(k_2^*) = \alpha(v_2)$, 因为 $f''(k) < 0$, 所以 $k_1^* > k_2^*$. 因此, $v$ 越大, 即对应的经济活动的频率越小, 决定 $c^\nabla = 0$ 的均衡资本就越小. 如图 5.4.1, $v$ 越大, $c^\nabla = 0$ 曲线在图中越靠左.

$k^\nabla = 0$ 的曲线上满足 (5.3.8) 式, 将 $v_1$ 和 $v_2$ 代入 (5.3.8) 式得

$$c_1 = f(k(t)) - (n(t) + g(t) - v_1 n(t) g(t)) k^\rho(t)$$

$$c_2 = f(k(t)) - (n(t) + g(t) - v_2 n(t) g(t)) k^\rho(t)$$

因为 $v_1 < v_2$, 所以 $c_1 < c_2$. 因此当人均资本相同时, 经济活动的频率越小, 消费反而越大. 所以在图 5.4.1 中, 对应时标后向步长函数为 $v_1$ 的 $k^\nabla = 0$ 的曲线应该在对应时标后向步长函数为 $v_2$ 的 $k^\nabla = 0$ 的曲线的下方.

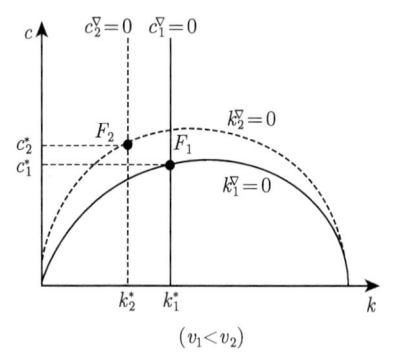

图 5.4.1 时标结构对均衡的影响

图 5.4.1 中, $F_1$ 为后向步长函数 $v_1$ 对应的均衡点, $F_2$ 为后向步长函数 $v_2$ 对应的均衡点. $F_1$ 和 $F_2$ 对应的消费和人均资本的关系如下:

$$k_1^* > k_2^*, \quad c_1^* < c_2^*$$

根据以上分析可以得出, 当 $v$ 越小, 即经济活动频率越大, 均衡的人均资本越大, 人均消费越小.

Ramsey 模型是现代宏观经济分析最有力的工具之一, 它引入了家庭行为来分析跨期预算约束条件下的消费和储蓄选择, 即将储蓄率内生化. 这是对 Solow 模型储蓄率外生的一个改进. Ramsey 研究的中心问题是跨时资源的分配, 本章同时考虑了经济活动发生频率对经济均衡取值的影响, 二者之间毫无疑问是有关联的, 这也许可以成为进一步研究深入的方向.

# 第 6 章 Ramsey 模型不同算子版本的比较

时标上有两种导数算子，一种是 delta 导数，另一种是 nabla 导数. 变分法是经典的确定性优化方法，时标 delta 导数算子和 nabla 导数算子的相关变分理论近些年都有所发展. 在特定的连续性条件下，其中一个算子对应的模型可以被写成另一个算子的形式. Ramsey 模型正是如此. 哪一种算子更适合模型表述和求解？这是本章着力讨论的问题.

Ramsey 模型考察个体家庭跨期最优选择的储蓄和消费行为. 本章同时呈现 Ramsey 模型的离散版本和连续版本，这样更容易理解时标版本如何实现对它们的统一以及推广. 在常规的 Ramsey 模型之外，本章也给出 Ramsey 模型的扩展——一个调节版本的相关结论. 对自由边界条件下的时标 Ramsey 模型，介绍边界条件的处理过程以及分析步骤.

对本章内容感兴趣的读者可以参见 Atici 和 McMahan ([Atici2009]) 以及他们的后续工作.

## 6.1 预备定理及离散和连续 Ramsey 模型

1. 变分理论预备定理

对任意 $t \in [\sigma(a), \sigma^2(b)] \sqsubseteq \mathbb{T}$，设 $L(t, u, v)$ 是 $(u, v)$ 的 $C_\Delta^2$ 函数类. 令 $y \in C_\Delta^1[a, \sigma^2(b)]$ 且 $y(\sigma(a)) = A, y(\sigma^2(b)) = B$，其中

$$C_\Delta^1[a, \sigma^2(b)] := \left\{ y : [a, \sigma^2(b)] \to \mathbb{R} \mid y^\Delta 在 [a, \sigma^2(b)]^k 上连续 \right\}$$

为了展开本章的内容，需要先给出两个预备定理. 其中定理 6.1.1 来自 [Bohner2004]，而定理 6.1.2 来自 [Atici2006].

**定理 6.1.1** 如果满足 $y \in C_\Delta^2[a, \sigma^2(b)], y(\sigma(a)) |= A, y(\sigma^2(b)) = B$ 的函数 $y(t)$ 使泛函

$$J[y] = \int_{\sigma(a)}^{\sigma^2(b)} L(t, y(\sigma(t)), y^\Delta(t)) \Delta t$$

达到局部极值，那么对 $t \in [a, \sigma^2(b)]_k^k$，$y$ 一定满足 Euler-Lagrange 方程

$$L_{y^\sigma}(t, y^\sigma, y^\Delta) - L_{y^\Delta}^\Delta(t, y^\sigma, y^\Delta) = 0 \tag{6.1.1}$$

**定理 6.1.2** 如果满足 $y \in C^2_\nabla[\rho^2(a), \rho(b)]$, $y(\rho^2(a)) = A$, $y(\rho(b)) = B$ 的函数 $y(t)$ 使泛函

$$J[y] = \int_{\rho^2(a)}^{\rho(b)} N(t, y(\rho(t)), y^\nabla(t))\nabla t$$

达到局部极值,那么对 $t \in [\rho(a), b]_k^k$,$y$ 一定满足 Euler-Lagrange 方程

$$N_{y^\rho}(t, y^\rho, y^\nabla) - N_{y^\nabla}^\nabla(t, y^\rho, y^\nabla) = 0 \tag{6.1.2}$$

2. 离散 Ramsey 模型

记 $C_t$ 为消费,$p$ 为贴现率,$U_t$ 为瞬时效用函数,$W_t$ 为生产函数.
设初始禀赋为 $W_0$,且总是可以以外生给定的收益率 $r$ 进行投资,考虑在约束

$$C_t = W_t - \frac{W_{t+1}}{1+r} \tag{6.1.3}$$

之下最大化

$$\sum_{t=0}^{T-1} (1+p)^{-t} U[C_t]$$

的问题,从而建立离散 Ramsey 模型

$$\max_{[W_t]} \sum_{t=0}^{T-1} (1+p)^{-t} U\left[W_t - \frac{W_{t+1}}{1+r}\right]$$

其 Euler-Lagrange 方程为

$$\frac{r-p}{1+r} U'[C_t] + \Delta[U'[C_t]] = 0$$

3. 连续 Ramsey 模型

记 $C(t)$ 为消费,$p(t)$ 为贴现率,$U(t)$ 为瞬时效用函数,$W(t)$ 为生产函数.
连续 Ramsey 模型为最大化

$$\int_0^T e^{-pt} U[C(t)] dt$$

服从约束条件

$$C(t) = rW(t) - W'(t) \tag{6.1.4}$$

连续 Ramsey 模型也可以写为

$$\max_{[W(t)]} \int_0^T e^{-pt} U\left[rW(t) - W'(t)\right] dt$$

其 Euler-Lagrange 方程为

$$(r-p) U'\left[C(t)\right] + \left[U'\left[C_t\right]\right]' = 0$$

## 6.2 时标 Ramsey 模型

第 5 章已经介绍过 Ramsey 的基本框架, 为了读者阅读的方便, 这里重述一下基本框架: 第一, 家庭拥有经济资源 (资本和劳动力), 通过效用最大化决定自己的消费路径、资本积累路径, 包括生养多少小孩以及花费多少工作时间等; 第二, 厂商利用资本和劳动力来生产产品, 用于家庭和其他公司的消费, 通过自己的理性行为决定雇佣多少资源, 例如雇佣多少资本、多少劳动力, 采用何种生产技术和生产多少产品; 第三, 通过市场调节, 厂商把生产的产品卖给家庭和其他公司, 家庭出售自己的资源, 通过市场调节达到系统层面的供需均衡. 在这个基本框架下, 对于每个家庭, 考虑的问题是在自己的预算约束下选择消费路径和劳动力供给路径来极大化其总效用.

1. nabla 导数的 Ramsey 模型

对连续情形, 约束条件 (6.1.4) 可以写成

$$C(t) = -e^{rt}\left[e^{-rt} W(t)\right]' \qquad (6.2.1)$$

而对离散情形, 约束条件 (6.1.3) 可以写成

$$C_{t-1} = -(1+r)^{t-1} \nabla \left[\frac{W_t}{(1+r)^t}\right] \qquad (6.2.2)$$

根据连续约束条件 (6.2.1) 和离散约束条件 (6.2.2), 可以写出时标约束条件

$$\begin{aligned}
C(\rho(t)) &= -\left[\hat{e}_{-r}(\rho(t),0)\right]^{-1} \left[\hat{e}_{-r}(t,0) W(t)\right]^{\nabla} \\
&= -\left[\hat{e}_{-r}(\rho(t),0)\right]^{-1} \left[\hat{e}_{-r}^{\nabla}(t,0) W(\rho(t)) + \hat{e}_{-r}(t,0) W^{\nabla}(t)\right] \\
&= -\left[(1+\nu(t) r) \hat{e}_{-r}(t,0)\right]^{-1} \left[-r\hat{e}_{-r}(t,0) W(\rho(t)) - \hat{e}_{-r}(t,0) W^{\nabla}(t)\right]
\end{aligned}$$

进一步整理可得 nabla 导数的时标 Ramsey 模型的约束条件如下：

$$C(\rho(t)) = \frac{rW(\rho(t))}{1+\nu(t)r} - \frac{W^\nabla(t)}{1+\nu(t)r} \quad (6.2.3)$$

nabla 导数的时标 Ramsey 模型为

$$\max_{[W(t)]} \int_{\rho^2(0)}^{\rho^2(T)} \hat{e}_{-p}(\rho(t),0) U\left[\frac{rW(\rho(t))}{1+\nu(t)r} - \frac{W^\nabla(t)}{1+\nu(t)r}\right] \nabla t \quad (6.2.4)$$

连续 Ramsey 模型和离散 Ramsey 模型是时标 Ramsey 模型 (6.2.4) 的特例. 根据定理 6.1.2, 可得 Euler-Lagrange 方程, 对模型 (6.2.4),

$$N(t, W^\rho, W^\nabla) = \hat{e}_{-p}(\rho(t),0) U\left[\frac{rW(\rho(t))}{1+\nu(t)r} - \frac{W^\nabla(t)}{1+\nu(t)r}\right]$$

因此可以得到以下的动态方程

$$\hat{e}_{-p}(\rho(t),0) U'\left[\frac{rW(\rho(t))}{1+\nu(t)r} - \frac{W^\nabla(t)}{1+\nu(t)r}\right]\left(\frac{r}{1+\nu(t)r}\right)$$

$$+ \hat{e}_{-p}(\rho(t),0) U'\left[\frac{rW(\rho(t))}{1+\nu(t)r} - \frac{W^\nabla(t)}{1+\nu(t)r}\right]\left(\frac{1}{1+\nu(t)r}\right)^\nabla = 0$$

将约束条件 (6.2.3) 代入, 得

$$\hat{e}_{-p}(\rho(t),0) U'(C(\rho(t)))\left(\frac{r}{1+\nu(t)r}\right)$$

$$+ \hat{e}_{-p}(\rho(t),0) U'(C(\rho(t)))\left(\frac{1}{1+\nu(t)r}\right)^\nabla = 0$$

利用乘积求导法则以及 nabla 指数函数的 nabla 导数公式, 有

$$\left[U'(C(\rho(t)))\left(\frac{1}{1+\nu(t)r}\right)\right]^\nabla = \frac{p(1-\nu^\nabla(t))-r}{(1+\nu(t)r)(1+\nu(\rho(t))p)} U'(C(\rho(t)))$$

这里假设 $\nu$ 是 nabla 可导函数, 因为通常 $\nu$ 不总是 nabla 可导的.

令

$$\alpha(t) := \frac{1}{1+\nu(t)r}$$

## 6.2 时标 Ramsey 模型

再次利用乘积求导法则, 得

$$\alpha(\rho(t))[U'(C(\rho(t)))]^\nabla + \alpha^\nabla(t)[U'(C(\rho(t)))]$$
$$= \frac{p(1-\nu^\nabla(t)) - r}{(1+\nu(t)r)(1+\nu(\rho(t))p)} U'(C(\rho(t)))$$

等价于

$$[U'(C(\rho(t)))]^\nabla$$
$$= \left( \frac{p(1-\nu^\nabla(t)) - r - \alpha^\nabla(t)(1+\nu(t)r)(1+\nu(\rho(t))p)}{(1+\nu(t)r)(1+\nu(\rho(t))p)\alpha(\rho(t))} \right) U'(C(\rho(t)))$$

注意到

$$\alpha(\rho(t)) = \frac{1}{1+\nu(\rho(t))r}$$

因此对 $t \in [\rho^2(0), \rho^2(T)]_k^k$, 有

$$\frac{[U'(C(\rho(t)))]^\nabla}{U'(C(\rho(t)))} = \left( \frac{(p(1-\nu^\nabla(t))-r)(1+\nu(\rho(t))r) + \nu^\nabla(t)r(1+\nu(\rho(t))p)}{(1+\nu(t)r)(1+\nu(\rho(t))p)} \right) \tag{6.2.5}$$

Euler-Lagrange 方程的变形可以表明, 消费的回报率等于资本的回报率, 这就是通常所说的市场无套利原则在宏观经济学中的体现.

2. delta 导数的 Ramsey 模型

考虑连续情形的约束条件 (6.1.4), 将其改写成 (6.2.1), 即

$$C(t) = -e^{rt}[e^{-rt}W(t)]' \tag{6.2.6}$$

再考虑离散情形的约束条件 (6.1.3), 不同于 (6.2.2), 将其改写成

$$C_t = -(1+r)^{t-1}\Delta\left[\frac{W_t}{(1+r)^{t-1}}\right] \tag{6.2.7}$$

使用新的连续约束 (6.2.6) 和离散约束 (6.2.7), 可以写出时标约束条件

$$C(t) = -[\hat{e}_{-r}(\rho(t),0)]^{-1}[\hat{e}_{-r}(\rho(t),0)W(t)]^\Delta$$
$$= -[\hat{e}_{-r}(\rho(t),0)]^{-1}\left[\frac{-r(1+\nu(t)r) + r\nu^\Delta(t)}{(1+\mu(t)r)(1+\nu(t)r)}\hat{e}_{-r}(\rho(t),0)W(\sigma(t))\right]$$

$$+ \hat{e}_{-r}\left(\rho\left(t\right),0\right)W^{\Delta}\left(t\right)\bigg]$$

$$= -\left[\left(1+\nu\left(t\right)r\right)\hat{e}_{-r}\left(t,0\right)\right]^{-1}\left[-r\hat{e}_{-r}\left(t,0\right)W\left(\rho\left(t\right)\right)-\hat{e}_{-r}\left(t,0\right)W^{\nabla}\left(t\right)\right]$$

这里假设 $\nu$ 是 delta 可导函数, 进一步整理可得 delta 导数的时标 Ramsey 模型的约束条件如下:

$$C\left(t\right)=\left[\frac{r\left(1+\nu\left(t\right)r\right)-r\nu^{\Delta}\left(t\right)}{\left(1+\mu\left(t\right)r\right)\left(1+\nu\left(t\right)r\right)}W\left(\sigma\left(t\right)\right)-W^{\Delta}\left(t\right)\right] \quad (6.2.8)$$

delta 导数的时标 Ramsey 模型为

$$\max_{[W(t)]}\int_0^T \hat{e}_{-p}\left(t,0\right)U\left[\frac{r\left(1+\nu\left(t\right)r\right)-r\nu^{\Delta}\left(t\right)}{\left(1+\mu\left(t\right)r\right)\left(1+\nu\left(t\right)r\right)}W\left(\sigma\left(t\right)\right)-W^{\Delta}\left(t\right)\right]\Delta t \quad (6.2.9)$$

连续 Ramsey 模型和离散 Ramsey 模型是时标 Ramsey 模型 (6.2.9) 的特例. 根据定理 6.1.1, 可得 Euler-Lagrange 方程, 对模型 (6.2.9),

$$L(t,W^\sigma,W^\Delta)=\hat{e}_{-p}\left(t,0\right)U\left[\frac{r\left(1+\nu\left(t\right)r\right)-r\nu^{\Delta}\left(t\right)}{\left(1+\mu\left(t\right)r\right)\left(1+\nu\left(t\right)r\right)}W^\sigma-W^\Delta\right]$$

因此可以得到以下的动态方程

$$\hat{e}_{-p}\left(t,0\right)U'\left[\frac{r\left(1+\nu\left(t\right)r\right)-r\nu^{\Delta}\left(t\right)}{\left(1+\mu\left(t\right)r\right)\left(1+\nu\left(t\right)r\right)}W(\sigma\left(t\right))-W^\Delta(t)\right]\left(\frac{r\left(1+\nu\left(t\right)r\right)-r\nu^{\Delta}\left(t\right)}{\left(1+\mu\left(t\right)r\right)\left(1+\nu\left(t\right)r\right)}\right)$$

$$+\left[\hat{e}_{-p}\left(t,0\right)U'\left(\frac{r\left(1+\nu\left(t\right)r\right)-r\nu^{\Delta}\left(t\right)}{\left(1+\mu\left(t\right)r\right)\left(1+\nu\left(t\right)r\right)}W\left(\sigma\left(t\right)\right)-W^\Delta(t)\right)\right]^\Delta=0$$

将约束条件 (6.2.8) 代入, 并利用乘积求导法则以及 nabla 指数函数的 delta 导数公式, 对 $t\in[0,T]_k^k$, 有

$$\frac{[U'(C(t))]^\Delta}{U'(C(t))}=\left(\frac{r\nu^\Delta(t)-r\left(1+\nu(t)r\right)\left(1+\mu(t)p\right)+p\left(1+\mu(t)r\right)\left(1+\nu(t)r\right)}{\left(1+\mu(t)r\right)\left(1+\nu(t)r\right)}\right)$$
(6.2.10)

3. delta 导数与 nabla 导数 Ramsey 模型的比较

这一部分比较 nabla 导数的 Ramsey 模型 (6.2.4) 式和 delta 导数的 Ramsey 模型 (6.2.9) 式.

首先取 $\mathbb{T} = \mathbb{R}$. 此时, nabla 导数的 Ramsey 模型 (6.2.4) 式的解 (6.2.5) 式对应

$$\frac{[U'(C(t))]'}{U'(C(t))} = p - r, \quad t \in [0, T]$$

而 delta 导数的 Ramsey 模型 (6.2.9) 式的解 (6.2.10) 式对应

$$\frac{[U'(C(t))]'}{U'(C(t))} = p - r, \ t \in [0, T]$$

可以看到, 这两个解是完全相同的.

其次取 $\mathbb{T} = h\mathbb{Z}$. 此时, nabla 导数的 Ramsey 模型 (6.2.4) 的解 (6.2.5) 对应

$$\frac{\nabla [U'(C(\rho(t)))]}{U'(C(\rho(t)))} = \frac{p - r}{1 + hp}$$

根据后向差分解得

$$U'(C(\rho(t))) = \frac{1 + hp}{1 + hr} U'(C(\rho(\rho(t)))), \quad t \in \left[-\frac{1}{h}, T - \frac{3}{h}\right]$$

而 delta 导数的 Ramsey 模型 (6.2.9) 的解 (6.2.10) 对应

$$\frac{\Delta [U'(C(t))]}{U'(C(t))} = \frac{p - r}{1 + hr}$$

根据前向差分解得

$$U'(C(\sigma(t))) = \frac{1 + hp}{1 + hr} U'(C(t)), \quad t \in \left[\frac{1}{h}, T - \frac{1}{h}\right]$$

## 6.3 自由边界条件下的 Ramsey 模型

本节将呈现一个 delta 导数的调节 Ramsey 模型, 对应的 Euler-Lagrange 方程是一个二阶动态方程. 为了规避这个二阶动态方程没有封闭解的事实, 取

$$\mathbb{T} = \{[0, 6) \cap h_1 \mathbb{Z}\} \cup \{[6, 14) \cap h_2 \mathbb{Z}\} \cup \{[14, 30) \cap h_3 \mathbb{Z}\}$$

其中 $h_1 = 1$, $h_2 = 0.5$, $h_3 = 0.001$. 之所以没有给出 nabla 导数的调节模型版本, 是分析求解对应模型的时标变分法还正在发展中.

1. **离散调节 Ramsey 模型**

最小化下面的调节动态模型

$$J[y] = \sum_{t=1}^{T} r^t \left[ \alpha(y_t - \bar{y}_t)^2 + (y_t - y_{t-1})^2 \right]$$

其中 $y(t)$ 是输出状态变量, $r > 1$ 是外生贴现率, $\bar{y}$ 是期望目标水平, 本节将在 $\bar{y}$ 是线性函数和指数函数两种情形下展开讨论, $T$ 是期限水平. 上述损失函数

$$\left[ \alpha(y_t - \bar{y}_t)^2 + (y_t - y_{t-1})^2 \right]$$

的第一部分是由偏离期望目标而导致的不平衡成本, 第二部分表征个体 (家庭) 对输出波动的厌恶. 离散调节模型的 Euler-Lagrange 方程是

$$ry_{t+1} - (r+\alpha+1)y_t + y_{t-1} + \alpha\bar{y}_t = 0$$

2. **连续调节 Ramsey 模型**

最小化下面的调节动态模型

$$J[y] = \int_0^T e^{(r-1)t} \left[ \alpha(y(t) - \bar{y}(t))^2 + (y'(t))^2 \right] dt$$

其 Euler-Lagrange 方程是

$$y''(t) + (r-1)y'(t) - \alpha y(t) + \alpha \bar{y}(t) = 0$$

3. **时标调节 Ramsey 模型**

时标调节模型是最小化

$$J[y] = \int_{\sigma(0)}^{\rho(T)} e_{r-1}(\sigma(t), 0) \left[ \alpha(y(\sigma(t)) - \bar{y}(\sigma(t)))^2 + (y^\Delta(t))^2 \right] \Delta t$$

离散调节模型和连续调节模型是这个时标模型的两个特殊情形.

首先, 根据定理 6.1.1 可以推导 Euler-Lagrange 方程. 既然

$$L\left(t, y\left(\sigma(t), y^\Delta(t)\right)\right) = e_{r-1}(\sigma(t), 0) \left[ \alpha(y(\sigma(t)) - \bar{y}(\sigma(t)))^2 + (y^\Delta(t))^2 \right]$$

则可得如下动态方程:

$$e_{r-1}(\sigma(t), 0)[2\alpha(y(\sigma(t)) - \bar{y}(\sigma(t)))] - 2\left[e_{r-1}(\sigma(t), 0)\right]^\Delta y^\Delta(\sigma(t))$$

$$- 2e_{r-1}(\sigma(t), 0)y^{\Delta\Delta}(t) = 0$$

## 6.3 自由边界条件下的 Ramsey 模型

根据

$$e^\Delta_{r-1}(\sigma(t),0) = (r-1)\left(\mu^\Delta(t)+1\right)e_{r-1}(\sigma(t),0)$$

这里假设 $\mu$ 是 delta 可导的. 进一步,

$$e_{r-1}(\sigma(t),0)[2\alpha(y(\sigma(t)))-\bar{y}(\sigma(t))] - 2(r-1)(\mu^\Delta(t)+1)[e_{r-1}(\sigma(t),0)y^\Delta(\sigma(t))$$
$$-2e_{r-1}(\sigma(t),0)]y^{\Delta\Delta}(t) = 0$$

两端同除以 $-2e_{r-1}(\sigma(t),0)$, 可简化为

$$y^{\Delta\Delta}(t) + (r-1)\left(\mu^\Delta(t)+1\right)y^\Delta(\sigma(t)) - \alpha\left(y(\sigma(t))+\alpha\bar{y}(\sigma(t))\right) = 0$$

其次, 引入自由边界条件并加入时标调节 Ramsey 模型.

**定理 6.3.1** 如果满足 $y \in C^2[a,\sigma^2(b)], y(\sigma(a))=A$ 的函数 $y(t)$ 使泛函

$$J[y] = \int_{\sigma(a)}^{\sigma^2(b)} L(t,y(\sigma(t)),y^\Delta(t))\Delta t$$

达到局部极值, 那么对 $t \in [a,\sigma^2(b)]_k^k$, $y$ 一定满足 Euler-Lagrange 方程, 边界条件 $y(\sigma(a))=A$ 和

$$(\sigma^2(b)-\sigma(b))L_{y^\sigma}(\sigma(b),\ y(\sigma^2(b)),\ y^\Delta(\sigma(b)))$$
$$+L_{y^\Delta}(\sigma(b),y(\sigma^2(b)),y^\Delta(\sigma(b))) = 0 \qquad (6.3.1)$$

**证** 同定理 6.1.1 的证明, 可得对任意 $h \in C^1[\sigma(a),\sigma^2(b)]$, $h(\sigma(a))=0$, 有 $J_1[h]=0$. 据此可得 Euler-Lagrange 方程. 利用 $h(\sigma(a))=0$ 可得, 对任意 $h \in C^1[\sigma(a),\sigma^2(b)]$,

$$\int_{\sigma(a)}^{\sigma^2(b)} \{L_{y^\sigma}(t,y^\sigma,y^\Delta) - L^\Delta_{y^\Delta}(t,y^\sigma,y^\Delta)\}h^\sigma \Delta t$$
$$+ \{(\sigma^2(b)-\sigma(b))L_{y^\sigma}(\sigma(b),y(\sigma^2(b)),y^\Delta(\sigma(b)))$$
$$+ L_{y^\Delta}(\sigma(b),y(\sigma^2(b)),y^\Delta(\sigma(b)))\}h(\sigma^2(b)) = 0. \qquad \square$$

**定理 6.3.2** 如果满足 $y \in C^2[a,\sigma^2(b)], y(\sigma^2(b))=B$ 的函数 $y(t)$ 使泛函

$$J[y] = \int_{\sigma(a)}^{\sigma^2(b)} L(t,y(\sigma(t)),y^\Delta(t))\Delta t$$

达到局部极值，那么对 $t \in [a, \sigma(b)]_k^k$，$y$ 一定满足 Euler-Lagrange 方程、边界条件 $y(\sigma^2(b)) = B$ 和

$$L_{y^\Delta}(\sigma(a), y(\sigma^2(a)), y^\Delta(\sigma(a))) = 0 \tag{6.3.2}$$

同理可建立以下定理.

**定理 6.3.3** 如果 $y \in C^2[a, \sigma^2(b)]$ 是泛函 $J[y]$ 的局部极值点，那么对 $t \in [a, \sigma(b)]_k^k$，$y(t)$ 满足 Euler-Lagrange 方程和边界条件 (6.3.1) 和 (6.3.2).

因此，时标调节 Ramsey 模型的自由边界条件是

$$y^\Delta(\sigma(a)) = A, \quad y^\Delta(\sigma(b)) = h\alpha\left[\bar{y}(\sigma^2(b)) - y(\sigma^2(b))\right]$$

本节所讨论的问题转化成在

$$\mathbb{T} = \{[0,6) \cap h_1\mathbb{Z}\} \cup \{[6,14) \cap h_2\mathbb{Z}\} \cup \{[14,30) \cap h_3\mathbb{Z}\}$$

其中 $h_1 = 1$，$h_2 = 0.5$，$h_3 = 0.001$ 的时标上，推导如上自由边界下时标调节 Ramsey 模型的最优解. 定义分段函数

$$y(t) = \begin{cases} y_1(t), & t \in [1,6) \\ y_2(t), & t \in [6,14) \\ y_3(t), & t \in [14, 30 - 0.002) \end{cases}$$

在上述三个独立的区间 $[1,6), [6,14)$ 和 $[14, 30-0.002)$ 上，分别进行最优化求解，确定为 $y_1(t), y_2(t)$ 和 $y_3(t)$，则上述分段函数即是本节自由边界下时标调节 Ramsey 模型的最优解.

时标上由于存在前向步长算子和后向步长算子，因此有前向的 delta 导数和后向的 nabla 导数的区分. 本章以时标 Ramsey 模型为例，列出了 delta 导数的模型与 nabla 导数的模型，并且给出了各自的 Euler-Lagrange 方程以及求解结果. 当前向和后向所代表的经济含义更加明确的时候，这两种结果的异同也就可以找到应用价值所在了.

# 第 7 章  时标蛛网模型

蛛网模型 (Cobweb Model) 是指运用弹性原理解释某些生产周期较长的商品在失去均衡时发生的不同波动情况的一种动态分析理论. 根据该模型分析, 造成产量和价格波动的主要原因是: 生产者总是根据上一期的价格来决定下一期的产量, 这样, 上一期的价格同时也就是生产者对下一期的预期价格. 而事实上, 在每一期, 生产者只能按照本期的市场价格来出售由预期价格 (即上一期价格) 所决定的产量. 这种实际价格和预期的价格不吻合, 造成了产量和价格的波动.

如果考虑到生产者会根据自己的经验逐步修正预期价格, 使预期价格接近实际价格, 从而使实际产量接近市场的实际需求量的事实, 建模所得可看作是对蛛网模型的修正, 可以增强模型对实际的解释能力.

本章建立线性和非线性蛛网模型, 其中传统线性蛛网模型可以通过一阶线性动态初值问题建模; 当考虑正常价格和预期调整时, 对两个具有时滞的相关市场, 可以通过二阶线性动态方程实现建模. 进一步, 蛛网模型也会扩展成非线性动态方程. 通过时标动态方程可解性理论, 可以获得这些模型的通解, 以及研究它们的稳定性.

对本章内容感兴趣的读者可以参见 [Heim2012]、王怡和刘爱莲 [WangLiu2007] 等的工作.

## 7.1  离散和连续蛛网模型

蛛网模型最早在农业市场被提出, 适用于价格、供给量和需求量随时间变化的市场. 蛛网模型不同于一般的商品均衡模型, 其基本思想是: 农民需要确定当期的供给量, 而农业生产是先播种后收成, 所以当期的供给量由他们的价格预期来确定, 最终收入多少依靠的是他们对市场的判断. 最简单的当期预期价格是假设它与前一期价格相同. 通常把这种预期称为静态预期.

蛛网模型的基本假设是: ①商品的当期需求量取决于当期价格; ②商品的当期供给量不取决于当期价格, 而取决于前一期的价格; ③当需求量与供给量相同时达到均衡. 其中假设②称为静态价格预期, 对应最简单的蛛网模型.

记 $D_t$ 为当期 $t$ 时期的需求量, 它线性依赖于当期价格 $p_t$; 假定生产需要一个时间周期, 记 $S_t$ 为当期 $t$ 时期的供给量, 它与具有一阶滞后的价格 $p_{t-1}$ 成正比. 则线性蛛网模型的离散形式为

$$D_t = a + bp_t \tag{7.1.1}$$

$$S_t = a_1 + b_1 p_{t-1} \tag{7.1.2}$$

$$D_t = S_t \tag{7.1.3}$$

模型中的 (7.1.1) 式是需求方程; (7.1.2) 式可以拆解成 $S_t = a_1 + b_1 p_t^e$, $p_t^e = p_{t-1}$, 分别对应供给方程和静态预期的假设形式; (7.1.3) 式是均衡条件, 即模型所代表的经济系统达到稳定的条件, 此处也称作市场出清. 模型参数 $a$, $a_1$, $b$ ($b \neq 0$), $b_1 \in \mathbb{R}$, 都具有各自的经济含义, 比如 $a$ 作为截距参数, 代表商品价格为 0 时商品的需求量, 即自然需求; 需求函数的斜率参数 $b$ 反映消费者对商品需求的价格敏感程度, $b$ 的符号反映价格与需求量成正比或者反比的方向关系, 对应正常商品和非正常商品分类的商品类别, $b$ 的绝对值的大小对应必需品和非必需品分类的商品类别. $b$ 通常取负值, 使得需求函数具有负斜率, 其图形是一条向下倾斜的曲线; 同理, 供给函数的斜率参数 $b_1$ 反映生产者对商品价格的敏感程度. $b_1$ 通常取正值, 对应供给函数具有正斜率, 其图形是一条向上倾斜的曲线. 较大取值的 $b_1$ 代表生产者某种程度的短视性, 价格向上的波动会让他们立即作出扩大生产的行为, 而较小取值的 $b_1$ 代表生产者较稳定的生产状态, 意味着拥有长远发展计划.

将 (7.1.1) 和 (7.1.2) 代入均衡条件 (7.1.3), 得一阶差分方程

$$a + bp_t = a_1 + b_1 p_{t-1}$$

即

$$p_t = \frac{b_1}{b} p_{t-1} + \frac{a_1 - a}{b} \tag{7.1.4}$$

解方程得

$$p_t = (p_0 - p_e)\left(\frac{b_1}{b}\right)^t + p_e \tag{7.1.5}$$

其中

$$p_e = \frac{a_1 - a}{b - b_1}, \quad p_0 \in \mathbb{R} \tag{7.1.6}$$

是方程的特解, 对应模型的静态均衡价格, 即市场出清时的价格. 由此还可以计算出模型的均衡数量, 即市场出清时的相同的需求量和供给量.

均衡价格是一种理想状态, 即在此价格水平下, 每个人的需求都得到满足, 生产的商品也全部卖出. 如果一开始就满足 $p_t = p_e$, 那么将恒定保持 $p_t = p_e$, 市场始终保持均衡, 系统一直处于稳定, 没有动态效应. 如果某个时期 $t$, 市场价格偏离了均衡价格, 即 $p_t \neq p_e$, 则随着时间变化, 价格可能趋于均衡, 称其为稳态,

## 7.1 离散和连续蛛网模型

对应均衡价格是稳定的; 也可能远离均衡, 称其为非稳态, 对应均衡价格是不稳定的; 还可能既不趋近均衡, 也不远离均衡, 只是围绕均衡运动, 这样的称为震荡运动. 根据 (7.1.5) 式, 以上现象完全取决于 $b_1/b$ 的取值, 即供给曲线斜率与需求曲线斜率的比值.

当 $b<0$, 且 $b_1>0$ 时, $b_1/b<0$, 此时价格 $p_t$ 将围绕均衡价格 $p_e$, 分别以恒定幅度、阻尼震荡或发散震荡形式产生波动, 具体波动形式取决于

$$|b_1|=|b|, \quad |b_1|<|b|, \quad |b_1|>|b|$$

即需求曲线的斜率与供给曲线的斜率的大小关系. 通过取定不同的初始价格, 可以分别绘制出震荡的价格路径, 得到的图形形似蛛网, 因此称模型为蛛网模型. 无论是通过 (7.1.5) 式, 还是价格路径图形, 都可以看到, 价格收敛于均衡价格的稳定性条件只有 $|b_1|<|b|$. 一般把 $|b_1|=|b|$ 情形的蛛网称为封闭型蛛网; 把 $|b_1|<|b|$ 情形的蛛网称为收敛型蛛网; 把 $|b_1|>|b|$ 情形的蛛网称为发散型蛛网. 模型中参数 $a$ 和 $a_1$ 的取值并不影响均衡的稳定性与不稳定性, 但是会改变均衡值的大小.

进一步可以用弹性来分析蛛网模型. 商品的需求弹性和供给弹性分别为

$$E_{dp}=\left|\frac{bp}{Q}\right|, \quad E_{sp}=\left|\frac{b_1 p}{Q}\right|$$

条件 $|b_1|<|b|$ 相当于 $E_{dp}>E_{sp}$, 这是收敛型蛛网成立的条件. 而发散型蛛网成立的条件是 $E_{dp}<E_{sp}$, 同理封闭型蛛网成立的条件就是 $E_{dp}=E_{sp}$. 收敛型蛛网系统是渐近稳定的, 发散型蛛网和封闭型蛛网的系统不具稳定性.

根据离散模型可以写出连续模型. 假设

$$D(t)=a+bp(t) \tag{7.1.7}$$

$$S(t)=a_1+b_1 p^e(t) \tag{7.1.8}$$

$$D(t)=S(t) \tag{7.1.9}$$

这里预期价格 $p^e(t)$ 是对当期价格 $p(t)$ 的修正, 表示为

$$p^e(t)=p(t)+cp'(t) \tag{7.1.10}$$

其中 $c$ 是预期系数. 当 $c>0$, 对应外推性价格预期; 当 $c<0$, 对应内推性价格预期. 将 (7.1.10) 式代入 (7.1.8) 式得供给函数 $S(t)=a_1+b_1(p(t)+cp'(t))$, 再根据需求函数 (7.1.7) 式和均衡条件 (7.1.9) 式, 整理可得一阶线性微分方程

$$p'(t)=\frac{b-b_1}{b_1 c}p(t)+\frac{a-a_1}{b_1 c} \tag{7.1.11}$$

给定初始条件 $p(0)=p_0$, 解得通解为

$$p(t) = (p_0 - p_e) e^{\frac{b-b_1}{b_1 c} t} + p_e \qquad (7.1.12)$$

其中 $p_e = \dfrac{a_1 - a}{b - b_1}$ 是一阶微分方程的特解, 也是连续蛛网模型的均衡价格.

因为通常情况下, 参数 $b < 0, b_1 > 0$, 所以在外推性预期 ($c > 0$) 下, $\dfrac{b-b_1}{b_1 c} < 0$, 从而由 (7.1.12) 式得 $p(t)$ 收敛于 $p_e$, 均衡价格是稳定的; 而在内推性预期 ($c < 0$) 下, $\dfrac{b-b_1}{b_1 c} > 0$, 由 (7.1.12) 式得 $p(t)$ 发散到正无穷, 价格是不稳定的. 不管哪一种情形, 得到的都是价格的单调运动, 这与差分方程得到的结果不同. 造成这种差异的原因是差分方程对应的供给量是离散的, 而微分方程对应的供给量是连续的, 这带来了预期形式的不同, 从而结果也不同.

## 7.2 时标蛛网模型

根据离散蛛网模型的设定, 假设

$$a, a_1, b, b_1 \in C_{\mathrm{rd}}(\mathbb{T}), \quad b(t) \neq 0, b_1(t) \neq 0 \text{ 且 } b(t) \neq b_1(t), \quad \forall\, t \in \mathbb{T} \qquad (7.2.1)$$

为了叙述的方便, 先给定

$$p_e = \frac{a_1(t) - a(t)}{b(t) - b_1(t)}, \quad \forall\, t \in \mathbb{T}, \quad p_0 \in \mathbb{R} \qquad (7.2.2)$$

建立时标蛛网模型如下:

$$D(\sigma(t)) = a(t) + b(t)(p(t) + p^{\Delta}(t)\mu(t)) \qquad (7.2.3)$$

$$S(\sigma(t)) = a_1(t) + b_1(t)p(t) \qquad (7.2.4)$$

$$D(t) = S(t) \qquad (7.2.5)$$

根据商品的当期需求量取决于当期价格的假设, 直接推广离散模型中的需求方程, 并推广常参数 $a$ 至 $a(t)$, 常参数 $b$ 至 $b(t)$, 应该有

$$D(\sigma(t)) = a(t) + b(t)p(\sigma(t))$$
$$= a(t) + b(t)(p(t) + p^{\Delta}(t)\mu(t))$$
$$= a(t) + b(t)p(t) + b(t)\mu(t)p^{\Delta}(t)$$

此时的 $b(t)$ 体现的仍然是当期价格变化一个单位所引起的当期需求量变化的单位数. $\mu(t) = \sigma(t) - t$ 体现经济活动频率, 在这里可以理解为生产周期. $p(\sigma(t)) = p(t)$

$+ p^\Delta(t)\mu(t)$ 表明当期市场价格不仅受前一期市场价格的影响, 还受生产周期和价格变化的影响. 当价格波动比较剧烈, 即 $p^\Delta(t)$ 取值较大时, 可以通过生产周期 $\mu(t)$ 的调整来适当控制价格变动对需求量的影响. 只有在时标模型中, 这种价格内在变化的机制和生产周期对经济系统的内生作用才得以显现, 而在连续情形 ($\mu(t) \equiv 0$) 和离散情形 ($\mu(t) \equiv 1$) 下, 它们是从建模初期就被忽略掉的.

**定理 7.2.1** 假设 (7.2.1) 式和 (7.2.2) 式, 且

$$\lambda(t) := \frac{b_1(t)}{b(t)} - 1 \in \mathcal{R}$$

则当 $\mu(t) = 0$ 时, 模型 (7.2.3)~(7.2.5) 的解为

$$p(t) = \frac{a_1(t) - a(t)}{b(t) - b_1(t)} = p_e$$

而当 $\mu(t) \neq 0$ 时, 模型 (7.2.3)~(7.2.5) 的唯一解为

$$p(t) = e_{\lambda/\mu}(t, t_0) p_0 + \int_{t_0}^{t} e_{\lambda/\mu}(t, \sigma(\tau)) \frac{a_1(\tau) - a(\tau)}{b(\tau)\mu(\tau)} \Delta\tau \tag{7.2.6}$$

其中 $p_0 = p(t_0), t_0 \in \mathbb{T}$. 进一步当 $p_e = \dfrac{a_1(t) - a(t)}{b(t) - b_1(t)}$ 为常数时,

$$p(t) = (p_0 - p_e) e_{\lambda/\mu}(t, t_0) + p_e, \quad t \geqslant t_0, \quad t \in \mathbb{T} \tag{7.2.7}$$

**证** 将需求函数 (7.2.3) 和供给函数 (7.2.4) 代入均衡条件 (7.2.5), 得

$$a(t) + b(t)(p(t) + p^\Delta(t)\mu(t)) = D(\sigma(t)) = S(\sigma(t)) = a_1(t) + b_1(t)p(t)$$

整理得一阶时标线性动态方程

$$\mu(t) p^\Delta(t) = \lambda p(t) + \frac{a_1(t) - a(t)}{b(t)}$$

当 $\mu(t) = 0$, 根据 $a(t) + b(t)p(t) = a_1(t) + b_1(t)p(t)$, 可得 $p(t) = p_e$. 以下假设 $\mu(t) \neq 0$. 则有

$$p^\Delta(t) = \frac{\lambda(t)}{\mu(t)} p(t) + \frac{a_1(t) - a(t)}{b(t)\mu(t)}, \quad p(t_0) = p_0$$

根据定理 1.4.3, 上面一阶非齐次时标动态方程初值问题的唯一解为

$$p(t) = e_{\lambda/\mu}(t, t_0) p_0 + \int_{t_0}^{t} e_{\lambda/\mu}(t, \sigma(\tau)) \frac{a_1(\tau) - a(\tau)}{b(\tau)\mu(\tau)} \Delta\tau$$

此即 (7.2.6) 式. 进一步当 $p_e$ 为常数时, 根据 delta 指数函数性质 1.3.2 的 (11) 和 (1), 有

$$\int_{t_0}^t e_{\lambda/\mu}(t, \sigma(\tau)) \frac{a_1(\tau) - a(\tau)}{b(\tau)\mu(\tau)} \Delta\tau$$

$$= \int_{t_0}^t e_{\lambda/\mu}(t, \sigma(\tau)) \frac{a_1(\tau) - a(\tau)}{b_1(\tau) - b(\tau)} \frac{b_1(\tau) - b(\tau)}{b(\tau)\mu(\tau)} \Delta\tau$$

$$= -p_e \int_{t_0}^t \frac{\lambda(\tau)}{\mu(\tau)} e_{\lambda/\mu}(t, \sigma(\tau)) \Delta\tau = -p_e(e_{\lambda/\mu}(t, t_0) - e_{\lambda/\mu}(t, t))$$

$$= p_e(1 - e_{\lambda/\mu}(t, t_0))$$

再代回 (7.2.6) 式即得 (7.2.7) 式. □

**定理 7.2.2** 假设 $\mu \neq 0, \lambda \in \mathcal{R}$ 且

$$\lim_{t\to\infty} \int_{t_0}^t \lim_{h \searrow \mu(\tau)} \frac{\log|1 + h\lambda/\mu|}{h} \Delta\tau = -\infty$$

则模型 (7.2.3)~(7.2.5) 所确定的价格收敛于它的均衡价格 $p_e$.

**证** 定义

$$\Psi_h(\lambda) := \begin{cases} \dfrac{\log|1 + h\lambda|}{h}, & h > 0 \\ \lambda, & h = 0 \end{cases}$$

则根据 [Bohner2011, 定理 3.4], 成立

$$0 \leqslant |e_{\lambda/\mu}(t, t_0)| = \exp\left(\int_{t_0}^t \Psi_{\mu(\tau)}(\lambda/\mu) \Delta\tau\right) \to 0,$$

既然假定

$$\lim_{t\to\infty} \int_{t_0}^t \Psi_{\mu(\tau)}(\lambda/\mu) \Delta\tau = -\infty$$

那么可得 $e_{\lambda/\mu}(t, t_0) \to 0 (t \to \infty)$, 得证. □

定理 7.2.2 给出了一个稳定性的充分必要条件. 以下的推论 7.2.1 给出的是一个必要但不充分的稳定性结果. 较之定理 7.2.2, 推论 7.2.1 的条件更容易验证.

**推论 7.2.1** 假设 $\lambda(t) \in \mathcal{R}^+$. 如果对所有的 $t \in \mathbb{T}$, 有

$$\frac{\lambda(t)}{\mu(t)} = \frac{1}{\mu(t)} \left[\frac{b_1(t)}{b(t)} - 1\right] < 0 \qquad (7.2.8)$$

那么模型 (7.2.3)~(7.2.5) 所确定的价格收敛于它的均衡价格 $p_e$.

## 7.2 时标蛛网模型

注意当 $\mu(t) \neq 0$ 时，因为必有 $\mu(t) > 0$，所以这里的 (7.2.8) 也可以写成

$$\lambda(t) = \frac{b_1(t)}{b(t)} - 1 < 0$$

之所以保留 (7.2.8) 式的形式，是因为 $\mu(t)$ 是时标结构的特征量，可以描述经济活动效率或生产周期长短差异等，虽然在数学推理中可以忽略，但是在经济分析中可能会有较大用处.

**例 7.2.1** 设 $\mathbb{T} = \mathbb{R}$. 则 $\mu(t) = 0$. 此时 (7.2.3)~(7.2.5) 变成

$$D(t) = a(t) + b(t)p(t) \tag{7.2.9}$$

$$S(t) = a_1(t) + b_1(t)p(t) \tag{7.2.10}$$

$$D(t) = S(t) \tag{7.2.11}$$

可得 $p(t) = \dfrac{a_1(t) - a(t)}{b(t) - b_1(t)} = p_e$. 事实上，如此确定的模型并没有体现蛛网模型假设中供给量由预期价格决定的核心. 静态预期假设当期供给量由前一期价格决定，据此修正模型中的供给函数为

$$S(t) = a_1(t) + b_1(t)p(t - 0) \tag{7.2.12}$$

这里 $p(t-0)$ 是价格函数 $p(t)$ 在 $t$ 点的左导数. 如此模型 (7.2.9)-(7.2.12)-(7.2.11) 可以看作是连续时间静态预期的蛛网模型. 这个模型的分析是需要花费一点力气的，既然本书主要介绍时标模型，所以这里不再展开讨论.

**例 7.2.2** 设 $\mathbb{T} = \mathbb{Z}$, $a(t) \equiv a, a_1(t) \equiv a_1, b(t) \equiv b, b_1(t) \equiv b_1$. 则 (7.2.3)~(7.2.5) 变成

$$D_{t+1} = a + bp_{t+1} \tag{7.2.13}$$

$$S_{t+1} = a_1 + b_1 p_t \tag{7.2.14}$$

$$D_t = S_t \tag{7.2.15}$$

这里利用了 $\mu(t) \equiv 1$ 和 $p^{\Delta}(t) = \Delta p_t = p_{t+1} - p_t$，因此模型 (7.2.13)~(7.2.15) 就是模型 (7.1.1)~(7.1.3). 通解就是 (7.1.5) 式.

$$\lim_{h \searrow 1} \frac{\log|1 + h\lambda/\mu|}{h} = \log|1 + \lambda/\mu| \tag{7.2.16}$$

既然 $\mu(\tau) \equiv 1$，根据定理 7.2.2，只要 $-2 < \lambda < 0$，即 $|b_1/b| < 1$，则模型 (7.2.13)~(7.2.15) 的价格收敛于它的均衡价格 $p_e$. 这个结论和已有离散蛛网模型的稳定性条件一致，见 [Gandolfo1980, 4.1 节].

**例 7.2.3** 设 $\mathbb{T} = q^{\mathbb{N}_0} := \{q^n : n \in \mathbb{N}_0, q > 1\}$. 此时 $\sigma(t) = qt, \mu(t) = (q-1)t$, 则模型 (7.2.3)~(7.2.5) 等价于

$$D(qt) = a(t) + b(t)p(qt) \tag{7.2.17}$$

$$S(qt) = a_1(t) + b_1(t)p(t) \tag{7.2.18}$$

$$D(t) = S(t) \tag{7.2.19}$$

整理得到方程

$$p(qt) = \frac{b_1(t)}{b(t)}p(t) + \frac{a_1(t) - a(t)}{b(t)}$$

对 $t = q^{n-1}$, 记 $p(q) = p_0$, 可以直接通过迭代求得以下形式的解

$$p(q^n) = \left(\frac{b_1}{b}\right)^{n-1} p_0 + \sum_{i=0}^{n-2} \left(\frac{b_1}{b}\right)^i \frac{a_1 - a}{b}$$

当 $n \to \infty$ 时, 只要 $|b_1/b| < 1$, $p(q^n)$ 就收敛于 $p_e = \dfrac{a_1(t) - a(t)}{b(t) - b_1(t)}$, 也就是模型 (7.2.17)~(7.2.19) 收敛于均衡价格 $p_e$. 这与 $\mathbb{T} = \mathbb{Z}$ 的稳定性结果是一致的.

$q^{\mathbb{N}_0}$ 和 $\mathbb{Z}$ 作为两类特殊的时标, 具有其上点都是孤立点, 即 lsrs 点这个共同特征, 我们把具有这类特征的时标称作 $\mathbb{V}$ 时标. $\mathbb{V}$ 时标在实际生产生活中应用非常广泛. $\mathbb{Z}$ 是最简单的 $\mathbb{V}$ 时标, 满足 $\mu(t) \equiv 1$, 而一个一般的 $\mathbb{V}$ 时标上, $\mu(t)$ 并不要求是常函数. 另外, $\mathbb{V}$ 时标上的每个点处都满足 $\sigma(\rho(t)) = \rho(\sigma(t))$, 这个条件保证了时标算子的自伴性和所研究问题的对称性, 使得基础理论研究中的一些经典工具得以应用, 比如紧线性算子的 Schauder 理论等. 对这类时标感兴趣的读者可以参见 [luo2017, luo2018] 了解一些它们的应用.

当在需求函数 (7.2.3) 中去掉 $\mu(t)$, 还可以建立下述形式的 $q^{\mathbb{N}_0}$ 上的蛛网模型:

$$D(qt) = a(t) + b(t)\left(p(t) + \frac{p(qt) - p(t)}{q - 1}t\right) \tag{7.2.20}$$

$$S(qt) = a_1(t) + b_1(t)p(t) \tag{7.2.21}$$

$$D(t) = S(t) \tag{7.2.22}$$

可解得模型 (7.2.20)~(7.2.22) 的解为

$$p(t) = (p_0 - p_e) \prod_{s \in [t_0, t)} \left[1 + (q-1)\left(\frac{b_1(t)}{b(t)} - 1\right)s\right] + p_e, \quad t > t_0, \quad t \in q^{\mathbb{N}_0}$$

## 7.2 时标蛛网模型

将 $\mathbb{T} = q^{\mathbb{N}_0}$ 代入注 1.2.3 中的积分式, 可得

$$\int_1^\infty f(t)\Delta t = \sum_{k=0}^\infty \mu(q^k)f(q^k)$$

根据定理 7.2.2, 只要

$$\sum_{k=0}^\infty \log|1 + (q-1)q^k\lambda(q^k)| = -\infty \quad (7.2.23)$$

模型 (7.2.20)~(7.2.22) 的价格就可以收敛于均衡价格 $p_e$. 而 (7.2.23) 式等价于

$$-1 < 1 + (q-1)q^k\lambda(q^k) < 1$$

$$-2 < (q-1)q^k\lambda(q^k) < 0$$

定义 $\lambda(t) = z/t$, 则

$$-2 < (q-1)z < 0, \quad -\frac{2}{q-1} < z < 0$$

因此对 $\mathbb{T} = q^{\mathbb{N}_0}$, 价格收敛于均衡价格 $p_e$ 的条件是: 对任意 $t \in \mathbb{T}$, 成立

$$-\frac{2}{q-1} < t\lambda(t) < 0$$

$$-\frac{2}{(q-1)t} < \frac{b_1(t)}{b(t)} - 1 < 0$$

$$-\frac{2}{\mu(t)} + 1 < \frac{b_1(t)}{b(t)} < 1$$

从这几个公式中可以看出, 模型描述的系统是否稳定与 $\mu(t)$ 的取值是有关的, 说明连续和离散动态模型忽视了的内在机制, 是可能通过时标动态模型揭示的.

时标蛛网模型 (7.2.3)~(7.2.5) 同连续和离散蛛网模型一样, 将产量和价格波动的原因解释为: 生产者总是根据上一期的价格来决定当期产量, 上一期的价格同时也就是生产者对当期的预期价格. 而事实上, 在每一期, 生产者只能按照当期的市场价格, 也就是实际价格来出售由预期价格 (即上一期价格) 所决定的产量. 这种实际价格和预期的价格不吻合, 造成了产量和价格的波动.

静态预期的时标蛛网模型 (7.2.3)~(7.2.5) 和静态预期的连续与离散模型一样, 形式简单, 通俗易懂, 但是忽视了生产者对价格的估计和生产积极性, 对产量

和价格波动的原因解释并不全面, 也不太符合实际. 事实上, 生产者在生产和销售的过程中, 通常会根据自身经验逐步修正自己的预期价格, 使预期价格接近实际价格, 从而使实际产量接近市场的实际需求量. 供给价格的预期式反映了预期价格的这种调整, 它是蛛网模型的核心, 不同的预期价格式对应不同预期形式下的蛛网模型, 无论是理论意义还是现实意义, 它们都有各自的应用范围和价值. 静态预期蛛网模型的预期价格就是前一期价格, 是最简单的预期形式, 不足以反映市场的动态变化. 以下在一些更复杂的经典预期形式下, 探讨时标蛛网模型的动态行为和稳定性条件.

## 7.3 正常价格预期的时标蛛网模型

正常价格预期是对静态预期扩展的第一种预期形式. 这种预期形式假定生产者有关于正常价格——生产者认为迟早会在市场上通行的价格——的信念.

正常价格预期的时标蛛网模型的一般形式表述如下:

$$D(\sigma(t)) = a(t) + b(t)(p(t) + p^{\Delta}(t)\mu(t)) \tag{7.3.1}$$

$$S(\sigma(t)) = a_1(t) + b_1(t)p^e(\sigma(t)) \tag{7.3.2}$$

$$D(t) = S(t) \tag{7.3.3}$$

其中 $p^e(\sigma(t))$ 就是 $\sigma(t)$ 时期的预期价格, 可以表示为

$$p^e(\sigma(t)) = p(t) + c(p_N - p(t)) \tag{7.3.4}$$

这里 $p_N$ 表示正常价格, 即生产者角度所认为的迟早会在市场上通行的价格. $c$ 是预期系数, 用来描述生产者对市场的估计和决策, 取值有如下三种情况:

若 $c = 0$, 则模型 (7.3.1)~(7.3.3) 退化为模型 (7.2.3)~(7.2.5), 即静态预期模型.

若 $c > 0$, 则对应内推性预期. 预期价格会对当前价格升降趋势进行反转, 表现为当 $p(t) < p_N$ 时有 $p^e(\sigma(t)) > p(t)$, 生产者预期下一期价格会上升; 当 $p(t) > p_N$ 时有 $p^e(\sigma(t)) < p(t)$, 生产者预期下一期价格会下降.

若 $c < 0$, 则对应外推性预期. 预期价格会保持当前价格升降趋势, 表现为当 $p(t) < p_N$ 时有 $p^e(\sigma(t)) < p(t)$, 生产者预期下一期价格会继续下降; 当 $p(t) > p_N$ 时有 $p^e(\sigma(t)) > p(t)$, 生产者预期下一期价格会继续上升.

预期系数 $c$ 受行为主体情绪影响. 乐观情绪会预期价格上涨趋势的持续, 而悲观情绪会预期价格上涨只是暂时现象. $0 < c < 1$ 时, 表明当期价格不会立即转成正常价格, 除非 $c = 1$.

## 7.3 正常价格预期的时标蛛网模型

正常价格 $p_N$ 通常有两种可能的选择, 对应着预期的两种不同情形. 以下分别展开研究.

1. $p_N = p_e$

假设生产者拥有完全信息, 认知中的市场正常价格正好是系统均衡价格 $p_e$, 但他们也理性地知道, 价格在偏离均衡后不会立刻回到均衡. 将 $p_N = p_e$ 代入 (7.3.4) 式, 一般形式的模型 (7.3.1)~(7.3.3) 变成

$$D(\sigma(t)) = a(t) + b(t)(p(t) + p^\Delta(t)\mu(t)) \tag{7.3.5}$$

$$S(\sigma(t)) = a_1(t) + b_1(t)[p(t) + c(p_e - p(t))] \tag{7.3.6}$$

$$D(t) = S(t) \tag{7.3.7}$$

其中

$$a, a_1, b, b_1 \in C_{\mathrm{rd}}(\mathbb{T}), b(t) \neq 0, b_1(t) \neq 0 \text{ 且 } b(t) \neq b_1(t)(1-c), \forall t \in \mathbb{T}, c \in [0,1) \tag{7.3.8}$$

**定理 7.3.1** 假设 (7.3.8) 式且

$$\lambda(t) := \frac{b_1(t)(1-c)}{b(t)} - 1 \in \mathbb{R}$$

令 $c \in [0,1)$. 则当 $\mu(t) = 0$, 模型 (7.3.5)~(7.3.7) 的通解为

$$p(t) = p_{e'} = \frac{a_1(t) - a(t) + b_1(t)cp_e}{b(t) - b_1(t)(1-c)} \tag{7.3.9}$$

其中 $p_e$ 同 (7.2.2) 式定义. 而当 $\mu(t) \neq 0$ 时, 模型 (7.3.5)~(7.3.7) 的唯一解为

$$p(t) = e_{\lambda/\mu}(t, t_0) p_0 + \int_{t_0}^{t} e_{\lambda/\mu}(t\sigma(\tau)) \frac{a_1(\tau) - a(\tau) + b_1(\tau)cp_e}{\mu(\tau)b(\tau)} \Delta\tau \tag{7.3.10}$$

其中 $p_0 = p(t_0), t_0 \in \mathbb{T}$. 进一步当 $p_{e'}$ 为常数时,

$$p(t) = (p_0 - p_{e'})e_{\lambda/\mu}(t, t_0) + p_{e'}, \quad t > t_0, \quad t \in \mathbb{T} \tag{7.3.11}$$

**证** 将 (7.3.5) 式和 (7.3.6) 式代入 (7.3.7) 式, 得

$$a(t) + b(t)(p(t) + p^\Delta(t)\mu(t)) = D(\sigma(t)) = S(\sigma(t))$$
$$= a_1(t) + b_1(t)[p(t) + c(p_e - p(t))]$$

当 $\mu(t) = 0$, 可解得 $p(t) = p_{e'}$.

当 $\mu(t) \neq 0$ 时，整理得一阶非齐次时标线性动态方程初值问题

$$p^\Delta(t) = \frac{\lambda(t)}{\mu(t)} p(t) + \frac{a_1(t) - a(t) + b_1(t)cp_e}{\mu(t)b(t)}, \quad p(t_0) = p_0$$

根据定理 1.4.3, 这个初值问题的唯一解为

$$p(t) = e_{\lambda/\mu}(t, t_0) p_0 + \int_{t_0}^t e_{\lambda/\mu}(t, \sigma(\tau)) \frac{a_1(\tau) - a(\tau) + b_1(\tau)cp_e}{\mu(\tau)b(\tau)} \Delta\tau$$

此即 (7.3.10) 式. 进一步当 $p_{e'}$ 为常数时, 根据 delta 指数函数性质 1.3.2 的 (11) 和 (1), 有

$$\int_{t_0}^t e_{\lambda/\mu}(t, \sigma(\tau)) \frac{a_1(\tau) - a(\tau) + b_1(\tau)cp_e}{\mu(\tau)b(\tau)} \Delta\tau$$

$$= \int_{t_0}^t e_{\lambda/\mu}(t, \sigma(\tau)) \frac{a_1(\tau) - a(\tau) + b_1(\tau)cp_e}{b_1(\tau)(1-c) - b(\tau)} \frac{b_1(\tau)(1-c) - b(\tau)}{\mu(\tau)b(\tau)} \Delta\tau$$

$$= -p_{e'} \int_{t_0}^t e_{\lambda/\mu}(t, \sigma(\tau)) \frac{\lambda(\tau)}{\mu(\tau)} \Delta\tau = -p_{e'}(e)_{\lambda/\mu}(t, t_0) - e_{\lambda/\mu}(t, t)$$

$$= p_{e'}(1 - e_{\lambda/\mu}(t, t_0))$$

再代回 (7.3.10) 式即得 (7.3.11) 式.  □

**定理 7.3.2**  假设 $\mu \neq 0, \lambda \in \mathcal{R}$ 且

$$\lim_{t \to \infty} \int_{t_0}^t \lim_{h \searrow \mu(\tau)} \frac{\log|1 + h\lambda/\mu|}{h} \Delta\tau = -\infty$$

则模型 (7.3.5)~(7.3.7) 所确定的价格收敛于均衡价格 $p_{e'}$.

**证**  证明过程同定理 7.2.2. 不再赘述.  □

**推论 7.3.1**  如果对所有的 $t \in \mathbb{T}$ 和 $\lambda \in \mathcal{R}^+$, 都有

$$\lambda(t) := \frac{b_1(t)(1-c)}{b(t)} - 1 < 0$$

那么模型 (7.3.5)~(7.3.7) 所确定的价格收敛于均衡价格 $p_{e'}$.

注意当 $\mu(t) \neq 0$ 时, 因为必有 $\mu(t) > 0$, 所以上式其实等价于

$$\frac{\lambda(t)}{\mu(t)} = \frac{1}{\mu(t)} \left[ \frac{b_1(t)(1-c)}{b(t)} - 1 \right] < 0$$

## 7.3 正常价格预期的时标蛛网模型

因此模型 (7.3.5)~(7.3.7) 的收敛性其实是和 $\mu(t)$ 相关的.

**例 7.3.1**  设 $\mathbb{T} = \mathbb{R}$, $a(t) \equiv a$, $a_1(t) \equiv a_1$, $b(t) \equiv b$, $b_1(t) \equiv b_1$. 因为 $\mu(t) \equiv 0$, 此时模型 (7.3.5)~(7.3.7) 变成

$$D(t) = a + bp(t) \tag{7.3.12}$$

$$S(t) = a_1 + b_1[p(t) + c(p_e - p(t))] \tag{7.3.13}$$

$$D(t) = S(t) \tag{7.3.14}$$

这是一个静态模型, 求解得价格路径为

$$p = \frac{a_1 - a + b_1 c p_e}{b - b_1(1-c)} = p_{e'}$$

当 $c = 0$ 时, 有 $p = p_e$, 即静态预期的均衡.

如果进一步假设当期需求量不仅取决于当期价格, 还依赖于价格的变化, 即调整需求函数为

$$D(t) = a + b(p(t) + p'(t))$$

那么可以解得对应的动态模型的通解为

$$p(t) = (p_0 - p_{e'}) e^{\left(\frac{b_1(1-c)}{b} - 1\right)(t - t_0)} + p_{e'}$$

根据推论 7.3.1, 如果 $b_1(1-c)/b < 1$, 那么对应模型的价格收敛于均衡价格 $p_{e'}$.

**例 7.3.2**  设 $\mathbb{T} = \mathbb{Z}$, $a(t) \equiv a$, $a_1(t) \equiv a_1$, $b(t) \equiv b, b_1(t) \equiv b_1$. 因为 $\mu(t) \equiv 1$, $p^\Delta(t) = \Delta p(t) = p(t+1) - p(t)$, 此时模型 (7.3.5)~(7.3.7) 变成

$$D_t = a + bp_t \tag{7.3.15}$$

$$S_t = a_1 + b_1[p_{t-1} + c(p_e - p_{t-1})] \tag{7.3.16}$$

$$D_t = S_t \tag{7.3.17}$$

通过把 (7.3.15) 式和 (7.3.16) 式代入 (7.3.17) 式, 得递推式方程

$$p_t = \frac{b_1(1-c)}{b} p_{t-1} + \frac{a_1 - a + b_1 c p_e}{b}$$

进而解得唯一解为

$$p_t = \left(\frac{b_1(1-c)}{b}\right)^t p_0 + \sum_{i=0}^{t-1} \left(\frac{b_1(1-c)}{b}\right)^i \frac{a_1 - a + b_1 c p_e}{b}$$

如果 $|b_1(1-c)/b| < 1$, 那么模型 (7.3.15)~(7.3.17) 的价格收敛于它的均衡价格 $p_{e'}$.

**例 7.3.3** 设 $\mathbb{T} = q^{\mathbb{N}_0} := \{q^n : n \in \mathbb{N}_0, q > 1\}$. 此时 $\sigma(t) = qt, \mu(t) = (q-1)t$, 则模型 (7.3.5)~(7.3.7) 变成

$$D(qt) = a(t) + b(t)p(qt) \tag{7.3.18}$$

$$S(qt) = a_1(t) + b_1(t)[p(t) + c(p_e - p(t))] \tag{7.3.19}$$

$$D(t) = S(t) \tag{7.3.20}$$

整理得到递推式方程

$$p(qt) = \frac{b_1(t)(1-c)}{b(t)}p(t) + \frac{a_1(t) - a(t) + b_1(t)cp_e}{b(t)}$$

记 $p(q) = p_0$, 可以直接通过迭代求得以下形式的解

$$p(t) = \left(\frac{b_1(t)(1-c)}{b(t)}\right)^{n-1} p_0 + \sum_{i=0}^{n-2} \left(\frac{b_1(t)(1-c)}{b(t)}\right)^i \frac{a_1(t) - a(t) + b_1(t)cp_e}{b(t)}$$

当 $n \to \infty$ 时, 只要 $|b_1(1-c)/b| < 1$, $p(t)$ 就收敛于 $p_{e'} = \dfrac{a_1(t) - a(t) + b_1(t)cp_e}{b(t) - b_1(t)(1-c)}$, 也就是模型 (7.3.18)~(7.3.20) 收敛于均衡价格 $p_{e'}$. 这与 $\mathbb{T} = \mathbb{Z}$ 的稳定性结果是一致的. 更进一步, 这样的讨论在任意 $\mathbb{V}$ 时标上都将是类似的.

当在需求函数 (7.3.1) 式中去掉 $\mu(t)$, 还可以建立下述形式的 $q^{\mathbb{N}_0}$ 上的蛛网模型:

$$D(qt) = a(t) + b(t)\left(p(t) + \frac{p(qt) - p(t)}{(q-1)t}\right)$$

$$S(qt) = a_1(t) + b_1(t)[p(t) + c(p_e - p(t))]$$

$$D(t) = S(t)$$

唯一解为

$$p(t) = (p_0 - p_e) \prod_{s \in [t_0, t)} \left[1 + (q-1)\left(\frac{b_1(s)(1-c)}{b(s)} - 1\right)s\right] + \frac{a_1(t) - a(t)}{b(t) - b_1(t)},$$

$$t > t_0, \quad t \in q^{\mathbb{N}_0}$$

与例 7.2.3 的讨论类似, 可得价格收敛于均衡价格 $p_e$ 的充分必要条件是对任意 $t \in \mathbb{T}$, 成立

## 7.3 正常价格预期的时标蛛网模型

$$-\frac{2}{q-1} < t\lambda(t) < 0$$

$$-\frac{2}{(q-1)t} < \frac{b_1(t)(1-c)}{b(t)} - 1 < 0$$

$$-\frac{2}{\mu(t)} + 1 < \frac{b_1(t)(1-c)}{b(t)} < 1$$

可以看出, 这些条件也是与时标结构变量 $\mu(t)$ 相关的.

2. $p_N = p(\sigma(t))$

假设正常价格在 $\sigma(t)$ 期达到. 令 $p_N = p(\sigma(t))$, 代入 (7.3.4) 式, 一般形式的模型 (7.3.1)~(7.3.3) 变成

$$D(\sigma(t)) = a(t) + b(t)(p(t) + p^\Delta(t)\mu(t)) \tag{7.3.21}$$

$$S(\sigma(t)) = a_1(t) + b_1(t)[p(t) + c\mu(t)p^\Delta(t)] \tag{7.3.22}$$

$$D(t) = S(t) \tag{7.3.23}$$

对 $\forall t \in \mathbb{T}, c \in [0,1)$, 要求

$$a, a_1, b, b_1 \in C_{rd}(\mathbb{T}), \quad b(t) \neq 0, \quad b_1(t) \neq 0, \quad b_1(t) \neq b(t), \quad b(t) \neq b_1(t)c \tag{7.3.24}$$

**定理 7.3.3** 假设 (7.3.24) 和 (2.2.2) 式, 且

$$\lambda := \frac{b_1 - b}{b - b_1 c} \in \mathcal{R}$$

令 $c \in [0,1)$. 则当 $\mu(t) = 0$ 时, 模型 (7.3.21)~(7.3.23) 的解为

$$p(t) = \frac{a_1(t) - a(t)}{b(t) - b_1(t)} = p_e$$

而当 $\mu(t) \neq 0$ 时, 模型 (7.3.21)~(7.3.23) 的唯一解为

$$p(t) = e_{\lambda/\mu}(t, t_0) p_0 + \int_{t_0}^t e_{\lambda/\mu}(t, \sigma(\tau)) \frac{1}{\mu(\tau)} \frac{a_1(\tau) - a(\tau)}{b(\tau) - b_1(\tau)c} \Delta \tau \tag{7.3.25}$$

其中 $p_0 = p(t_0), t_0 \in \mathbb{T}$. 进一步当 $p_e$ 为常数时, 有

$$p(t) = (p_0 - p_e)e_{\lambda/\mu}(t, t_0) + p_e, \quad t > t_0, \quad t \in \mathbb{T} \tag{7.3.26}$$

**证** 将 (7.3.21) 式和 (7.3.22) 式代入 (7.3.23) 式, 得

$$a(t) + b(t)(p(t) + p^\Delta(t)\mu(t)) = D(\sigma(t)) = S(\sigma(t))$$
$$= a_1(t) + b_1(t)[p(t) + c\mu(t)p^\Delta(t)]$$

当 $\mu(t) = 0$ 时, 可解得 $p(t) = p_e$.

当 $\mu(t) \neq 0$ 时, 整理得一阶时标线性动态方程初值问题

$$p^\Delta(t) = \frac{\lambda}{\mu(t)}p(t) + \frac{1}{\mu(t)}\frac{a_1(t) - a(t)}{b(t) - b_1(t)c}, \quad p(t_0) = p_0 \tag{7.3.27}$$

根据定理 1.4.3, 初值问题 (7.3.27) 的唯一解为

$$p(t) = e_{\lambda/\mu}(t, t_0)p_0 + \int_{t_0}^t e_{\lambda/\mu}(t, \sigma(\tau))\frac{1}{\mu(\tau)}\frac{a_1(\tau) - a(\tau)}{b(\tau) - b_1(\tau)c}\Delta\tau$$

此即 (7.3.10) 式. 进一步当 $p_e$ 为常数时, 根据 delta 指数函数性质 1.3.2 的 (11) 和 (1), 有

$$\int_{t_0}^t e_{\lambda/\mu}(t, \sigma(\tau))\frac{1}{\mu(\tau)}\frac{a_1(\tau) - a(\tau)}{b(\tau) - b_1(\tau)c}\Delta\tau$$
$$= \int_{t_0}^t e_{\lambda/\mu}(t, \sigma(\tau))\frac{a_1(\tau) - a(\tau)}{b_1(\tau) - b(\tau)}\frac{1}{\mu(\tau)}\frac{b_1(\tau) - b(\tau)}{b(\tau) - b_1(\tau)c}\Delta\tau$$
$$= -p_e\int_{t_0}^t e_{\lambda/\mu}(t, \sigma(\tau))\frac{1}{\mu(\tau)}\frac{b_1(\tau) - b(\tau)}{b(\tau) - b_1(\tau)c}\Delta\tau$$
$$= -p_e(e_{\lambda/\mu}(t, t_0) - e_{\lambda/\mu}(t, t)) = p_e(1 - e_{\lambda/\mu}(t, t_0))$$

再代回 (7.3.25) 式, 即得 (7.3.26) 式. □

**定理 7.3.4** 假设 $\lambda \in \mathcal{R}$ 且

$$\lim_{t \to \infty}\int_{t_0}^t \lim_{h \searrow \mu(\tau)}\frac{\log|1 + h\lambda/\mu|}{h}\Delta\tau = -\infty$$

则模型 (7.3.21)~(7.3.23) 所确定的价格收敛于它的均衡价格 $p_e$.

**证** 证明过程同定理 7.2.2. 不再赘述. □

**推论 7.3.2** 如果对所有的 $t \in \mathbb{T}$ 和 $\lambda \in \mathcal{R}^+$, 都有

$$\lambda(t) := \frac{b(t) - b_1(t)}{b(t) - b_1(t)c} < 0$$

## 7.3 正常价格预期的时标蛛网模型

那么模型 (7.3.21)~(7.3.23) 所确定的价格收敛于它的均衡价格 $p_e$.

注意当 $\mu(t) \neq 0$ 时, 因为必有 $\mu(t) > 0$, 所以上式其实等价于

$$\frac{\lambda(t)}{\mu(t)} = \frac{1}{\mu(t)}\frac{b(t)-b_1(t)}{b(t)-b_1(t)c} < 0$$

因此模型 (7.3.21)~(7.3.23) 的收敛性其实是和 $\mu(t)$ 相关的.

**例 7.3.4** 设 $\mathbb{T} = \mathbb{R}$, $a(t) \equiv a$, $a_1(t) \equiv a_1, b(t) \equiv b, b_1(t) \equiv b_1$. 则模型 (7.3.21)~(7.3.23) 变成

$$D(t) = a + bp(t)$$
$$S(t) = a_1 + b_1 p(t)$$
$$D(t) = S(t)$$

这事实上就是一个静态模型, 可解得 $p(t) = \dfrac{a_1 - a}{b - b_1} = p_e$. 注意到预期形式 (7.3.4) 式形如

$$p^e(\sigma(t)) = p(t) + c(p_N - p(t))$$

且假定 $p_N = p(\sigma(t))$, 如果直接代入 $\sigma(t) = t$, 确实有 $p_N = p(t)$, 从而供给函数就是 $S(t) = a_1 + b_1 p(t)$ 的形式, 但显然这样的供给函数无法体现蛛网模型假设中供给量由预期价格决定的核心. 仔细回顾 $p_N = p(\sigma(t))$ 的含义, 它描述的是正常价格在下一期达到的一种状态, 因此 $p_N - p(t)$ 代表的是当期到下一期的价格变化, 从而供给函数应该修正为如下更贴近的形式:

$$S(t) = a_1 + b_1[p(t) + cp'(t)]$$

进而构建以下模型:

$$D(t) = a + bp(t) \tag{7.3.28}$$
$$S(t) = a_1 + b_1[p(t) + cp'(t)] \tag{7.3.29}$$
$$D(t) = S(t) \tag{7.3.30}$$

整理得一阶常微分方程

$$p'(t) = \frac{b-b_1}{b_1 c}p(t) + \frac{a-a_1}{b_1 c}$$

唯一解为

$$p(t) = (p_0 - p_e)e^{\left(\frac{b-b_1}{b_1 c}\right)(t-t_0)} + p_e, \quad t > t_0, \quad t \in \mathbb{R}$$

其中 $p_e = \dfrac{a_1-a}{b-b_1}$. 类似于推论 7.3.2 的讨论, 如果 $(b-b_1)/(b_1c) < 0$, 那么模型 (7.3.28)~(7.3.30) 的价格收敛于它的均衡价格 $p_e$.

如果进一步把需求函数也调整成

$$D(t) = a + b[p(t) + p'(t)]$$

则对应一阶常微分方程的通解为

$$p(t) = (p_0 - p_e)e^{\left(\frac{b-b_1}{b-b_1c}\right)(t-t_0)} + p_e, \quad t > t_0, \quad t \in \mathbb{R}$$

根据推论 7.3.2, 如果 $(b-b_1)/(b-b_1c) < 0$, 那么对应模型的价格收敛于它的均衡价格 $p_e$. 这个稳定性结论与时标模型的一致.

**例 7.3.5** 设 $\mathbb{T} = \mathbb{Z}$, $a(t) \equiv a$, $a_1(t) \equiv a_1$, $b(t) \equiv b$, $b_1(t) \equiv b_1$. 则模型 (7.3.21)~(7.3.23) 变成

$$D_t = a + bp_t \tag{7.3.31}$$

$$S_t = a_1 + b_1[p_{t-1} + c\Delta p_{t-1}] \tag{7.3.32}$$

$$D_t = S_t \tag{7.3.33}$$

这里 $\Delta p_{t-1} = p_t - p_{t-1}$. 整理得一阶差分方程

$$p_t = \frac{b_1(1-c)}{b-b_1c} p_{t-1} + \frac{a_1-a}{b-b_1c} \tag{7.3.34}$$

进而解得递推式为

$$p_t = \left(\frac{b_1(1-c)}{b-b_1c}\right)^t p_0 + \sum_{i=0}^{t-1} \left(\frac{b_1(1-c)}{b-b_1c}\right)^i \frac{a_1-a}{b-b_1c}$$

可见如果 $|b_1(1-c)/(b-b_1c)| < 1$, 那么模型 (7.3.31)~(7.3.33) 的价格 $p_t$ 收敛于它的均衡价格 $p_e = \dfrac{a_1-a}{b-b_1}$.

一阶差分方程 (7.3.34) 的解为

$$p_t = (p_0 - p_e)\left(\frac{b_1(1-c)}{b-b_1c}\right)^t + \frac{a_1-a}{b-b_1c}$$

$$= (p_0 - p_e)\left(1 + \frac{b_1-b}{b-b_1c}\right)^t + \frac{a_1-a}{b-b_1c}$$

## 7.3 正常价格预期的时标蛛网模型

既然 $\mu(\tau) \equiv 1$，且

$$\lim_{h \searrow 1} \frac{\log|1+h\lambda/\mu|}{h} = \log|1+\lambda|$$

根据定理 7.3.4，只要 $-2 < \lambda < 0$，即 $-2 < (b_1-b)/(b-b_1c) < 0$，则模型 (7.3.31)~(7.3.33) 的价格收敛于它的均衡价格 $p_e$。这与 $|b_1(1-c)/(b-b_1c)| < 1$ 的收敛性条件是一致的。

**例 7.3.6** 设 $\mathbb{T} = q^{\mathbb{N}_0} := \{q^n : n \in \mathbb{N}_0, q > 1\}$。此时 $\sigma(t) = qt, \mu(t) = (q-1)t$，则模型 (7.3.21)~(7.3.23) 变成

$$D(qt) = a(t) + b(t)p(qt) \tag{7.3.35}$$

$$S(qt) = a_1(t) + b_1(t)[(1-c)p(t) + cp(qt)] \tag{7.3.36}$$

$$D(t) = S(t) \tag{7.3.37}$$

整理得到递推式方程

$$p(qt) = \frac{b_1(t)(1-c)}{b(t) - b_1(t)c} p(t) + \frac{a_1(t) - a(t)}{b(t) - b_1(t)c}$$

记 $p(q) = p_0$，可以直接通过迭代求得以下形式的解

$$p(t) = \left(\frac{b_1(t)(1-c)}{b(t) - b_1(t)c}\right)^{n-1} p_0 + \sum_{i=0}^{n-2} \left(\frac{b_1(t)(1-c)}{b(t) - b_1(t)c}\right)^i \frac{a_1(t) - a(t)}{b(t) - b_1(t)c}$$

当 $n \to \infty$ 时，只要 $|b_1(1-c)/(b-b_1c)| < 1$，$p(t)$ 就收敛于 $p_e = \dfrac{a_1 - a}{b - b_1}$，也就是模型 (7.3.34)~(7.3.36) 收敛于均衡价格 $p_e$。也可以根据定理 7.3.4，确立稳定性标准为 $-2 < (b_1 - b)/(b - b_1c) < 0$，根据

$$\frac{b_1(1-c)}{b - b_1c} = 1 + \frac{b_1 - b}{b - b_1c}$$

这两个标准是一致的。这个结果也与 $\mathbb{T} = \mathbb{Z}$ 的稳定性结果一致。更进一步，这样的讨论在任意 $\mathbb{V}$ 时标上都将是类似的。

以下的模型也是有实际应用价值的：

$$D(qt) = a(t) + b(t)\left(p(t) + \frac{p(qt) - p(t)}{(q-1)t}\right) \tag{7.3.38}$$

$$S(qt) = a_1(t) + b_1(t)\left[p(t) + c\frac{p(qt) - p(t)}{(q-1)t}\right] \tag{7.3.39}$$

$$D(t) = S(t) \tag{7.3.40}$$

它的通解为

$$p(t) = (p_0 - p_e) \prod_{s \in [t_0, t)} \left[ 1 + (q-1) \frac{b_1(t) - b(t)}{b(t) - b_1(t)c} s \right] + \frac{a_1(t) - a(t)}{b(t) - b_1(t)}$$

$$t > t_0, \quad t \in q_0^{\mathbb{N}}$$

与例 7.2.3 的讨论类似, 可得价格收敛于均衡价格 $p_e$ 的充分必要条件是对任意 $t \in \mathbb{T}$, 成立

$$-\frac{2}{q-1} < t\lambda(t) < 0$$

$$-\frac{2}{(q-1)t} < \frac{b_1(t) - b(t)}{b(t) - b_1(t)c} < 0$$

$$-\frac{2}{\mu(t)} < \frac{b_1(t) - b(t)}{b(t) - b_1(t)c} < 0$$

可以看出, 这些条件也是与时标结构变量 $\mu(t)$ 相关的.

通过上面的讨论可以看出, 正常价格预期的蛛网模型要比静态预期的蛛网模型更加稳定.

## 7.4 适应性价格预期的时标蛛网模型

对静态蛛网模型更进一步的扩展是适应性预期. 适应性预期蛛网模型的核心是生产者会根据价格的波动不断修正预期价格, 把预期价格看作是对过去预测偏差的调整, 见 [Nerlove1958], 也就是说经济主体会根据自己过去在做出预期决策时所犯错误的程度来修正以后每期的预期. 预期价格往往与实际价格不一致, 当预期价格高于实际价格时, 后一期会降低预期值; 当预期价格低于实际价格时, 后一期会提高预期值. 这种情形下, 差分形式下的预期价格可以被表示为

$$p_t^e - p_{t-1}^e = \beta(p_{t-1} - p_{t-1}^e), \quad 0 < \beta < 1 \tag{7.4.1}$$

即生产者会根据前一期的实际价格 $p_{t-1}$ 和预期价格 $p_{t-1}^e$ 的差来调整当期的价格预期 $p_t^e$, 即预期价格的变化值等于前一期实际价格和预期价格差的一定比例. (7.4.1) 式中的 $\beta$ 为适应系数或修正系数, 也叫修正因子, 它决定了预期对过去的误差进行修正的速度. 如果 $t-1$ 期的实际价格水平 $p_{t-1}$ 高于预期水平 $p_{t-1}^e$, 则本期的预期价格将基于对 $t-1$ 期的预期价格向上调整; 如果 $t-1$ 期的实际价格

## 7.4 适应性价格预期的时标蛛网模型

水平 $p_{t-1}$ 低于预期水平 $p_{t-1}^e$, 则本期的预期价格将基于对 $t-1$ 期的预期价格向下修正. 反映修正速度的适应系数 $\beta$ 取值越小, 对 $t$ 期的价格预期修正越慢, 此时 $t-1$ 期的实际价格水平 $p_{t-1}$ 对它影响越小; 当 $\beta$ 取值接近 1, $t$ 期的价格预期对 $t-1$ 期的实际价格水平反映就越迅速; 当 $\beta = 1$ 时, $p_t^e = p_{t-1}$, 自然退化为静态预期. 可见, 适应性预期更加接近现实.

将预期价格 (7.4.1) 式重写为以下关于未知函数 $p_t^e$ 的一阶差分方程

$$p_t^e - (1-\beta)p_{t-1}^e = \beta p_{t-1}, \quad 0 < \beta < 1 \tag{7.4.2}$$

再将这个离散模型拓展到以下一般形式的时标模型:

$$D(t) = a(t) + b(t)p(t) \tag{7.4.3}$$

$$S(t) = a_1(t) + b_1(t)\hat{p}(t) \tag{7.4.4}$$

$$D(t) = S(t) \tag{7.4.5}$$

$$\hat{p}^\Delta(t) = \beta[p(t) - \hat{p}(t)], \quad 0 < \beta < 1 \tag{7.4.6}$$

其中 $\hat{p}(t) := p^e(t)$. (7.4.6) 式等价于

$$\hat{p}(\sigma(t)) - \hat{p}(t) = \mu(t)\beta[p(t) - \hat{p}(t)]$$

或者

$$\hat{p}(\sigma(t)) - (1-\mu(t)\beta)\hat{p}(t) = \mu(t)\beta p(t)$$

假设 (7.2.1) 式, 即

$$a, a_1, b, b_1 \in \mathrm{C}_{\mathrm{rd}}^1(\mathbb{T}), b(t) \neq 0, b_1(t) \neq 0 \text{且} b(t) \neq b_1(t), \quad \forall t \in \mathbb{T} \tag{7.4.7}$$

**定理 7.4.1** 假设 (7.4.7) 式. 记

$$s(t) = \frac{W(b, b_1)(t) + (b_1(t) - b(t))\beta\left(b_1(t) + \mu b_1^\Delta(t)\right)}{b_1(t)b(t) + \mu b_1(t)b^\Delta(t)}$$

$$r(t) = \frac{W(b_1, a_1 - a)(t) + (a_1(t) - a(t))\beta\left(b_1(t) + \mu b_1^\Delta(t)\right)}{b_1(t)b(t) + \mu b_1(t)b^\Delta(t)}$$

其中 $W(x, y)$ 是 $x$ 和 $y$ 的 delta 朗斯基行列式 (见定义 1.4.4). 对 $p_0 = p(t_0), t_0 \in \mathbb{T}$, 模型 (7.4.3)~(7.4.6) 的唯一解为

$$p(t) = e_s(t, t_0)p_0 + \int_{t_0}^t e_s(\tau, \sigma(\tau))r(\tau)\Delta\tau \tag{7.4.8}$$

当系数函数 $a, a_1, b, b_1$ 都为常数时，记

$$\lambda := \beta\left(\frac{b_1}{b} - 1\right) \in \mathcal{R} \tag{7.4.9}$$

则模型 (7.4.3)~(7.4.6) 的唯一解为

$$p(t) = (p_0 - p_e)e_\lambda(t, t_0) + p_e, \quad t \geqslant t_0, \quad t \in \mathbb{T} \tag{7.4.10}$$

其中 $p_e = \dfrac{a_1 - a}{b - b_1}$.

**证** 根据 (7.4.4) 式和 (7.4.6) 式，有

$$\begin{aligned}
S^\Delta &= a_1^\Delta + (b_1 + \mu b_1^\Delta)\hat{p}^\Delta + b_1^\Delta \hat{p} \\
&= a_1^\Delta + (b_1 + \mu b_1^\Delta)\beta[p - \hat{p}] + b_1^\Delta \hat{p} \\
&= a_1^\Delta + \beta(b_1 + \mu b_1^\Delta)p - \beta(b_1 + \mu b_1^\Delta)\hat{p} + b_1^\Delta \hat{p} \\
&= a_1^\Delta + \beta(b_1 + \mu b_1^\Delta)p + [b_1^\Delta - \beta(b_1 + \mu b_1^\Delta)]\hat{p} \\
&= a_1^\Delta + \beta(b_1 + \mu b_1^\Delta)p + [b_1^\Delta - \beta(b_1 + \mu b_1^\Delta)]\frac{bp + a - a_1}{b_1} \\
&= \left\{\beta(b_1 + \mu b_1^\Delta) + \frac{b}{b_1}[b_1^\Delta - \beta(b_1 + \mu b_1^\Delta)]\right\}p + a_1^\Delta \\
&\quad + \frac{(a - a_1)}{b_1}[b_1^\Delta - \beta(b_1 + \mu b_1^\Delta)] \\
&= \frac{1}{b_1}[(b_1 - b)\beta(b_1 + \mu b_1^\Delta) + b b_1^\Delta]p + a_1^\Delta \\
&\quad + \frac{(a - a_1)}{b_1}[b_1^\Delta - \beta(b_1 + \mu b_1^\Delta)]
\end{aligned}$$

结合 (7.4.5) 式和 (7.4.3) 式，有 $S(t) = D(t) = a(t) + b(t)p(t)$，$S^\Delta(t) = D^\Delta(t)$，进一步有

$$\begin{aligned}
&a^\Delta + b^\Delta p + \left(b + \mu b^\Delta\right)p^\Delta \\
&= \frac{1}{b_1}\left[(b_1 - b)\beta\left(b_1 + \mu b_1^\Delta\right) + b b_1^\Delta\right]p + a_1^\Delta \\
&\quad + \frac{(a - a_1)}{b_1}\left[b_1^\Delta - \beta\left(b_1 + \mu b_1^\Delta\right)\right]
\end{aligned}$$

## 7.4 适应性价格预期的时标蛛网模型

整理得

$$[b_1b + \mu b_1 b^\Delta]p^\Delta$$
$$= [(bb_1^\Delta - b_1 b^\Delta) + (b_1 - b)\beta(b_1 + \mu b_1^\Delta)]p$$
$$+ \left(b_1(a_1-a)^\Delta - (a_1-a)b_1^\Delta + (a_1-a)\beta(b_1+\mu b_1^\Delta)\right)$$

获得一阶时标线性动态方程

$$p^\Delta = \frac{W(b,b_1) + (b_1-b)\beta(b_1+\mu b_1^\Delta)}{b_1b + \mu b_1 b^\Delta}p + \frac{W(b_1, a_1-a)+(a_1-a)\beta(b_1+\mu b_1^\Delta)}{b_1b+\mu b_1 b^\Delta} \tag{7.4.11}$$

也就是

$$p^\Delta(t) = s(t)p(t) + r(t)$$

根据定理 1.4.3, 即得初值问题 $p^\Delta(t) = s(t)p(t) + r(t)$, $p(t_0) = p_0$ 有形如 (7.4.11) 式的唯一解.

当系数函数 $a$, $a_1$, $b$, $b_1$ 都为常数时, 方程 (7.4.11) 对应

$$p^\Delta(t) = \lambda p(t) + \beta\left(\frac{a_1-a}{b}\right) \tag{7.4.12}$$

根据定理 1.4.3, 初值问题 (7.4.12), $p(t_0) = p_0$ 的唯一解为

$$p(t) = e_\lambda(t,t_0)p_0 + \int_{t_0}^t e_\lambda(\tau,\sigma(\tau))\beta\left(\frac{a_1-a}{b}\right)\Delta\tau \tag{7.4.13}$$

根据 delta 指数函数性质 1.3.2 的 (11) 和 (1), 有

$$\int_{t_0}^t e_\lambda(\tau,\sigma(\tau))\beta\left(\frac{a_1-a}{b}\right)\Delta\tau = \int_{t_0}^t e_\lambda(\tau,\sigma(\tau))\beta\frac{b_1-b}{b}\frac{a_1-a}{b_1-b}\Delta\tau$$
$$= \frac{a_1-a}{b_1-b}\int_{t_0}^t \lambda e_\lambda(\tau,\sigma(\tau))\Delta\tau$$
$$= -p_e(e_\lambda(t,t_0) - e_\lambda(t,t))$$
$$= p_e(1 - e_\lambda(t,t_0))$$

再代回 (7.4.13) 式即得

$$p(t) = (p_0 - p_e)e_\lambda(t,t_0) + p_e$$

此即为 (7.4.10) 式. □

**定理 7.4.2** 假设 $\lambda \in \mathcal{R}$ 且

$$\lim_{t\to\infty} \int_{t_0}^{t} \lim_{h \searrow \mu(\tau)} \frac{\log|1+h\lambda|}{h} \Delta\tau = -\infty$$

则模型 (7.4.3)~(7.4.6) 所确定的价格收敛于它的均衡价格 $p_e$.

**证** 证明过程同定理 7.2.2. 不再赘述. □

**推论 7.4.1** 如果对所有的 $t \in \mathbb{T}$ 和 $\lambda \in \mathcal{R}^+$, 都有

$$\lambda(t) := \beta\left(\frac{b_1}{b} - 1\right) < 0$$

则模型 (7.4.3)~(7.4.6) 所确定的价格收敛于它的均衡价格 $p_e$.

**例 7.4.1** 设 $\mathbb{T} = \mathbb{R}$, $a(t) \equiv a$, $a_1(t) \equiv a_1$, $b(t) \equiv b$, $b_1(t) \equiv b_1$. 则模型 (7.4.3)~(7.4.6) 变成

$$D(t) = a + bp(t) \tag{7.4.14}$$

$$S(t) = a_1 + b_1\hat{p}(t) \tag{7.4.15}$$

$$D(t) = S(t) \tag{7.4.16}$$

$$\hat{p}'(t) = \beta[p(t) - \hat{p}(t)], \beta > 0 \tag{7.4.17}$$

唯一解为

$$p(t) = (p_0 - p_e)e^{\beta(1-\frac{b_1}{b})t} + p_e$$

其中 $p_e$ 如 (7.1.6) 定义. 根据推论 7.4.1, 如果 $\beta[1 - (b_1/b)] < 0$, 那么模型 (7.4.14)~(7.4.17) 的价格收敛于它的均衡价格 $p_e$.

**例 7.4.2** 设 $\mathbb{T} = \mathbb{Z}$, $a(t) \equiv a$, $a_1(t) \equiv a_1$, $b(t) \equiv b$, $b_1(t) \equiv b_1$. 则模型 (7.4.3)~(7.4.6) 变成

$$D_t = a + bp_t \tag{7.4.18}$$

$$S_t = a_1 + b_1\hat{p}_t \tag{7.4.19}$$

$$D_t = S_t \tag{7.4.20}$$

$$\Delta\hat{p}_t = \beta[p_t - \hat{p}_t], \quad \beta > 0 \tag{7.4.21}$$

唯一解为

$$p_t = (p_0 - p_e)\left(1 + \beta\left(1 - \frac{b_1}{b}\right)\right)^t + \frac{a_1 - a}{b - b_1}$$

## 7.4 适应性价格预期的时标蛛网模型

其中 $p_e$ 如 (7.1.6) 式定义. 既然 $\mu(\tau) \equiv 1$, 且

$$\lim_{h \searrow 1} \frac{\log|1+h\lambda|}{h} = \log|1+\lambda|$$

根据定理 7.4.2, 只要 $-2 < \lambda < 0$, 即 $-2 < \beta(1-\frac{b_1}{b}) < 0$, 则模型 (7.4.18)~(7.4.21) 的价格收敛于它的均衡价格 $p_e$.

**例 7.4.3** 设 $\mathbb{T} = q^{\mathbb{N}_0}$. 则模型 (7.4.3)~(7.4.6) 变成

$$D(qt) = a(t) + b(t)p(qt) \tag{7.4.22}$$

$$S(qt) = a_1(t) + b_1(t)\hat{p}(t) \tag{7.4.23}$$

$$D(t) = S(t) \tag{7.4.24}$$

$$\frac{\hat{p}(qt) - \hat{p}(t)}{(q-1)t} = \beta[p(t) - \hat{p}(t)], \quad 0 < \beta < 1 \tag{7.4.25}$$

类似例 7.4.2, 可以讨论模型 (7.4.22)~(7.4.25) 的价格路径与稳定性标准. 这里只对下述模型给出结果:

$$D(qt) = a(t) + b(t)\left(p(t) + \frac{p(qt) - p(t)}{(q-1)t}\right) \tag{7.4.26}$$

$$S(qt) = a_1(t) + b_1(t)\hat{p}(t) \tag{7.4.27}$$

$$D(t) = S(t) \tag{7.4.28}$$

$$\frac{\hat{p}(qt) - \hat{p}(t)}{(q-1)t} = \beta[p(t) - \hat{p}(t)], \quad 0 < \beta < 1 \tag{7.4.29}$$

这里 $\hat{p}(t) := p^e(t)$, $a, a_1, b, b_1 \in \mathbb{R}$, 且 $b \neq 0$. 其通解为

$$p(t) = (p_0 - p_e) \prod_{s \in [t_0, t)} \left[1 + (q-1)\left(1-\frac{b_1}{b}\right)s\right] + \frac{a_1 - a}{b - b_1}$$

其中 $p_0 \in \mathbb{R}$. 与例 7.2.3 的讨论类似, 可得模型 (7.4.26)~(7.4.29) 的价格收敛于均衡价格 $p_e$ 的充分必要条件是对任意 $t \in \mathbb{T}$, 成立

$$-\frac{2}{q-1} < t\lambda(t) < 0$$

$$-\frac{2}{(q-1)t} < \beta\left(1-\frac{b_1(t)}{b(t)}\right) < 0$$

$$1 < \frac{b_1(t)}{b(t)} < -\frac{2}{\beta\mu(t)} + 1$$

这里的稳定性标准也是与时标结构 $\mu(t)$ 相关的.

适应性预期较符合经验运用, 更容易达到稳定, 是普遍使用的预期形式. 其缺点是会导致价格数量波动幅度较小, 同时波动可能变得更加不稳定. 很难对一个独立市场中的价格–数量波动做出现实的解释. 适应性预期蛛网模型仅围绕历史价格展开, 只是汇集了被预期变量的过去值, 仅根据过去的经验预测未来, 忽略了当前存在的对未来预期可能产生影响的因素. 虽然历史价格是生产者的重要决策因素, 但若只考虑预测变量的历史数据, 会遗漏其他因素, 从而误导决策者, 在理论逻辑上也违背了经济分析中经济主体行为理性的基本假设. 而且, 这种以过去所有历史数据为基础的适应性预测方式相当于权数呈几何型递减的滞后分布, 虽然在技术处理上比较便捷, 但因为这种分布使得越是过去的价格水平, 被赋予的影响权重越小, 所以在反映客观实际的有效性方面有了明显不足.

## 7.5 二阶时标蛛网模型

如果我们同时考虑两个具有时滞的相关市场, 那么最终将得到一个二阶蛛网模型. 这个模型通常可适用于研究任何动物饲料的相互作用. 读者可以查阅 [Shone 2002, 7.5 节] 了解这方面的更多内容.

假设如下三个基本方程:

$$D^{\sigma\sigma}(t) = a(t) + b(t)(p^{\Delta\Delta}(t) + 2p^{\Delta}(t) + p(t)) \tag{7.5.1}$$

$$S^{\sigma\sigma}(t) = a_1(t) + b_1(t)(p(t) + (1+d)p^{\Delta}(t)) \tag{7.5.2}$$

$$D(t) = S(t) \tag{7.5.3}$$

其中 $d \in \mathbb{R}$, 系数函数满足条件 (7.2.1), 即

$$a, a_1, b, b_1 \in \mathrm{C}_{\mathrm{rd}}(\mathbb{T}), \quad b(t) \neq 0, \quad b_1(t) \neq 0 \text{ 且 } b(t) \neq b_1(t), \quad \forall\, t \in \mathbb{T}$$

记

$$\alpha(t) = 2 - \frac{b_1(t)}{b(t)}(1+d), \quad \beta(t) = 1 - \frac{b_1(t)}{b(t)}$$

假设模型的系数函数均为常数. 此时记

$$\frac{1}{\lambda_1(t)(\lambda_2(t) - \lambda_1(t))} \frac{a_1(t) - a(t)}{b(t)} \equiv \frac{1}{\lambda_1(\lambda_2 - \lambda_1)} \frac{a_1 - a}{b} =: K_1$$

## 7.5 二阶时标蛛网模型

$$\frac{1}{\lambda_2(t)(\lambda_2(t)-\lambda_1(t))}\frac{a_1(t)-a(t)}{b(t)} \equiv \frac{1}{\lambda_2(\lambda_2-\lambda_1)}\frac{a_1-a}{b} =: K_2$$

且记 $\alpha(t) \equiv \alpha$, $\beta(t) \equiv \beta$, 则有如下刻画价格动态行为的可解性定理.

**定理 7.5.1** 设 $\alpha^2 - 4\beta \neq 0$, $\forall\, t \in \mathbb{T}$, 且 $\mu\beta - \alpha \in \mathcal{R}$. 那么

(1) 模型 (7.5.1)~(7.5.3) 的通解为

$$p(t) = c_1 e_{\lambda_1}(t,t_0) + c_2 e_{\lambda_2}(t,t_0) + \frac{a_1-a}{b-b_1} \tag{7.5.4}$$

(2) 初值问题 (7.5.1)~(7.5.3), $p(t_0) = p_0$, $p^\Delta(t_0) = p_0^\Delta$ 的解为

$$p(t) = \frac{p_0}{\sqrt{\alpha^2-4\beta}}\left[\lambda_2 e_{\lambda_1}(t,t_0) - \lambda_1 e_{\lambda_2}(t,t_0)\right] + \frac{p_0^\Delta}{\sqrt{\alpha^2-4\beta}}$$

$$\left[e_{\lambda_2}(t,t_0) - e_{\lambda_1}(t,t_0)\right] + \frac{a_1-a}{b\sqrt{\alpha^2-4\beta}}\left[\frac{e_{\lambda_2}(t,t_0)}{\lambda_2} - \frac{e_{\lambda_1}(t,t_0)}{\lambda_1}\right] + \frac{a_1-a}{b-b_1} \tag{7.5.5}$$

其中 $t_0 \in \mathbb{T}^k$, 且

$$\lambda_{1,2}(t) = \frac{-\alpha \pm \sqrt{\alpha^2-4\beta}}{2}$$

**证** 将 (7.5.1) 和 (7.5.2) 式代入 (7.5.3) 式, 得

$$p^{\Delta\Delta}(t) + \left(2 - \frac{b_1(t)}{b(t)}(1+d)\right)p^\Delta(t) + \left(1 - \frac{b_1(t)}{b(t)}\right)p(t) = \frac{a_1(t)-a(t)}{b(t)} \tag{7.5.6}$$

这是一个关于 $p(t)$ 的二阶时标动态方程.

在系数函数均为常数的假定下, 可以写为

$$p^{\Delta\Delta}(t) + \alpha p^\Delta(t) + \beta p(t) = \frac{a_1-a}{b} \tag{7.5.7}$$

这是一个二阶非齐次常系数时标动态方程.

首先证明 (1).

根据定理 1.4.5, 非齐次方程 (7.5.7) 对应的齐次方程有通解 $c_1 e_{\lambda_1}(t,t_0) + c_2 e_{\lambda_2}(t,t_0)$, 其中 $c_1, c_1$ 是两个常数.

根据定理 1.4.9, 非齐次方程 (7.5.7) 有以下形式的特解:

$$\int_{t_0}^{t} \frac{e_{\lambda_1}(\sigma(\tau),t_0)e_{\lambda_2}(t,t_0) - e_{\lambda_2}(\sigma(\tau),t_0)e_{\lambda_1}(t,t_0)}{W(e_{\lambda_1},e_{\lambda_2})(\sigma(\tau))}\frac{a_1-a}{b}\Delta\tau$$

$$= -e_{\lambda_1}(t,t_0)\int_{t_0}^{t}\frac{e_{\lambda_2}(\sigma(\tau),t_0)\dfrac{a_1-a}{b}}{(\lambda_2-\lambda_1)e_{\lambda_1}(\sigma(\tau),t_0)e_{\lambda_2}(\sigma(\tau),t_0)}\Delta\tau$$

$$+e_{\lambda_2}(t,t_0)\int_{t_0}^{t}\frac{e_{\lambda_1}(\sigma(\tau),t_0)\dfrac{a_1-a}{b}}{(\lambda_2-\lambda_1)e_{\lambda_1}(\sigma(\tau),t_0)e_{\lambda_2}(\sigma(\tau),t_0)}\Delta\tau$$

$$= -e_{\lambda_1}(t,t_0)\int_{t_0}^{t}e_{\ominus\lambda_1}(\sigma(\tau),t_0)\frac{1}{(\lambda_2(\tau)-\lambda_1(\tau))}\frac{a_1-a}{b}\Delta\tau$$

$$+e_{\lambda_2}(t,t_0)\int_{t_0}^{t}e_{\ominus\lambda_2}(\sigma(\tau),t_0)\frac{1}{(\lambda_2(\tau)-\lambda_1(\tau))}\frac{a_1-a}{b}\Delta\tau$$

$$= -e_{\lambda_1}(t,t_0)\int_{t_0}^{t}\lambda_1(\tau)[1+\mu(\tau)(\ominus\lambda_1)(\tau)]e_{\ominus\lambda_1}(\tau,t_0)\frac{1}{\lambda_1(\lambda_2-\lambda_1)}(\tau)\frac{a_1-a}{b}(\tau)\Delta\tau$$

$$+e_{\lambda_2}(t,t_0)\int_{t_0}^{t}\lambda_2(\tau)[1+\mu(\tau)(\ominus\lambda_2)(\tau)]e_{\ominus\lambda_2}(\tau,t_0)\frac{1}{\lambda_2(\lambda_2-\lambda_1)}(\tau)\frac{a_1-a}{b}(\tau)\Delta\tau$$

$$= -e_{\lambda_1}(t,t_0)K_1\int_{t_0}^{t}\lambda_1\frac{1}{1+\mu(\tau)\lambda_1}e_{\ominus\lambda_1}(\tau,t_0)\Delta\tau$$

$$+e_{\lambda_2}(t,t_0)K_2\int_{t_0}^{t}\lambda_2\frac{1}{1+\mu(\tau)\lambda_2}e_{\ominus\lambda_2}(\tau,t_0)\Delta\tau$$

$$= e_{\lambda_1}(t,t_0)K_1\int_{t_0}^{t}(\ominus\lambda_1)(\tau)e_{\ominus\lambda_1}(\tau,t_0)\Delta\tau$$

$$-e_{\lambda_2}(t,t_0)K_2\int_{t_0}^{t}(\ominus\lambda_2)(\tau)e_{\ominus\lambda_2}(\tau,t_0)\Delta\tau$$

$$= e_{\lambda_1}(t,t_0)K_1\int_{t_0}^{t}e_{\ominus\lambda_1}^{\Delta}(\tau,t_0)\Delta\tau - e_{\lambda_2}(t,t_0)K_2\int_{t_0}^{t}e_{\ominus\lambda_2}^{\Delta}(\tau,t_0)\Delta\tau$$

$$= e_{\lambda_1}(t,t_0)K_1\int_{t_0}^{t}[e_{\lambda_1}(t_0,\tau)]^{\Delta}\Delta\tau - e_{\lambda_2}(t,t_0)K_2\int_{t_0}^{t}[e_{\lambda_2}(t_0,\tau)]^{\Delta}\Delta\tau$$

$$= e_{\lambda_1}(t,t_0)K_1(e_{\lambda_1}(t_0,t)+e_{\lambda_1}(t_0,t_0))+e_{\lambda_2}(t,t_0)K_2(e_{\lambda_2}(t_0,t)-e_{\lambda_2}(t_0,t_0))$$

$$= -e_{\lambda_1}(t,t_0)K_1(1-e_{\ominus\lambda_1}(t,t_0))+e_{\lambda_2}(t,t_0)K_2(1-e_{\ominus\lambda_2}(t,t_0))$$

$$= -K_1 e_{\lambda_1}(t,t_0)+K_1+K_2 e_{\lambda_2}(t,t_0)-K_2$$

因此可取特解为

$$p(t)=K_1-K_2=\frac{a_1-a}{b}\left(\frac{1}{\lambda_1(\lambda_2-\lambda_1)}-\frac{1}{\lambda_2(\lambda_2-\lambda_1)}\right)$$

## 7.5 二阶时标蛛网模型

$$= \frac{a_1-a}{b}\frac{1}{\lambda_1\lambda_2} = \frac{a_1-a}{b}\frac{b}{b-b_1} = \frac{a_1-a}{b-b_1}$$

从而可得非齐次方程 (7.5.7) 具有形式为 (7.5.4) 的通解.

其次证明 (2).

根据定理 1.4.9, 初值问题 (7.5.1)~(7.5.3), $p(t_0)=p_0$, $p^\Delta(t_0)=p_0^\Delta$ 的解为

$$p(t) = \frac{\lambda_2 p_0 - p_0^\Delta}{\sqrt{\alpha^2-4\beta}} e_{\lambda_1}(t,t_0) + \frac{p_0^\Delta - \lambda_1 p_0}{\sqrt{\alpha^2-4\beta}} e_{\lambda_2}(t,t_0)$$

$$+ [-K_1 e_{\lambda_1}(t,t_0) + K_1 + K_2 e_{\lambda_2}(t,t_0) - K_2]$$

$$= \frac{p_0}{\sqrt{\alpha^2-4\beta}} [\lambda_2 e_{\lambda_1}(t,t_0) - \lambda_1 e_{\lambda_2}(t,t_0)] + \frac{p_0^\Delta}{\sqrt{\alpha^2-4\beta}} [e_{\lambda_2}(t,t_0) - e_{\lambda_1}(t,t_0)]$$

$$+ \frac{a_1-a}{b\sqrt{\alpha^2-4\beta}} \left[\frac{e_{\lambda_2}(t,t_0)}{\lambda_2} - \frac{e_{\lambda_1}(t,t_0)}{\lambda_1}\right] + \frac{a_1-a}{b-b_1}$$

计算中用到了 $W(e_{\lambda_1}, e_{\lambda_2}) = \sqrt{\alpha^2-4\beta} e_{\lambda_1\oplus\lambda_2}$ 和 $e_\lambda(t,t)=1$. □

定理 7.5.1 是在 $\alpha^2-4\beta\neq 0$ 的条件下给出的, 这个条件等价于

$$\frac{(1+d)^2}{d} \neq \frac{4b}{b_1}$$

若 $\alpha^2-4\beta=0$, 即

$$\frac{(1+d)^2}{d} = \frac{4b}{b_1}$$

时, 根据定理 1.4.7, 非齐次方程 (7.5.7) 对应的齐次方程有通解

$$c_1 e_{-\frac{\alpha}{2}}(t,t_0) + c_2 e_{-\frac{\alpha}{2}}(t,t_0) \int_{t_0}^t \frac{1}{1-\frac{\alpha}{2}\mu(\tau)} \Delta\tau$$

其中 $c_1$, $c_2$ 是两个常数. 非齐次方程的解类似讨论.

**定理 7.5.2** 假设 $\lambda_1\lambda_2 := \frac{-\alpha\pm\sqrt{\alpha^2-4\beta}}{2} \in \mathcal{R}$, 且

$$\lim_{t\to\infty}\int_{t_0}^t \lim_{h\searrow\mu(\tau)} \frac{\log|1+h\lambda_1|}{h}\Delta\tau = -\infty, \quad \lim_{t\to\infty}\int_{t_0}^t \lim_{h\searrow\mu(\tau)} \frac{\log|1+h\lambda_2|}{h}\Delta\tau = -\infty$$

则模型 (7.5.1)~(7.5.3) 所确定的价格收敛于它的均衡价格 $p_e$.

**证** 证明过程同定理 7.2.2. 不再赘述.

**推论 7.5.1** 如果对所有的 $t\in\mathbb{T}$ 和 $\lambda_1,\lambda_2\in\mathcal{R}^+$, 都有 $\lambda_1(t),\lambda_2(t)<0$, 那么模型 (7.5.1)~(7.5.3) 所确定的价格收敛于它的均衡价格 $p_e$.

**例 7.5.1** 设 $\mathbb{T} = \mathbb{R}$, $a(t) \equiv a$, $a_1(t) \equiv a_1$, $b(t) \equiv b$, $b_1(t) \equiv b_1$. 则模型 (7.5.1)~(7.5.3) 变成

$$D(t) = a + bp(t)(p''(t) + 2p'(t) + p(t)) \tag{7.5.8}$$

$$S(t) = a_1 + b_1(p(t) + (1+d)p'(t)) \tag{7.5.9}$$

$$D(t) = S(t) \tag{7.5.10}$$

通解为

$$p(t) = c_1 e^{\lambda_1 t} + c_2 e^{\lambda_2 t} + \frac{a_1 - a}{b - b_1}$$

根据推论 7.5.1, 如果 $\lambda_1, \lambda_2 < 0$, 那么模型 (7.5.8)~(7.5.10) 的价格收敛于它的均衡价格 $p_e$.

**例 7.5.2** 设 $\mathbb{T} = \mathbb{Z}$, $a(t) \equiv a$, $a_1(t) \equiv a_1$, $b(t) \equiv b$, $b_1(t) \equiv b_1$. 则模型 (7.5.1)~(7.5.3) 变成

$$D_{t+2} = a + b(\Delta^2 p_t + 2\Delta p_t + p_t) \tag{7.5.11}$$

$$S_{t+2} = a_1 + b_1(p_t + (1+d)\Delta p_t) \tag{7.5.12}$$

$$D_t = S_t \tag{7.5.13}$$

将 (7.5.11) 式和 (7.5.12) 式代入 (7.5.13) 式, 得到非齐次二阶差分方程

$$\Delta^2 p_t + \left(2 - \frac{b_1}{b}(1+d)\right)\Delta p_t + \left(1 - \frac{b_1}{b}\right)p_t = \frac{a_1 - a}{b}$$

$$p_{t+2} - 2p_{t+1} + p_t + \left(2 - \frac{b_1}{b}(1+d)\right)(p_{t+1} - p_t) + \left(1 - \frac{b_1}{b}\right)p_t = \frac{a_1 - a}{b}$$

$$p_{t+2} - \frac{b_1}{b}(1+d)p_{t+1} + \frac{b_1}{b}dp_t = \frac{a_1 - a}{b}$$

这与 [Gandolfo1980, 例 6.5] 相同. 通过定理 7.5.1, 模型 (7.5.11)~(7.5.13) 的通解为

$$p_t = c_1(1+\lambda_1)^t + c_2(1+\lambda_2)^t + \frac{a_1 - a}{b - b_1}$$

既然 $\mu(\tau) \equiv 1$, 且

$$\lim_{h \searrow 1} \frac{\log|1 + h\lambda_1|}{h} = \log|1 + \lambda_1|, \quad \lim_{h \searrow 1} \frac{\log|1 + h\lambda_2|}{h} = \log|1 + \lambda_2|$$

根据定理 7.5.2, 只要 $-2 < \lambda_1 < 0$, 以及 $-2 < \lambda_2 < 0$, 则模型 (7.5.11)~(7.5.13) 的价格收敛于它的均衡价格 $p_e$.

**例 7.5.3** 设 $\mathbb{T} = q^{\mathbb{N}_0}$. 则模型 (7.5.1)~(7.5.3) 变成

$$D(q^2 t) = a(t) + b(t)\left(\frac{p(q^2 t) - p(qt) - qp(qt) + qp(t)}{q((q-1)t)^2} + 2\frac{p(qt) - p(t)}{(q-1)t} + p(t)\right) \tag{7.5.14}$$

$$S(q^2 t) = a_1(t) + b_1(t)\left(p(t) + (1+d)\frac{p(qt) - p(t)}{(q-1)t}\right) \tag{7.5.15}$$

$$D(t) = S(t) \tag{7.5.16}$$

其通解为

$$p(t) = c_1 \prod_{s \in [t_0, t)} [1 + (q-1)\lambda_1 s] + c_2 \prod_{s \in [t_0, t)} [1 + (q-1)\lambda_2 s] + \frac{a_1 - a}{b - b_1}$$

其中 $t > t_0$, $t \in q^{\mathbb{N}_0}$. 与例 7.2.3 的讨论类似, 可得模型 (7.5.14)~(7.5.16) 的价格收敛于均衡价格 $p_e$ 的充分必要条件是对任意 $t \in \mathbb{T}$, 成立

$$-\frac{2}{q-1} < t\lambda_1(t) < 0$$

$$-\frac{2}{(q-1)t} < \frac{-\alpha(t) + \sqrt{\alpha^2(t) - 4\beta(t)}}{2} < 0$$

$$-\frac{2}{\mu(t)} < \frac{-\left(2 - \frac{b_1(t)}{b(t)}(1+d)\right) + \sqrt{\left(2 - \frac{b_1(t)}{b(t)}(1+d)\right)^2 (t) - 4\left(1 - \frac{b_1(t)}{b(t)}\right)}}{2} < 0$$

和

$$-\frac{2}{q-1} < t\lambda_2(t) < 0$$

$$-\frac{2}{(q-1)t} < \frac{-\alpha(t) + \sqrt{\alpha^2(t) - 4\beta(t)}}{2} < 0$$

$$-\frac{2}{\mu(t)} < \frac{-\left(2 - \frac{b_1(t)}{b(t)}(1+d)\right) + \sqrt{\left(2 - \frac{b_1(t)}{b(t)}(1+d)\right)^2 (t) - 4\left(1 - \frac{b_1(t)}{b(t)}\right)}}{2} < 0$$

可以看到, 稳定性标准是与时标结构 $\mu(t)$ 相关的.

## 7.6 时标非线性蛛网模型

以上各节研究的都是线性动态蛛网模型. 这一节将给出一个非线性动态蛛网模型. 与前几节相同, 重点讨论该模型的解和稳定性结果.

假设模型满足以下三个假设:

$$D(\sigma(t)) = a(t) + b(t)(p(t) + p^\Delta(t)) + c(t)p(t)p(\sigma(t)) \tag{7.6.1}$$

$$S(\sigma(t)) = a_1(t) + b_1(t)p(t) + c_1(t)p(t)p(\sigma(t)) \tag{7.6.2}$$

$$D(t) = S(t) \tag{7.6.3}$$

其中

$$a, a_1, b, b_1, c, c_1 : \mathbb{T} \to \mathbb{R}, \quad b(t) \neq 0, \quad \forall\, t \in \mathbb{T} \tag{7.6.4}$$

令

$$\alpha(t) = \frac{a_1(t) - a(t)}{b(t)}, \quad \gamma(t) = \frac{b_1(t)}{b(t)} - 1$$

$$\delta(t) = \frac{c_1(t) - c(t)}{b(t)}, \quad \beta(t) = \frac{\gamma(t) \pm \sqrt{\gamma^2(t) - 4\alpha(t)\delta(t)}}{2\delta(t)}$$

设

$$\frac{\delta(t)}{2\beta(t)\delta(t) - \gamma(t)} \equiv \frac{\delta}{2\beta\delta - \gamma} \tag{7.6.5}$$

在 $\mathbb{T}$ 上为常数, $2\beta\delta - \gamma \neq 0$, $p_0 \in \mathbb{R}$, $p_0 \neq -\beta$.

**定理 7.6.1** 假设 (7.6.4) 式、(7.6.5) 式, 以及

$$\lambda := \beta\delta \ominus (\gamma - \beta\delta) \in \mathcal{R}$$

则模型 (7.6.1)~(7.6.3) 的通解为

$$p(t) = \frac{1}{\left(\dfrac{1}{p_0 + \beta} - \dfrac{\delta}{2\beta\delta - \gamma}\right) e_{(\beta\delta \ominus (\gamma - \beta\delta))}(t, t_0) + \dfrac{\delta}{2\beta\delta - \gamma}} - \beta \tag{7.6.6}$$

**证** 将 (7.6.1) 式和 (7.6.2) 式代入 (7.6.3) 式, 得一阶时标非线性动态方程

$$p^\Delta(t) = \alpha(t) + \gamma(t)p(t) + \delta(t)p(t)p(\sigma(t)) \tag{7.6.7}$$

令 $z(t) = p(t) + \beta(t)$, 得

$$z^\Delta(t) = \alpha(t) + \gamma(t)(z - \beta(t)) + \delta(t)(z - \beta(t))(z^\sigma(t) - \beta(t))$$

## 7.6 时标非线性蛛网模型

$$=\alpha(t) - \gamma(t)\beta(t) + \delta(t)\beta^2(t) + (\gamma(t) - \beta(t)\delta(t))z(t)$$
$$- \delta(t)\beta(t)z^\sigma(t) + \delta(t)z(t)z^\sigma(t)$$

注意到 $\beta(t)$ 的定义,进一步有

$$z^\Delta(t) = (\gamma(t) - \beta(t)\delta(t))z(t) - \delta(t)\beta(t)z^\sigma(t) + \delta(t)z(t)z^\sigma(t)$$

因为 $\delta(t) \neq 0$,所以 $c_1(t) \neq c(t)$,进一步 $\gamma^2(t) - 4\alpha(t)\delta(t) > 0$,即

$$(b_1(t) - b(t))^2 > 4(a_1(t) - a(t))(c_1(t) - c(t)), \quad \forall\, t \in \mathbb{T}$$

利用柱变换 $u = \dfrac{1}{z}$,得到

$$u^\Delta(t) = \frac{1}{z^\Delta(t)} = \frac{-z^\Delta(t)}{z(t)z^\sigma(t)}$$
$$= -\frac{(\gamma(t) - \beta(t)\delta(t))z(t) - \delta(t)\beta(t)z^\sigma(t) + \delta(t)z(t)z^\sigma(t)}{z(t)z^\sigma(t)}$$
$$= -(\gamma(t) - \beta(t)\delta(t))u^\sigma(t) + \delta(t)\beta(t)u(t) - \delta(t)$$
$$= -(\gamma(t) - \beta(t)\delta(t))u(t) + \mu(t)u^\Delta(t) + \delta(t)\beta(t)u(t) - \delta(t)$$

等价地有

$$u^\Delta(t) = \frac{2\delta(t)\beta(t) - \gamma(t)}{1 + \mu(t)(\gamma(t) - \beta(t)\delta(t))}u(t) - \frac{\delta(t)}{1 + \mu(t)(\gamma(t) - \beta(t)\delta(t))}$$

利用时标 Cauchy 积分性质,有

$$\int_{t_0}^t e_{(\beta\delta\ominus(\gamma-\beta\delta))}(t, \sigma(\tau))\frac{\delta(t)}{1 + \mu(t)(\gamma(t) - \beta(t)\delta(t))}\Delta\tau$$
$$= \frac{\delta(t)}{2\beta(t)\delta(t) - \gamma(t)}\int_{t_0}^t \frac{2\beta(t)\delta(t) - \gamma(t)}{1 + \mu(t)(\gamma(t) - \beta(t)\delta(t))}e_{(\beta\delta\ominus(\gamma-\beta\delta))}(t, \sigma(\tau))\Delta\tau$$
$$= \frac{\delta(t)}{2\beta(t)\delta(t) - \gamma(t)}\int_{t_0}^t (\beta(t)\delta(t) \ominus (\gamma(t) - \beta(t)\delta(t)))e_{(\beta\delta\ominus(\gamma-\beta\delta))}(t, \sigma(\tau))\Delta\tau$$
$$= \frac{\delta(t)}{2\beta(t)\delta(t) - \gamma(t)}[e_{(\beta\delta\ominus(\gamma-\beta\delta))}(t, t) - e_{(\beta\delta\ominus(\gamma-\beta\delta))}(t, t_0)]$$
$$= \frac{\delta(t)}{2\beta(t)\delta(t) - \gamma(t)} - \frac{\delta(t)}{2\beta(t)\delta(t) - \gamma(t)}e_{(\beta\delta\ominus(\gamma-\beta\delta))}(t, t_0)$$

根据 [Bohner2001, 定理 2.77], 可得

$$u(t) = e_{(\beta\delta\ominus(\gamma-\beta\delta))}(t,t_0)u_0$$
$$+ \int_{t_0}^t e_{(\beta\delta\ominus(\gamma-\beta\delta))}(t,\sigma(\tau))\frac{\delta(t)}{1+\mu(t)(\gamma(t)-\beta(t)\delta(t))}\Delta\tau$$
$$= e_{(\beta\delta\ominus(\gamma-\beta\delta))}(t,t_0)u_0 + \frac{\delta(t)}{2\beta(t)\delta(t)-\gamma(t)}$$
$$- \frac{\delta(t)}{2\beta(t)\delta(t)-\gamma(t)}e_{(\beta\delta\ominus(\gamma-\beta\delta))}(t,t_0)$$
$$= \left(\frac{1}{p_0+\beta(t)} - \frac{\delta(t)}{2\beta(t)\delta(t)-\gamma(t)}\right)e_{(\beta\delta\ominus(\gamma-\beta\delta))}(t,t_0)$$
$$+ \frac{\delta(t)}{2\beta(t)\delta(t)-\gamma(t)}$$

从而得动态方程 (7.6.7) 的通解形式为

$$p(t) = \frac{1}{\left(\frac{1}{p_0+\beta} - \frac{\delta}{2\beta\delta-\gamma}\right)e_{(\beta\delta\ominus(\gamma-\beta\delta))}(t,t_0) + \frac{\delta}{2\beta\delta-\gamma}} - \beta \qquad \square$$

**定理 7.6.2** 假设 $\lambda := (\beta\delta \ominus (\gamma-\beta\delta)) \in \mathcal{R}$, 且

$$\lim_{t\to\infty}\int_{t_0}^t \lim_{h\searrow\mu(\tau)}\frac{\log|1+h\lambda|}{h}\Delta\tau = -\infty$$

则模型 (7.6.1)~(7.6.3) 所确定的价格收敛于它的均衡价格 $p_e = \beta - \gamma/\delta$.

**证** 证明过程同定理 7.2.2. 不再赘述. $\qquad\square$

**推论 7.6.1** 如果对所有的 $t \in \mathbb{T}$ 和 $\lambda \in \mathcal{R}^+$, 都有 $\lambda = (\beta\delta \ominus (\gamma-\beta\delta)) < 0$, 那么模型 (7.6.1)~(7.6.3) 所确定的价格收敛于它的均衡价格 $p_e$.

**例 7.6.1** 设 $\mathbb{T} = \mathbb{R}$, $a(t) \equiv a$, $a_1(t) \equiv a_1$, $b(t) \equiv b$, $b_1(t) \equiv b_1$, $c(t) \equiv c$, $c_1(t) \equiv c_1$. 则模型 (7.6.1)~(7.6.3) 变成

$$D(t) = a + b(p'(t)+p(t)) + cp^2(t) \qquad (7.6.8)$$

$$S(t) = a_1 + b_1 p(t) + c_1 p^2(t) \qquad (7.6.9)$$

$$D(t) = S(t) \qquad (7.6.10)$$

通解为

$$p(t) = \frac{1}{\left(\frac{1}{p_0+\beta} - \frac{\delta}{2\beta\delta-\gamma}\right)e^{(2\beta\delta-\gamma)(t-t_0)} + \frac{\delta}{2\beta\delta-\gamma}} - \beta$$

## 7.6 时标非线性蛛网模型

根据推论 7.6.1, 如果 $2\beta\delta < \gamma$, 那么模型 (7.6.8)~(7.6.10) 的价格收敛于它的均衡价格 $p_e$.

**例 7.6.2** 设 $\mathbb{T} = \mathbb{Z}$, $a(t) \equiv a$, $a_1(t) \equiv a_1$, $b(t) \equiv b$, $b_1(t) \equiv b_1$, $c(t) \equiv c$, $c_1(t) \equiv c_1$. 则模型 (7.6.1)~(7.6.3) 变成

$$D_{t+1} = a + bp_{t+1} + cp_t p_{t+1} \tag{7.6.11}$$

$$S_{t+1} = a_1 + b_1 p_t + c_1 p_t p_{t+1} \tag{7.6.12}$$

$$D_t = S_t \tag{7.6.13}$$

通解为

$$p_t = \dfrac{1}{\left(\dfrac{1}{p_0+\beta} - \dfrac{\delta}{2\beta\delta-\gamma}\right)\left(1+\dfrac{2\beta\delta-\gamma}{1+\gamma-\beta\delta}\right)^{t-t_0} + \dfrac{\delta}{2\beta\delta-\gamma}} - \beta$$

既然 $\mu(\tau) \equiv 1$, 且

$$\lim_{h \searrow 1} \dfrac{\log|1+h\lambda|}{h} = \log|1+\lambda|$$

根据定理 7.6.2, 只要 $-2 < \lambda < 0$, 即 $-2 < \dfrac{2\beta\delta-\gamma}{1+\gamma-\beta\delta} < 0$, 则模型 (7.6.11)~(7.6.13) 的价格收敛于它的均衡价格 $p_e$.

**例 7.6.3** 设 $\mathbb{T} = q^{\mathbb{N}_0}$. 则模型 (7.6.1)~(7.6.3) 变成

$$D(qt) = a(t) + b(t)\left(p(t) + \dfrac{p(qt)-p(t)}{(q-1)t}\right) + c(t)p(t)p(qt) \tag{7.6.14}$$

$$S(qt) = a_1(t) + b_1(t)p(t) + c_1(t)p(t)p(qt) \tag{7.6.15}$$

$$D(t) = S(t) \tag{7.6.16}$$

对 $t > t_0$, $t \in q^{\mathbb{N}_0}$, 其通解为

$p(t)$
$$= \dfrac{1}{\left(\dfrac{1}{p_0+\beta(t)} - \dfrac{\delta(t)}{2\beta(t)\delta(t)-\gamma(t)}\right)\prod\limits_{s\in[t_0,t)}\left[1+(q-1)\left(\dfrac{2\beta(s)\delta(s)-\gamma(s)}{1+(q-1)s(\gamma(s)-\beta(s))\delta(s)}\right)s\right]}$$
$$+ \dfrac{1}{\dfrac{\delta(t)}{2\beta(t)\delta(t)-\gamma(t)}} - \beta(t)$$

与例 7.2.3 的讨论类似, 可得模型 (7.6.14)~(7.6.16) 的价格收敛于均衡价格 $p_e$ 的充分必要条件是对任意 $t \in \mathbb{T}$, 成立

$$-\frac{2}{q-1} < t\lambda(t) < 0$$

$$-\frac{2}{(q-1)t} < \beta\delta \ominus (\gamma - \beta\delta) < 0$$

$$-\frac{2}{\mu(t)} < \frac{2\left(\frac{b_1(t)}{b(t)-1}\right) \pm \sqrt{\left(\frac{b_1(t)}{b(t)-1}\right)^2 - 4\frac{a_1(t)-a(t)}{b(t)} \frac{c_1(t)-c(t)}{b(t)}}}{2\frac{c_1(t)-c(t)}{b(t)}} \frac{c_1(t)-c(t)}{b(t)} - \frac{b_1(t)}{b(t)-1}}{1 + (q-1)t \left[\left(\frac{b_1(t)}{b(t)-1}\right) - \frac{\frac{b_1(t)}{b(t)-1} \pm \sqrt{\left(\frac{b_1(t)}{b(t)-1}\right)^2 - 4\frac{a_1(t)-a(t)}{b(t)} \frac{c_1(t)-c(t)}{b(t)}}}{2\frac{c_1(t)-c(t)}{b(t)}} \frac{c_1(t)-c(t)}{b(t)}\right]}$$

$$< 1$$

可以看到, 稳定性条件不仅与参数相关, 也与时标结构 $\mu(t)$ 相关.

蛛网模型中, 供给价格的预期形式是模型的核心. 本章讨论了静态预期 (简单预期)、正常价格预期和适应性预期. 常见的还有外推性预期, 第 8 章将会提到. 以上这些价格预期都属于非理性预期, 即它们本质上是随意的, 没有经济行为理论基础. 1961 年, J. Muth 提出理性预期的概念, 认为经济主体会充分有效地利用所有可得信息来形成一个无系统性偏误的预期. 在这一基础上, 理性预期学派提出三大假说: 理性预期假说、货币中性假说、自然率假说. 时标动态经济模型的分析也可以沿着此路径前行, 去寻求经济活动发生频率内生化之后, 经济变量的动态行为和经济系统的稳定性.

# 第 8 章 时标整合分数阶蛛网模型

分数阶微积分是从整数阶微积分发展而来的一个重要分支. 整合分数阶微分算子是一种性质很好的微分算子, 是 2014 年由 Khalil 等根据经典微积分定义的方式提出的, 具有半群性质、恒等性质、导数的指数性质等, 求解相对方便.

分数阶微分算子蛛网模型有助于更灵活地讨论产量和价格的波动, 对不同类型预期的描述也更加贴合实际. 本章在整合分数阶微分算子之下, 建立时标蛛网模型, 既给出动态模型的一般解和稳定性标准, 也在特定时标上给出应用实例.

对本章内容感兴趣的读者可以参见 [Bohner2019] 及其所引用的其他相关工作.

## 8.1 时标整合分数阶导数与积分

分数阶微积分的萌芽已有 300 多年的历史. 19 世纪, Laplace、Liouville、Gronwall、Letnikov、Riemann 等建立了分数阶微积分的相关理论. 20 世纪 90 年代, 随着这些理论在自然与科学领域的广泛应用, 分数阶微分方程的研究进入快速发展时期. 根据不同的研究目的和应用需要, 数学家们定义了各种不同形式的分数阶算子, 比如整合分数阶微分 (conformable fractional derivatives) 算子、卡普托分数阶微分 (Caputo fractional derivatives) 算子、各种积分算子等. 分数阶微分和积分算子已应用于各种领域, 如信号处理、大坝水力学、油层温度场问题、扩散问题以及液体和气体中的波问题等. 读者可以通过 [Machado2011] 进一步了解分数阶微积分的最近发展和各种分数阶微分算子的定义及其性质.

整合分数阶导数是 2014 年 [Khalil2014] 提出的, 在 [Abdeljawad2015] 中得到发展. 这种分数阶导数具有一个局部核, 能进行简单的解析计算, 其理论一经推出就很快受到关注并广泛流行. 时标整合分数阶导数的相关理论也在快速发展中, [Anderson2015, Bayour2018, Benkhettou2016, Gülşen2017, Gülşen2018] 分别给出了时标整合分数阶导数的定义以及在 Sturm-Liouville 方程和动态系统上的应用. 下面的介绍来自 [Benkhettou2016] 对时标整合分数阶导数定义和性质的讨论.

**定义 8.1.1** 设 $f: \mathbb{T} \to \mathbb{R}, t \in \mathbb{T}^\kappa, \alpha \in (0,1]$. 对 $t > 0$, 如果存在一个数, 记为 $T_\alpha(f)(t)$, 使对任意 $\varepsilon > 0$, 存在 $t$ 的邻域 $U(U = (t-\delta, t+\delta) \cap \mathbb{T}, \delta > 0)$, 使得对任意 $s \in U$, 总成立

$$\left|[f^\sigma(t) - f(s)] t^{1-\alpha} - T_\alpha(f)(t)[\sigma(t) - s]\right| \leqslant \varepsilon |\sigma(t) - s|$$

则称 $f$ 在 $t$ 点整合 $\alpha$ 分数阶可导,称 $T_\alpha(f)(t)$ 为 $f$ 在 $t$ 点阶数为 $\alpha$ 的整合分数阶导数.

特别地, $f$ 在 0 点阶数为 $\alpha$ 的整合分数阶导数定义为

$$T_\alpha(f)(0) = \lim_{t \to 0^+} T_\alpha(f)(t)$$

**注 8.1.1** 当 $\alpha = 1$ 时,定义 8.1.1 对应的就是通常时标 delta 导数的定义. 当 $\alpha = 0$ 时,规定 $T_0(f) = f$.

**性质 8.1.1** 设 $\alpha \in (0, 1]$. $f: \mathbb{T} \to \mathbb{R}, t \in \mathbb{T}^k$. 以下结论成立:

(1) 如果 $f$ 在 $t$ 点整合 $\alpha$ 分数阶可导,那么 $f$ 在 $t$ 点连续.

(2) 如果 $f$ 在 $t$ 点连续且 $t$ 右离散,那么 $f$ 在 $t$ 点整合 $\alpha$ 分数阶可导,且

$$T_\alpha(f)(t) = \frac{f^\sigma(t) - f(t)}{\mu(t)} t^{1-\alpha}$$

(3) 如果 $t$ 右稠密,那么 $f$ 在 $t$ 点整合 $\alpha$ 分数阶可导等价于下述极限存在且有限:

$$\lim_{s \to t} \frac{f(t) - f(s)}{t - s} t^{1-\alpha}$$

此时,

$$T_\alpha(f)(t) = \lim_{s \to t} \frac{f(t) - f(s)}{t - s} t^{1-\alpha}$$

(4) 如果 $f$ 在 $t$ 点整合 $\alpha$ 分数阶可导,那么

$$f^\sigma(t) = f(t) + \mu(t) t^{\alpha-1} T_\alpha(f)(t)$$

**注 8.1.2** 当 $\mathbb{T} = \mathbb{R}$ 时,同性质 8.1.1 的 (3), $f$ 在 $t$ 点阶数为 $\alpha$ 的整合分数阶导数为

$$T_\alpha(f)(t) = \lim_{s \to t} \frac{f(t) - f(s)}{t - s} t^{1-\alpha}$$

**注 8.1.3** 当 $\mathbb{T} = Z$ 时,同性质 8.1.1 的 (2), $f$ 在 $t$ 点阶数为 $\alpha$ 的整合分数阶导数为

$$T_\alpha(f)(t) = (f(t+1) - f(t)) t^{1-\alpha}$$

以下再举几个例子,以帮助读者熟悉时标整合分数阶导数的定义与运算.

**例 8.1.1** 设 $h > 0$, $\mathbb{T} = h\mathbb{Z} := \{hk : k \in \mathbb{Z}\}$. 此时 $\sigma(t) = t + h$, $\mu(t) = h$, $\forall t \in \mathbb{T}$. 对函数 $f(t) = t^2$, $t \in \mathbb{T}$, 有

$$T_\alpha(f)(t) = (t^2)^{(\alpha)} = (2t+h)\, t^{1-\alpha}$$

**例 8.1.2** 设 $q > 1$, $\mathbb{T} = \overline{q^{\mathbb{Z}}} := q^{\mathbb{Z}} \cup \{0\}$, 而 $q^{\mathbb{Z}} := \{q^k : k \in \mathbb{Z}\}$. 此时对 $\forall\, t \in \mathbb{T}$, 有

$$\sigma(t) = \begin{cases} qt, & t \neq 0, \\ 0, & t = 0, \end{cases} \qquad \mu(t) = \begin{cases} (q-1)t, & t \neq 0 \\ 0, & t = 0 \end{cases}$$

注意点 0 是右稠密的, $\mathbb{T}$ 上其他点都是孤立的. 同样考察函数 $f(t) = t^2$, $t \in \mathbb{T}$, 可得

$$T_\alpha(f)(t) = \begin{cases} (q+1)\, t^{2-\alpha}, & t \neq 0 \\ 0, & t = 0 \end{cases}$$

**例 8.1.3** 设 $q > 1$, $\mathbb{T} = q^{\mathbb{N}_0} := \{q^n : n \in \mathbb{N}_0\}$. 此时 $\sigma(t) = qt$, $\mu(t) = (q-1)t$, $\forall\, t \in \mathbb{T}$. 对函数 $f(t) = \log t$, $t \in \mathbb{T}$, 有

$$T_\alpha(f)(t) = \frac{\log q}{(q-1)t^\alpha}$$

**例 8.1.4** 对函数 $f(t) = c$, $\forall\, t \in \mathbb{T}$, $c$ 为常数, 有 $T_\alpha(f)(t) = 0$.

**例 8.1.5** 对函数 $f(t) = t$, $\forall\, t \in \mathbb{T}$, 有

$$T_\alpha(f)(t) = \begin{cases} t^{1-\alpha}, & \alpha \neq 1 \\ 1, & \alpha = 1 \end{cases}$$

**例 8.1.6** 设 $a, b > 0$, $\mathbb{T} = P_{a,b} := \bigcup_{k=0}^{\infty}[k(a+b), k(a+b)+a]$. 此时对 $\forall\, t \in \mathbb{T}$, 有

$$\sigma(t) = \begin{cases} t, & t \in \bigcup_{k=0}^{\infty}[k(a+b), k(a+b)+a) \\ t+b, & t \in \bigcup_{k=0}^{\infty}\{k(a+b)+a\} \end{cases}$$

$$\mu(t) = \begin{cases} 0, & t \in \bigcup_{k=0}^{\infty}[k(a+b), k(a+b)+a) \\ b, & t \in \bigcup_{k=0}^{\infty}\{k(a+b)+a\} \end{cases}$$

假设 $f: P_{a,b} \to \mathbb{R}$ 连续, 且 $\alpha \in (0, 1]$. 计算得 $f$ 在 $t$ 点阶数为 $\alpha$ 的整合分数阶导数为

$$T_\alpha(f)(t) = \begin{cases} \dfrac{f(t)-f(s)}{t-s} t^{1-\alpha}, & t \in \bigcup_{k=0}^{\infty}[k(a+b), k(a+b)+a) \\ \dfrac{f(t+b)-f(t)}{b} t^{1-\alpha}, & t \in \bigcup_{k=0}^{\infty}\{k(a+b)+a\} \end{cases}$$

接下来给出时标整合分数阶积分的定义和性质, 同样来自 [Benkhettou2016].

**定义 8.1.2** 设 $f \in C_{\mathrm{rd}}(\mathbb{T}, \mathbb{R})$. 对 $\alpha \in (0,1]$, $f$ 的时标整合 $\alpha$ 分数阶积分如下定义:
$$\int f(t)\Delta^\alpha t := \int f(t) t^{\alpha-1} \Delta t$$

**定义 8.1.3** 设 $f \in C_{\mathrm{rd}}(\mathbb{T}, \mathbb{R})$. 对 $\alpha \in (0,1]$, 记 $f$ 的时标不定整合 $\alpha$ 分数阶积分为
$$F_\alpha(t) = \int f(t) \Delta^\alpha t$$

则对所有的 $a, b \in \mathbb{T}$, 定义时标 Cauchy-$\alpha$ 分数阶整合积分定义为
$$\int_a^b f(t) \Delta^\alpha t = F_\alpha(b) - F_\alpha(a)$$

**注 8.1.4** 当 $\mathbb{T} = \mathbb{R}$ 时, $f$ 的时标整合 $\alpha$ 分数阶积分的定义同连续情形的整合 $\alpha$ 分数阶积分定义, 可见 [Khalil2014].

**注 8.1.5** 当 $\alpha = 1$ 时, $f$ 的时标整合 $\alpha$ 分数阶积分的定义对应的就是通常时标不定积分的定义.

**例 8.1.7** 设 $\mathbb{T} = \mathbb{R}$, $\alpha = 1/2$, $f(t) = t$. 计算可得
$$\int_1^{10^{2/3}} f(t) \Delta^\alpha t = 6$$

**性质 8.1.2** 设 $\alpha \in (0,1]$, $a, b, c \in \mathbb{T}$, $\lambda \in \mathbb{R}$, $f, g \in C_{\mathrm{rd}}(\mathbb{T}, \mathbb{R})$. 以下结论成立:

(1) $\int_a^b [f(t) + g(t)] \Delta^\alpha t = \int_a^b f(t) \Delta^\alpha t + \int_a^b g(t) \Delta^\alpha t$.

(2) $\int_a^b (\lambda f)(t) \Delta^\alpha t = \lambda \int_a^b f(t) \Delta^\alpha t$.

(3) $\int_a^b f(t) \Delta^\alpha t = - \int_b^a f(t) \Delta^\alpha t$.

(4) $\int_a^b f(t) \Delta^\alpha t = \int_a^c f(t) \Delta^\alpha t + \int_c^b f(t) \Delta^\alpha t$.

(5) $\int_a^a f(t) \Delta^\alpha t = 0$.

(6) 如果 $|f(t)| \leqslant g(t)$, $\forall t \in [a,b]$, 那么
$$\left| \int_a^b f(t) \Delta^\alpha t \right| \leqslant \int_a^b g(t) \Delta^\alpha t$$

(7) 如果 $f(t) > 0, \forall\, t \in [a,b]$, 那么
$$\int_a^a f(t)\Delta^\alpha t \geqslant 0$$

**性质 8.1.3** 设 $f \in C_{\mathrm{rd}}(\mathbb{T}^\kappa, \mathbb{R})$. 则对 $t \in \mathbb{T}^\kappa$, 成立
$$\int_t^{\sigma(t)} f(s)\Delta^\alpha s = f(t)\mu(t)\, t^{\alpha-1}$$

## 8.2 时标整合分数阶蛛网模型

整合分数阶导数具有计算的相对简单性和获得更真实结果的可能性, 这些特点和优势使得它非常适用于模拟经济现象和真实世界现象, 而把它应用于蛛网模型就是一个成功的尝试. 在 [Bohner2018] 中, 作者研究了具有连续供需流的可整合分数阶蛛网模型, 进一步又在 [Bohner2019] 中建立了一个时标整合分数阶导数的广义动态蛛网模型, 并讨论了模型的解, 给出了稳定性条件. 本节在第 7 章提出的时标蛛网模型的基础上, 对时标整合分数阶蛛网模型建立、分析和求解的过程进行介绍.

7.2 节中建立了一个如下的时标蛛网模型:

$$D(\sigma(t)) = a(t) + b(t)(p(t) + p^\Delta(t)\mu(t)) \tag{8.2.1}$$

$$S(\sigma(t)) = a_1(t) + b_1(t)p(t) \tag{8.2.2}$$

$$D(t) = S(t) \tag{8.2.3}$$

其中

$$a, a_1, b, b_1 : \mathbb{T} \to \mathbb{R},\, b(t) \neq 0 \text{ 且 } b(t) \neq b_1(t), \quad \forall\, t \in \mathbb{T} \tag{8.2.4}$$

基于此直接写出时标分数阶动态蛛网模型

$$D(\sigma(t)) = a(t) + b(t)(p(t) + T_\alpha(p)(t)\mu(t)) \tag{8.2.5}$$

$$S(\sigma(t)) = a_1(t) + b_1(t)p(t) \tag{8.2.6}$$

$$D(t) = S(t) \tag{8.2.7}$$

对任意 $0 < t \in \mathbb{T}^k$, 假设均衡价格 $p_e = \dfrac{a_1(t) - a(t)}{b(t) - b_1(t)}$ 在 $\mathbb{T}$ 上恒为常数.

**定理 8.2.1** 设 (8.2.4) 式成立, $p_0 \in \mathbb{R}$. 记

$$h_\alpha(t) := \frac{b_1(t) - b(t)}{b(t)\mu(t)} t^{\alpha-1}$$

并假设 $h_\alpha \in \mathcal{R}$. 则模型 (8.2.5)~(8.2.7) 满足 $p(t_0) = p_0$ 的唯一解是

$$p(t) = (p_0 - p_e) e_{h_\alpha}(t, t_0) + p_e$$

**证** 将 (8.2.5) 式、(8.2.6) 式代入均衡条件 (8.2.7) 式, 可得

$$a(t) + b(t)(p(t) + T_\alpha(p)(t)\mu(t)) = a_1(t) + b_1(t)p(t)$$

当 $\mu(t) = 0$ 时, 解得 $p(t) = \dfrac{a_1(t) - a(t)}{b(t) - b_1(t)} \equiv p_e$. 此时系统一直处于均衡.

当 $\mu(t) \neq 0$ 时, 解出

$$T_\alpha(p)(t) = \frac{b_1(t) - b(t)}{b(t)\mu(t)} p(t) + \frac{a_1(t) - a(t)}{b(t)\mu(t)} \tag{8.2.8}$$

两端同乘以积分因子 $e_{\ominus h_\alpha}(\sigma(t), t_0)$, 并使用定义 8.1.3 和性质 1.3.2, 计算时标动态方程 (8.2.8) 的通解为

$$\begin{aligned}
p(t) &= e_{h_\alpha}(t, t_0) p_0 + \int_{t_0}^t e_{\ominus h_\alpha}(\sigma(s), t) \frac{a_1(s) - a(s)}{b(s)\mu(s)} \Delta^\alpha s \\
&= e_{h_\alpha}(t, t_0) p_0 + \int_{t_0}^t e_{h_\alpha}(t, \sigma(s)) \frac{a_1(s) - a(s)}{b(s)\mu(s)} \frac{b_1(s) - b(s)}{b_1(s) - b(s)} s^{\alpha-1} \Delta s \\
&= e_{h_\alpha}(t, t_0) p_0 - p_e \int_{t_0}^t e_{h_\alpha}(t, \sigma(s)) h_\alpha(s) \Delta s \\
&= e_{h_\alpha}(t, t_0) p_0 - p_e \left( e_{h_\alpha}(t, t_0) - e_{h_\alpha}(t, t) \right) \\
&= (p_0 - p_e) e_{h_\alpha}(t, t_0) + p_e
\end{aligned}$$

$\square$

**定理 8.2.2** 假设 $h_\alpha \in \mathcal{R}$ 且

$$\lim_{t \to \infty} \int_{t_0}^t \Psi_{\mu(\tau)}(h_\alpha(\tau)) \Delta \tau = -\infty$$

其中对 $z \in \mathbb{C} \setminus \left\{ -\dfrac{1}{h} \right\}$, $\Psi_h(z)$ 定义为

$$\Psi_h(z) := \begin{cases} \dfrac{\log|1 + hz|}{h}, & h > 0 \\ \operatorname{Re}(z), & h = 0 \end{cases}$$

则模型 (8.2.5)~(8.2.7) 所确定的价格收敛于它的均衡价格 $p_e$.

**证** 对 $z \in \mathbb{C} \setminus \left\{-\frac{1}{h}\right\}$, 由 $\Psi_h(z)$ 定义, 再根据 [Bohner2011, 定理 3.4], 当 $h_\alpha \in \mathcal{R}$, 成立

$$0 \leqslant |e_{h_\alpha}(t, t_0)| = \exp\left(\int_{t_0}^t \Psi_{\mu(\tau)}(h_\alpha(\tau))\Delta\tau\right) \to 0,$$

既然假定

$$\lim_{t\to\infty}\int_{t_0}^t \Psi_{\mu(\tau)}(\lambda)\Delta\tau = -\infty$$

那么可得 $e_{h_\alpha}(t, t_0) \to 0$ $(t \to \infty)$, 得证. □

以下时标的三个特例分别讨论价格的动态行为.

**例 8.2.1** 设 $\mathbb{T} = \mathbb{R}$, $a(t) \equiv a$, $a_1(t) \equiv a_1$, $b(t) \equiv b$, $b_1(t) \equiv b_1$. 因为此时 $\mu(t) \equiv 0$, $\sigma(t) = t$, 所以模型 (8.2.5)~(8.2.7) 等价于

$$D(t) = a + bp(t)$$
$$S(t) = a_1 + b_1 p(t)$$
$$D(t) = S(t)$$

可得 $p(t) = \dfrac{a_1 - a}{b - b_1} = p_e$. 事实上, 如此确定的模型并没有体现蛛网模型假设中供给量由预期价格决定的核心. 类似于例 7.2.1, 可以如下修正模型中的供给函数

$$S(t) = a_1(t) + b_1(t)p(t-0)$$

这里 $p(t-0)$ 是价格函数 $p(t)$ 在 $t$ 点的左导数, 但如此调整后的模型分析过程比较复杂. 这里给出需求函数的另一种形式, 在经济学解释中可视作供给函数的某种预期:

$$D(t) = a + b(p(t) + T_\alpha(p)(t)) \tag{8.2.9}$$

$$S(t) = a_1 + b_1 p(t) \tag{8.2.10}$$

$$D(t) = S(t) \tag{8.2.11}$$

这里 $T_\alpha(p)$ 对应的是连续情形的整合分数阶导数, $\alpha \in (0, 1]$. 模型 (8.2.9)~(8.2.11) 的通解为

$$p(t) = (p_0 - p_e)e^{\frac{b_1 - b}{b\alpha}(t^\alpha - t_0^\alpha)} + p_e \tag{8.2.12}$$

其中

$$p_e = \frac{a_1 - a}{b - b_1}$$

这个结果与 [Bohner2018, 定理 2] 的结果一致, 而论文 [Bohner2018] 正是讨论连续情形分数阶导数蛛网模型的.

**例 8.2.2** 设 $\mathbb{T} = \mathbb{Z}$, $a(t) \equiv a$, $a_1(t) \equiv a_1$, $b(t) \equiv b$, $b_1(t) \equiv b_1$. 因为此时 $\mu(t) \equiv 1$, $\sigma(t) = t+1$, 所以模型 (8.2.5)~(8.2.7) 等价于

$$D(t+1) = a(t) + b(t)(p(t) + T_\alpha(p)(t)) \quad (8.2.13)$$

$$S(t+1) = a_1(t) + b_1(t)p(t) \quad (8.2.14)$$

$$D(t) = S(t) \quad (8.2.15)$$

根据定理 8.2.1, 可以得到模型 (8.2.13)~(8.2.15) 的通解

$$p(t) = (p_0 - p_e) \prod_{\tau=t_0}^{t-1} \left(1 + \frac{b_1(\tau) - b(\tau)}{b(\tau)} \tau^{\alpha-1}\right) + p_e \quad (8.2.16)$$

其中

$$p_e(t) = \frac{a_1(t) - a(t)}{b(t) - b_1(t)}$$

既然对 $\forall\, t \in \mathbb{T}$, 有

$$-2 < \frac{b_1(t) - b(t)}{b(t)} t^{\alpha-1} < 0$$

那么根据定理 8.2.2, 模型 (8.2.13)~(8.2.15) 的价格收敛于它的均衡价格 $p_e$. 且在

$$\alpha = 1,\ a(t) \equiv a,\ a_1(t) \equiv a_1,\ b(t) \equiv b,\ b_1(t) \equiv b_1,\ t_0 = 0$$

的情形下, 通解 (8.2.16) 正是

$$p(t) = (p_0 - p_e)\left(\frac{b_1}{b}\right)^t + p_e$$

其中 $p_e = \dfrac{a_1 - a}{b - b_1}$, 这正是我们熟知的差分方程蛛网模型的通解.

**例 8.2.3** 设 $\mathbb{T} = q^{\mathbb{N}_0} := \{q^n : n \in \mathbb{N}_0, q > 1\}$. $\sigma(t) = qt$, $\mu(t) = (q-1)t$, 则模型 (8.2.5)~(8.2.7) 等价于

$$D(qt) = a(t) + b(t)\left[p(qt)t^{1-\alpha} + p(t)\left(1 - t^{1-\alpha}\right)\right]$$

$$S(qt) = a_1(t) + b_1(t)p(t)$$

## 8.2 时标整合分数阶蛛网模型

$$D(t) = S(t)$$

整理得到方程

$$p(qt) = \left[1 + \frac{b_1(t)}{b(t)}t^{\alpha-1}\right]p(t) + \frac{a_1(t) - a(t)}{b(t)}t^{\alpha-1}$$

对 $t = q^{n-1}$,记 $p(q) = p_0$,可以直接通过迭代求得以上方程的解为

$$p(q^n) = \left[1 + \frac{b_1}{b}t^{\alpha-1}\right]^{n-1} p_0 + \sum_{i=0}^{n-2}\left[1 + \frac{b_1}{b}t^{\alpha-1}\right]^i \frac{a_1 - a}{b}t^{\alpha-1}$$

同第 7 章的讨论,若需求函数不考虑 $\mu(t)$,则得到的以下形式的模型:

$$D(qt) = a(t) + b(t)\left(p(t) + \frac{p(qt) - p(t)}{(q-1)t}t^{1-\alpha}\right) \tag{8.2.17}$$

$$S(qt) = a_1(t) + b_1(t)p(t) \tag{8.2.18}$$

$$D(t) = S(t) \tag{8.2.19}$$

对 $t > t_0$,$t \in q^{\mathbb{N}_0}$,解得通解为

$$p(t) = (p_0 - p_e)\prod_{s \in [t_0, t)}\left[1 + (q-1)\frac{b_1(s) - b(s)}{b(s)}s^{\alpha}\right] + p_e \tag{8.2.20}$$

在 $\alpha = 1$ 的情形下,(8.2.20) 式就是

$$p(t) = (p_0 - p_e)\prod_{s \in [t_0, t)}\left[1 + (q-1)\left(\frac{b_1(s)}{b(s)} - 1\right)s\right] + p_e$$

其中 $p_e(t) = \dfrac{a_1(t) - a(t)}{b(t) - b_1(t)}$. 这正是例 7.2.3 中形式相同的时标蛛网模型当 $\mathbb{T} = q^{\mathbb{N}_0}$ 时的通解. 而在 $0 < \alpha < 1$ 的情形下,(8.2.20) 式就是分数阶导数蛛网模型的通解.

既然对 $\forall\, t \in \mathbb{T}$,有

$$1 - \frac{2}{(q-1)t^{\alpha}} < \frac{b_1(t)}{b(t)} < 1$$

那么根据定理 8.2.2,模型 (8.2.13)~(8.2.15) 的价格收敛于它的均衡价格 $p_e$.

在一个一般的时标上,当参数函数 $a(t)$, $a_1(t)$, $b(t)$, $b_1(t)$ 确定,通过定理 8.2.1,是可以计算模型 (8.2.5)~(8.2.7) 的通解的. 下面用一个简单的例子来说明.

**例 8.2.4** 设 $\mathbb{T} = [0.1, 1] \cup [2, 3] \cup [4, 5] \cup [6, 7]$. 考察如下形式的蛛网模型:

$$D(\sigma(t)) = 80 - 4(p(t) + T_\alpha(p)(t)) \quad (8.2.21)$$

$$S(\sigma(t)) = -10 + 2p(t) \quad (8.2.22)$$

$$D(t) = S(t) \quad (8.2.23)$$

取 $p_0 = 18$. 当 $\alpha = 1$ 时, 模型 (8.2.21)~(8.2.23) 的通解为

$$p(t) = \begin{cases} 3e^{-\frac{3}{2}(t-0.1)} + 15, & 0.1 \leqslant t \leqslant 1 \\ -0.3452e^{-\frac{3}{2}(t-2)} + 15, & 2 \leqslant t \leqslant 3 \\ 0.0374e^{-\frac{3}{2}(t-4)} + 15, & 4 \leqslant t \leqslant 5 \\ -0.0042e^{-\frac{3}{2}(t-6)} + 15, & 6 \leqslant t \leqslant 7 \end{cases} \quad (8.2.24)$$

同理可以计算 $0 < \alpha < 1$ 时的通解, 读者可以 $\alpha = 0.2, 0.5, 0.8$ 为例自行计算并进行对比.

## 8.3 带预期的时标整合分数阶蛛网模型

第 7 章我们已经提到, 传统蛛网模型忽视了生产者对价格的估计和生产积极性, 对产量和价格波动的原因解释并不全面, 也不太符合实际. 事实上, 生产者在生产和销售的过程中, 通常会根据自身经验逐步修正自己的预期价格, 使预期价格接近实际价格, 从而使实际产量接近市场的实际需求量. 供给价格的预期式反映了预期价格的这种调整, 它是蛛网模型的核心. 因此对蛛网模型的讨论应该要考虑预期.

在预期的视角下, 8.2 节的蛛网模型可以看作是静态预期模型, 即预期价格就是前一期的实际价格. 这种预期最简单, 行为主体仅仅考虑经济变量前一期的特定信息, 处理信息的方式也是建立在所有行为主体采用同样方式预期的假设下, 是忽略学习效应的, 预期中也没有随机变量的扰动.

本节介绍的是一个带有外推性价格预期的时标整合分数阶蛛网模型. 外推性价格预期是 1941 年 Metzler 为改良和发展静态预期引入的. 外推性价格预期是指对未来的价格预期不仅依赖于过去的价格水平, 还依赖于价格的变化方向或变化趋势. 外推性价格预期模型中, $t$ 期做出的供给决策是以 $t$ 期和 $t-1$ 期的实际价格水平作为依据, 通过引进预期系数, 根据经济变量的变化方向, 预测经济变量要达到的水平. 因为行为主体乐观和悲观程度不同, 外推性预期可能会达到极不相同的预期价格值.

## 8.3 带预期的时标整合分数阶蛛网模型

如下构建外推性价格预期的时标整合分数阶蛛网模型：

$$D(\sigma(t)) = a(t) + b(t)p(t) \tag{8.3.1}$$

$$S(\sigma(t)) = a_1(t) + b_1(t)(p(t) + cT_\alpha(p)(t)) \tag{8.3.2}$$

$$D(t) = S(t) \tag{8.3.3}$$

假设对任意 $0 < t \in \mathbb{T}^k$, 均衡价格 $p_e = \dfrac{a_1(t) - a(t)}{b(t) - b_1(t)}$ 在 $\mathbb{T}$ 上恒为常数. $c$ 是预期系数. 当 $c > 0$ 时, 如果价格增长, 预期价格增长趋势会继续; 当 $c < 0$ 时, 预期价格增长趋势会逆转. 可以认为这里预期系数 $c$ 由经济主体的情绪决定, 乐观的人对应 $c > 0$, 悲观的人对应 $c < 0$.

**定理 8.3.1** 设 (8.2.4) 式成立, $p_0 \in \mathbb{R}$. 记

$$g_\alpha(t) := \frac{b(t) - b_1(t)}{b_1(t)c} t^{\alpha - 1}$$

并假设 $g_\alpha \in \mathcal{R}$. 则模型 (8.3.1)~(8.3.3) 满足 $p(t_0) = p_0$ 的唯一解是

$$p(t) = (p_0 - p_e)\, e_{g_\alpha}(t, t_0) + p_e$$

**定理 8.3.2** 假设 $g_\alpha \in \mathcal{R}$ 且

$$\lim_{t \to \infty} \int_{t_0}^{t} \Psi_{\mu(\tau)}(g_\alpha(\tau))\Delta\tau = -\infty$$

其中对 $z \in \mathbb{C} \setminus \left\{-\dfrac{1}{h}\right\}$, $\Psi_h(z)$ 定义为

$$\Psi_h(z) := \begin{cases} \dfrac{\log|1 + hz|}{h}, & h > 0 \\ \operatorname{Re}(z), & h = 0 \end{cases}$$

则模型 (8.3.1)~(8.3.3) 所确定的价格收敛于它的均衡价格 $p_e$.

同上节类似, 以下在时标的三个特例上分别讨论价格的动态行为.

**例 8.3.1** 设 $\mathbb{T} = \mathbb{R}$, $a(t) \equiv a$, $a_1(t) \equiv a_1, b(t) \equiv b, b_1(t) \equiv b_1$. 则模型 (8.3.1)~(8.3.3) 变成

$$D(t) = a + bp(t) \tag{8.3.4}$$

$$S(t) = a_1 + b_1(p(t) + cT_\alpha(p)(t)) \tag{8.3.5}$$

$$D(t) = S(t) \tag{8.3.6}$$

这里 $T_\alpha(p)$ 对应的是连续情形的整合分数阶导数, $\alpha \in (0,1]$. 模型 (8.3.4)~(8.3.6) 的通解为

$$p(t) = (p_0 - p_e)e^{\frac{b_1-b}{b_1 c\alpha}(t^\alpha - t_0^\alpha)} + p_e \tag{8.3.7}$$

其中

$$p_e = \frac{a_1 - a}{b - b_1}$$

这个结果与 [Bohner2018, 定理 4] 的结果一致. 为了更深入地理解预期系数 $c$ 的含义, 我们在连续情形下给出一个例子, 在 $\alpha$ 和 $c$ 的不同取值下, 讨论它解的变化.

$$D(t) = 50 - 2p(t) \tag{8.3.8}$$

$$S(t) = -6 + 2(p(t) + cT_\alpha(p)(t)) \tag{8.3.9}$$

$$D(t) = S(t) \tag{8.3.10}$$

计算得

$$p_e = \frac{a_1 - a}{b - b_1} = \frac{-6 - 50}{-2 - 2} = 14$$

模型 (8.3.8)~(8.3.10) 的通解为

$$p(t) = (p_0 - 14)e^{\frac{-2}{c\alpha}(t^\alpha - t_0^\alpha)} + 14 \tag{8.3.11}$$

在 $0 < \alpha < 1$ 时, 模型 (8.3.8)~(8.3.10) 是一个分数阶导数的系统, 而当 $\alpha = 1$ 时, 价格函数 (8.3.11) 对应着通常连续情形下的常微分方程形式模型的解.

对 $c > 0$, $0 < \alpha \leqslant 1$, 价格函数 (8.3.11) 会收敛于均衡值 $p_e = 14$. 取定 $\alpha = 0.5$, 对应通解 (8.3.11) 为

$$p(t) = (p_0 - 14)e^{-\frac{4}{c}(\sqrt{t} - \sqrt{t_0})} + 14$$

此时预期价格变化趋势会继续. 若再给定 $p_0 = 20$, $c = 1$, 则当 $\alpha = 1$ 时得

$$p(t) = 6e^{-2(t-t_0)} + 14$$

可见预期价格趋向于均衡价格 14; 当 $0 < \alpha < 1$ 时得

$$p(t) = 6e^{-\frac{2}{\alpha}(t^\alpha - t_0^\alpha)} + 14$$

可以看到 $\alpha$ 越小, 预期价格趋向于均衡价格的速度会越快.

## 8.3 带预期的时标整合分数阶蛛网模型

对 $c<0$, $0<\alpha\leqslant 1$, 价格函数 (8.3.11) 是发散的, 此时预期价格变化趋势会逆转, 即若实际价格上升, 生产者预期价格将下跌, 反之亦然. 依然给定 $p_0=20$, 而 $c=-1$, 则当 $\alpha=1$ 时得

$$p(t) = 6e^{2(t-t_0)} + 14$$

可见预期价格远离均衡价格 14; 当 $0<\alpha<1$ 时得

$$p(t) = 6e^{\frac{2}{\alpha}(t^\alpha - t_0^\alpha)} + 14$$

可以看到 $\alpha$ 越小, 预期价格远离均衡价格发散的速度会越快.

**例 8.3.2** 设 $\mathbb{T} = \mathbb{Z}$, $a(t) \equiv a$, $a_1(t) \equiv a_1$, $b(t) \equiv b$, $b_1(t) \equiv b_1$. 则模型 (8.3.1)~(8.3.3) 变成

$$D(t+1) = a(t) + b(t)p(t) \tag{8.3.12}$$

$$S(t+1) = a_1(t) + b_1(t)(p(t) + cT_\alpha(p)(t)) \tag{8.3.13}$$

$$D(t) = S(t) \tag{8.3.14}$$

根据定理 8.3.1, 可以得到模型 (8.3.12)~(8.3.14) 的通解

$$p(t) = (p_0 - p_e) \prod_{\tau=t_0}^{t-1} \left(1 + \frac{b(\tau) - b_1(\tau)}{b_1(\tau)c} \tau^{\alpha-1}\right) + p_e \tag{8.3.15}$$

其中

$$p_e(t) = \frac{a_1(t) - a(t)}{b(t) - b_1(t)}$$

如果对 $\forall\, t \in \mathbb{T}$, 有

$$-2 < \frac{b(t) - b_1(t)}{b_1(t)c} t^{\alpha-1} < 0$$

那么根据定理 8.3.2, 模型 (8.3.12)~(8.3.14) 的价格收敛于它的均衡价格 $p_e$.

**例 8.3.3** 设 $\mathbb{T} = q^{\mathbb{N}_0}$. 则模型 (8.3.1)~(8.3.3) 变成

$$D(qt) = a(t) + b(t)p(t) \tag{8.3.16}$$

$$S(qt) = a_1(t) + b_1(t)\left(p(t) + c\frac{p(qt) - p(t)}{(q-1)t} t^{1-\alpha}\right) \tag{8.3.17}$$

$$D(t) = S(t) \tag{8.3.18}$$

对 $t > t_0, t \in q^{\mathbb{N}_0}$, 通解为

$$p(t) = (p_0 - p_e) \prod_{s \in [t_0, t)} \left[1 + (q-1)\frac{b(s) - b_1(s)}{b_1(s)c} s^\alpha\right] + p_e \qquad (8.3.19)$$

其中 $p_e(t) = \dfrac{a_1(t) - a(t)}{b(t) - b_1(t)}$.

既然对 $\forall\, t \in \mathbb{T}$, 有

$$-\frac{2}{(q-1)t^\alpha} < \frac{b(t) - b_1(t)}{b_1(t)c} < 0$$

那么根据定理 8.3.2, 模型 (8.3.16)~(8.3.18) 的价格收敛于它的均衡价格 $p_e$.

下面的例子给出的是一个更一般的时标上, 时标整合分数阶蛛网模型的应用. 读者还可以据此给出其他类型时标的应用.

**例 8.3.4** 设 $\mathbb{T} = [0.1, 1] \cup [2, 3] \cup [4, 5] \cup [6, 7]$. 考察模型

$$D(\sigma(t)) = 80 - 4p(t) \qquad (8.3.20)$$

$$S(\sigma(t)) = -10 + 2(p(t) + cT_\alpha(p)(t)) \qquad (8.3.21)$$

$$D(t) = S(t) \qquad (8.3.22)$$

取 $p_0 = 18$. 当 $\alpha = 1, c = 5$ 时, 模型 (8.3.20)~(8.3.22) 的通解为

$$p(t) = \begin{cases} 3e^{-\frac{3}{5}(t-0.1)} + 15, & 0.1 \leqslant t \leqslant 1 \\ -0.6590 e^{-\frac{3}{5}(t-2)} + 15, & 2 \leqslant t \leqslant 3 \\ 0.1447 e^{-\frac{3}{5}(t-4)} + 15, & 4 \leqslant t \leqslant 5 \\ -0.0318 e^{-\frac{3}{5}(t-6)} + 15, & 6 \leqslant t \leqslant 7 \end{cases} \qquad (8.3.23)$$

同理可以计算 $0 < \alpha < 1$, 而 $c > 0$ 或者 $c < 0$ 时的通解, 读者可以 $\alpha = 0.2, 0.5, 0.8$, 同时 $c = 1, 5, -10$ 等为例自行计算并进行对比.

## 8.4 几个可继续研究的问题

蛛网模型是经济学研究中的经典模型, 至今依然活跃, 其所包含的经济思想适用于大量经济学和其他社会科学问题. 分数阶微积分自 20 世纪中叶开始迅速发展, 新的分数阶导数和积分的概念不断推出, 微积分理论还在不断完善中. 时标分数阶微积分的起步更晚, 目前发展也还只在初期阶段. 随着分数阶微积分理论

## 8.4 几个可继续研究的问题

逐步被应用于实际生活领域, 已被发现在生物、物理和化工领域有着重要应用价值, 分数阶微积分在经济领域, 更进一步, 时标分数阶微积分在经济领域的应用还罕见, 本节从蛛网模型的角度, 给出此领域可以继续研究的问题.

对比第 7 章, 本章将时标蛛网模型中的微分算子从整数阶导数推广到了分数阶导数, 即非整数阶导数的情形, 其 $\alpha = 1$ 的情形相当于第 7 章的模型, 但是本章只讨论了静态预期和外推性预期下的时标蛛网模型, 没有对应第 7 章的正常价格预期蛛网模型和适应性预蛛网模型, 也没有讨论非线性蛛网模型, 读者可以基于第 7 章的相关内容, 在整合分数阶导数的情形下做更进一步的研究.

除了整合分数阶导数, 还有一类分数阶导数也受到非常多学者的关注, 那就是 Caputo 分数阶导数. 20 世纪 60 年代, 学者们研究 R-L 型分数阶微积分时, 发现其超奇异性限制了实际应用, 于是把 R-L 型分数阶导数中去掉超奇异性的部分, 定义为 Caputo 分数阶导数, 这样 Caputo 分数阶导数不仅具有较好的性质, 在实际中也有广泛应用. [Chen2020] 在连续情形下建立了 Caputo 分数阶导数的蛛网模型, 给出了模型达到均衡的稳定性条件. 基于他们的工作, 建立时标 Caputo 分数阶导数的蛛网模型也是可以尝试的.

另外, 经济学中, 蛛网模型是运用弹性原理解释某些生产周期较长的商品在失去均衡时发生的不同波动情况的一种动态分析理论, 并不只局限于如本书所述, 重点讨论价格函数的收敛状况, 给出稳定性标准, 因此读者可以依据第 2 章给出的时标弹性概念和性质, 对第 7 章和本章建立的时标动态蛛网模型的收敛性、发散性和封闭性进行更进一步的讨论, 使之更有经济学上的应用价值.

# 第 9 章 时标乘数-加速数模型

乘数-加速原理是由 Hansen-Samuelson 提出来的,它的特点在于将 Keynes 的"乘数论"和西方经济学的"加速数原理"结合起来,通过对政府支出、个人消费和私人投资等重要经济变量相互关系的分析,来说明经济周期性波动的原因及幅度. 乘数-加速数模型 (multiplier-accelerated number model) 是把投资水平和国民收入变化率联系起来,解释国民收入周期波动的一种理论,是最具影响的内生经济周期理论. 该理论认为,经济周期是由投资和收入变动共同决定的,是乘数与加速数共同发挥作用的结果.

本章建立了时标乘数-加速数模型,给出了同时考虑税收和外贸的多部门一般形式,并在四种具体情形下进行了考察:Samuelson 基本乘数-加速数模型、考虑政府税收的情形、开放经济和封闭经济的 Hicks 拓展情形. 对所有的情形,都既给出扩展和自伴形式的动态方程,也给出特定时标的实例.

对本章内容感兴趣的读者可以参见 [Bohner2010] 以及他们的后续工作.

## 9.1 传统乘数-加速数模型框架

加速原理是呈现消费品需求的微小变化引起生产所需的投资 (资本) 品的巨大变化的一种理论,是分析经济波动的基本工具. 加速原理最先由法国的 Aftalion 和美国的 Clark 分别在 1913 年和 1917 年提出,后来,英国的 Harrod 在他 1936 年出版的《商业周期》一书中对加速原理作了详细的论述. 其基本内容是:社会资本品需求总量是国民收入或生产水平的函数,消费品需求量和收入的增长必然导致"引致投资",资本品总量的增量即净投资会以比消费品需求量增长率更大的速率加速增长. 因此,消费品需求量增长率的相对下降也可以带来经济衰退.

加速原理的一个最突出的应用便是它与 Keynes 乘数的交互作用.

乘数原理又称倍数原理,是一种传统的经济周期理论. 在 Keynes 经济学的理论和政策主张中占有重要地位,也是现代经济研究中的重要分析工具. 乘数原理指由连锁反应、投资增加引起的国民收入的增加量是投资增加量的若干倍,引申为某一变量的变化引起另一相关变量成倍变化的经济理论. 乘数被定义为自发性支出增加一倍所导致的均衡国民收入增加的倍数.

乘数-加速数理论认为经济波动的根源在于经济自身,因而是内生的. 具体地说,就是投资的变动会引起收入或消费若干倍的变动 (乘数作用),而收入或消费

## 9.1 传统乘数-加速数模型框架

的变动又会引起投资若干倍的变动 (加速数作用), 正是乘数和加速数的交互作用, 造成了经济的周期性波动. 投资扩张时, 投资通过乘数效应对收入产生倍数增加作用, 收入的增加又通过加速作用对投资产生加速推进作用, 这样, 经济进入循环扩张阶段; 相反, 投资减少时, 减少的投资又通过乘数效应对收入产生倍数缩减作用, 收入的缩减又通过加速作用进一步减少投资, 这样, 又不断循环地导致经济进入衰退阶段.

1939 年, Samuelson 在 *Interactions between the Multiplier Analysis and the Principle of Acceleration* 一文中将乘数模型与加速原理结合起来, 用一个二阶差分方程描述结合后的模型. 在这个模型中, 他假定国民收入 $Y$ 依赖于三个支出流: 引致投资 $I$、自发投资 (政府支出) $G$ 和消费 $C$. 这里自发投资是指完全独立于当前经济状态的投资, 而引致投资则依赖于当前经济状态.

假设消费与国民收入严格成正比, 并有一期的滞后, 即

$$C_t = bY_{t-1}$$

其中 $b$ 是边际消费倾向, 反映了消费随收入增加而增加的倾向. 如果引致投资或自发投资之一增加, 那么乘数理论认为国民收入也将增加, 且这种增加远高于投资的初始增加. 该模型还假设引致投资和上期到本期的消费增加成恒定比例, 即

$$I_t = \beta \Delta C_{t-1} = \beta(C_t - C_{t-1})$$

其中 $\beta$ 是加速系数, 也称投资加速数, 来源于资本产出比. 这正是加速原理进入模型的方式. 加速效应是消费变化对投资的影响, 根据假定 $I_t = \beta \Delta C_{t-1}$, 消费必须持续增长才能使投资保持恒定.

模型的均衡条件是

$$Y_t = C_t + I_t + G_t$$

因此可建立如下经济周期波动的描述方程

$$Y_t - b(1+\beta)Y_{t-1} + b\beta Y_{t-2} = G_t \tag{9.1.1}$$

它是一个线性二阶差分方程. 以上就是 Samuelson 基本乘数-加速数模型的框架.

Samuelson 基本乘数-加速数模型将政府支出设定为常数, 认为政府不应该对市场进行干预, 政府支出从长期来看将维持在一个均衡水平 $\bar{G}$. 但在经济实践中, 大多数国家每年政府支出的变动幅度很大, 支出情况与经济的运行情况和财政状况息息相关. 同时, 许多国家政府在面对多种类型的经济不确定因素时, 将政府支出作为调节经济的重要工具, 通过加大或减少公共支出刺激或稳定经济. 政府的支出行为已经对经济运行, 乃至周期的变化产生了更加显著的影响 ([Zong2020]). 因此本章是在内生化政府投资行为的基础上进行模型一般情形的讨论.

在上述 Samuelson 基本模型框架假设的基础上,从实际经济环境出发,还可以从其他不同角度考察和拓展乘数-加速数模型,包括但不限于:

**情形 1** 考虑政府税收. 把乘数-加速数模型包括厂商和家庭推广到包括厂商、家庭和政府的三部门情形,并假设政府将税收在同期进行完全投资,利率假定为常数 $\bar{G}$.

**情形 2** 乘数-加速数模型的 Hicks 拓展. 英国的 Hicks 在 Samuelson 乘数-加速数模型的基础上进行了修改,建立了 Hicks 经济周期模型. 在基本模型框架的基础上,Hicks 假设 ① 自发投资 $G$ 的形式为 $G_t = A_0(1+g)^t$,其中 $A_0$ 为自发投资的初始值,$g$ 是自发投资的增长率. ② 加速器引致投资不再依赖于消费需求的变化,而是取决于总需求,国民收入的变化. ③ 引致投资与前两期到前一期的国民收入增长成正比,即 $I_t$ 与 $\Delta Y_{t-2} = Y_{t-1} - Y_{t-2}$,而不是与 $\Delta Y_{t-1} = Y_t - Y_{t-1}$ 成正比.

**情形 3** 开放经济,即考虑进口和出口的经济. Samuelson 基本乘数-加速数模型解释的是封闭的自由经济中国民收入按资本-产出比 (加速数) 引致投资产生变化的情况,然而净出口 (即出口减去进口) 也是引起国民收入变化的重要变量. 考虑开放经济的乘数-加速数模型能更好地解释经济增长与波动现象,本章因此把乘数-加速数模型包括厂商和家庭推广到包括厂商、家庭、政府和对外贸易部门的四部门情形. 除了一般情形的讨论,也考察允许发生对外贸易的 Hicks 拓展模型. 在情形 2 的 Hicks 假设的基础上,进一步假设①当期进口 $M_t$ 与国民收入成正比,并有一期的滞后,即 $M_t = mY_{t-1}$. ② 出口 $X_t$ 的行为由初始值 $X_0$ 和恒常增长率 $x$ 确定,则 $X_t = X_0(1+x)^t$.

本章建立一般形式的时标乘数-加速数模型,包括厂商、家庭、政府和对外贸易部门四部门,并且给出四种情形下的具体模型形式. 时标模型不仅统一了对应连续和离散的两个版本的模型,而且可以自然扩展到更加一般的时标结构上去. 无论是时标乘数-加速数模型的一般形式,还是四种情形模型的具体形式,本章都同时讨论并且给出模型的自伴形式,以及常见特殊时标的例子,便于读者进行模型分析和应用.

## 9.2 时标乘数-加速数模型的一般形式

本节给出包括厂商、家庭、政府和对外贸易部门四部门的 Samuelson 基本乘数-加速数模型的一般形式.

设国民收入 $Y$、引致投资 $I$、自发投资 $G$、消费 $C$、进口 $M$ 和出口 $X$ 都是时标 $\mathbb{T}$ 上的函数. 这里 "引致投资" 是指由于国民收入的变动所引起的投资; "自发投资" 是相对于 "引致投资" 而言的,是指不受国民收入水平或消费水平等经济情

## 9.2 时标乘数-加速数模型的一般形式

况影响和限制的投资, 也可看作是由人口、技术、资源等外生因素的变动所引起的投资. 在现实经济中, 自发投资的例子有政府投资和对技术发明做出直接反映的投资等. "进口"是指向非本地区居民购买生产或消费所需的原材料、产品、服务. 目的是获得更低成本的生产投入, 或者是谋求本国没有的产品与服务的垄断利润; "出口"与"进口"相对应, 是指向非本地区居民提供他们所需的产品和服务, 目的是扩大生产规模、延长产品的生命周期.

本节考虑这样的一个经济. 国民收入依赖于消费、引致投资和自发投资、进口和出口. 消费 $C$ 和国民收入 $Y$ 严格成正比, 有一期的滞后; 引致投资与 $C^\Delta$, 即消费 $C$ 从前一期到当期的增长成恒常比例, 比例系数为 $\gamma$. 自发投资的组成包括常数部分 $\bar{G}$ 和一个指数增长部分 $A_0 e_g(\cdot, t_0)$, 其中 $g$ 是增长率, $A_0$ 是初始自发投资. 出口 $X$ 以指数增长, 其初始值为 $X_0$, 增长率为 $x$; 当期进口 $M$ 与滞后一期的国民收入 $Y$ 成正比, 比例系数为 $m$. 考虑税收, 税率为 $\tau$.

根据以上的模型设定, 再进一步假设 $I, C, A, M$ 和 $X$ 在 $\mathbb{T}^k$ 上均 delta 可导. 用前向跳跃算子 $\sigma$ 和 delta 导数, 先建立一般形式的时标乘数-加速数模型:

$$Y(t) = C(t) + I(t) + A(t) - M(t) + \tau Y(t) \tag{9.2.1}$$

$$I^\sigma(t) = \gamma C^\Delta(t) \tag{9.2.2}$$

$$C^\sigma(t) = b(1-\tau)Y(t) + (\mu-1)Y^\Delta(t) \tag{9.2.3}$$

$$M^\sigma(t) = mY(t) \tag{9.2.4}$$

其中 $A := G + X$, $G = \bar{G} + A_0 e_g(\cdot, t_0)$, $X = X_0 e_x(\cdot, t_0)$.

在 Samuelson 基本模型框架假设的基础上, 除了考虑政府税收和对外贸易, 时标模型对消费的假设也进行了调整, 假设消费不仅与滞后一期的国民收入有关, 而且与国民收入的变化有关, 后者的依赖关系还取决于时标结构, 具体表现在 $(\mu-1)Y^\Delta(t)$ 项上.

首先刻画模型 (9.2.1)~(9.2.4) 所界定的国民收入的动态行为, 为此先给出一个引理.

**引理 9.2.1** 一般情形的时标乘数-加速数模型满足

$$I^\Delta(t) = (1-\tau)Y^\Delta(t) - \frac{1}{\gamma}I^\sigma(t) - A^\Delta(t) + M^\Delta(t) \tag{9.2.5}$$

和

$$Y^\Delta(t) = I^\sigma(t) + A^\sigma(t) - [1+m-b(1-\tau)]Y(t) + \tau Y^\sigma(t) \tag{9.2.6}$$

**证** 根据 (9.2.2) 式, 有 $C^\Delta(t) = \dfrac{1}{\gamma}I^\sigma(t)$. 代入 (9.2.1) 式, 省略 $t$, 有

$$I^\Delta = Y^\Delta - C^\Delta - A^\Delta + M^\Delta - \tau Y^\Delta = (1-\tau)Y^\Delta - \frac{1}{\gamma}I^\sigma - A^\Delta + M^\Delta$$

即 (9.2.5) 式成立. 而利用 (9.2.3) 式、(9.2.4) 式和 (9.2.1) 式, 以及 $f^\sigma(t) = f(t) + \mu(t)f^\Delta(t)$ (见定理 1.2.1 的 (3)), 有

$$I^\sigma + A^\sigma - [1+m-b(1-\tau)]Y + \tau Y^\sigma - Y^\Delta$$
$$= I^\sigma + A^\sigma - Y - mY + b(1-\tau)Y + \tau Y^\sigma - [b(1-\tau)Y - C^\sigma + \mu Y^\Delta]$$
$$= I^\sigma + A^\sigma + C^\sigma - M^\sigma + \tau Y^\sigma - (Y + \mu Y^\Delta)$$
$$= (C+I+A-M+\tau Y)^\sigma - Y^\sigma = 0$$

移项整理即是 (9.2.6) 式. □

**定理 9.2.1** 设 $\sigma^\Delta$ 存在. 令

$$c := \sigma^\Delta \left(\frac{1}{\gamma} - 1 - \sigma^\Delta \mu \frac{1}{\gamma}\tau\right) \in \mathcal{R}, \quad d := b(1-\tau) - 1 \tag{9.2.7}$$

则 $Y$ 满足

$$Y^{\Delta\Delta}(t) + \frac{c + \sigma^\Delta \frac{1}{\gamma}\mu(m-\tau-d) - d}{1+\mu c}Y^\Delta(t) + \frac{\sigma^\Delta \frac{1}{\gamma}(m-\tau-d)}{1+\mu c}Y(t)$$
$$= \frac{\sigma^\Delta \frac{1}{\gamma}}{1+\mu c}A^{\sigma\sigma}(t) \tag{9.2.8}$$

**证** 根据引理 9.2.1, 有

$$Y^\Delta(t) = I^\sigma(t) + A^\sigma(t) - [1+m-b(1-\tau)]Y(t) + \tau Y^\sigma(t)$$

对 $Y^\Delta(t)$ 求 delta 导数, 综合 (9.2.4) 式, 定理 1.2.1 的 (3) 和 (4), 省略 $t$, 得

$$Y^{\Delta\Delta} = I^{\sigma\Delta} + A^{\sigma\Delta} - [1+m-b(1-\tau)]Y^\Delta + \tau Y^{\sigma\Delta}$$
$$= \sigma^\Delta I^{\Delta\sigma} + A^{\sigma\Delta} + (d-m)Y^\Delta + \sigma^\Delta \tau Y^{\Delta\sigma}$$
$$= \sigma^\Delta \left[(1-\tau)Y^{\Delta\sigma} - \frac{1}{\gamma}I^{\sigma\sigma} - A^{\Delta\sigma} + M^{\Delta\sigma}\right] + A^{\sigma\Delta} + (d-m)Y^\Delta + \sigma^\Delta \tau Y^{\Delta\sigma}$$
$$= \sigma^\Delta(1-\tau)Y^{\Delta\sigma} - \sigma^\Delta \frac{1}{\gamma}\left\{Y^{\Delta\sigma} - A^{\sigma\sigma} + [1+m-b(1-\tau)]Y^\sigma - \tau Y^{\sigma\sigma}\right\}$$

## 9.2 时标乘数-加速数模型的一般形式

$$-\sigma^\Delta A^{\Delta\sigma} + \sigma^\Delta M^{\Delta\sigma} + A^{\sigma\Delta} + (d-m)Y^\Delta + \sigma^\Delta \tau Y^{\Delta\sigma}$$

$$= \sigma^\Delta \left(1 - \frac{1}{\gamma}\right)(Y^\Delta + \mu Y^{\Delta\Delta}) + \sigma^\Delta \frac{1}{\gamma} A^{\sigma\sigma} + \sigma^\Delta \frac{1}{\gamma}(d-m)(Y + \mu Y^\Delta)$$

$$+ \sigma^\Delta \frac{1}{\gamma}\tau\left[Y + \mu Y^\Delta + \mu\sigma^\Delta(Y^\Delta + \mu Y^{\Delta\Delta})\right] + M^{\sigma\Delta} + (d-m)Y^\Delta$$

$$= \sigma^\Delta \left(1 - \frac{1}{\gamma}\right)(Y^\Delta + \mu Y^{\Delta\Delta}) + \sigma^\Delta \frac{1}{\gamma} A^{\sigma\sigma} + \sigma^\Delta \frac{1}{\gamma}(d-m)(Y + \mu Y^\Delta)$$

$$+ \sigma^\Delta \frac{1}{\gamma}\tau[Y + \mu Y^\Delta + \mu\sigma^\Delta(Y^\Delta + \mu Y^{\Delta\Delta})] + dY^\Delta$$

$$= -\mu c Y^{\Delta\Delta} + \left[-c + \sigma^\Delta \frac{1}{\gamma}\mu(d - m + \tau) + d\right] Y^\Delta$$

$$+ \sigma^\Delta \frac{1}{\gamma}(d-m+\tau)Y + \sigma^\Delta \frac{1}{\gamma} A^{\sigma\sigma}$$

移项整理即是 (9.2.8) 式.  □

**注 9.2.1** 这里 (9.2.8) 式刻画的即是一般形式的时标乘数-加速数模型所界定的国民收入 $Y$ 的动态行为, 描述经济周期的波动. 它是一个时标二阶 delta 导数的动态方程.

**注 9.2.2** 假定 $Y = \bar{Y}$ 是常数. 可得方程 (9.2.8) 的一个特解是

$$\bar{Y} = \frac{A^{\sigma\sigma}}{m - \tau - d} \tag{9.2.9}$$

它是国民收入的均衡值. 与均衡值的偏差由对应时标二阶齐次动态方程

$$Y^{\Delta\Delta}(t) + \frac{c + \sigma^\Delta \frac{1}{\gamma}\mu(m-\tau-d) - d}{1 + \mu c} Y^\Delta(t) + \frac{\sigma^\Delta \frac{1}{\gamma}(m-\tau-d)}{1+\mu c} Y(t) = 0 \tag{9.2.10}$$

的通解给出. (9.2.9) 式中的系数 $1/(m-\tau-d)$ 是乘数. 可以看出, 自发性支出增加一倍, 将带来均衡国民收入增加 $1/(m-\tau-d)$ 倍.

记

$$\alpha(t) = \frac{c + \sigma^\Delta \frac{1}{\gamma}\mu(m-\tau-d) - d}{1 + \mu c}, \quad \beta(t) = \frac{\sigma^\Delta \frac{1}{\gamma}(m-\tau-d)}{1 + \mu c}$$

既然 $\sigma(t) = \mu(t) + t$, 若 $\mu$ 是常数, 则 $\sigma^\Delta(t) = \mu^\Delta(t) + 1 = 1$. 而 $\mu$ 是常数时,

$$Y^{\Delta\Delta}(t) + \alpha(t)Y^\Delta(t) + \beta(t)Y(t) = 0$$

是一个二阶常系数齐次时标动态方程. 只要它是 $\mu$ 回归的, 就可以求相应特征方程的根

$$\lambda_1 = \frac{-\alpha - \sqrt{\alpha^2 - 4\beta}}{2}, \quad \lambda_2 = \frac{-\alpha + \sqrt{\alpha^2 - 4\beta}}{2}$$

对应常系数非齐次方程 (9.2.8) 的通解就是

$$Y = a_1 e_{\lambda_1}(\cdot, t_0) + a_2 e_{\lambda_1}(\cdot, t_0) + \frac{A^{\sigma\sigma}}{m - \tau - d} \tag{9.2.11}$$

根据定理 1.4.5, 若给定初始条件 $Y(t_0) = Y_0$, $Y^\Delta(t_0) = Y_0^\Delta$, $t \in \mathbb{T}^k$, 则附加初始条件的常系数齐次动态方程初值问题 (9.2.10) 的解就是

$$Y_0 \frac{e_{\lambda_1}(\cdot, t_0) + e_{\lambda_2}(\cdot, t_0)}{2} + \frac{\alpha Y_0 + 2Y_0^\Delta}{\sqrt{\alpha^2 - 4\beta}} \frac{e_{\lambda_2}(\cdot, t_0) - e_{\lambda_1}(\cdot, t_0)}{2}$$

对于非齐次方程 (9.2.8), 进一步当 $\dfrac{\sigma^\Delta \dfrac{1}{\gamma}}{1 + \mu c} A^{\sigma\sigma}(t) \in C_{\mathrm{rd}}(\mathbb{T})$ 时是 $\mu$ 回归的, 这时可以通过常数变易法和零化子方法来求得唯一解.

以下给出几个特殊时标的例子.

**例 9.2.1** 连续、离散和 $q^{\mathbb{N}_0}$ 情形对应如下:

(i) 设 $\mathbb{T} = \mathbb{R}$. 则 $\sigma(t) \equiv t$, $\mu(t) \equiv 0$. 此时 $\sigma^\Delta = 1$, 方程 (9.2.8) 变为

$$Y''(t) + \left(\frac{1}{\gamma} - 1 - d\right) Y'(t) + \frac{1}{\gamma}(m - \tau - d) Y(t) = \frac{1}{\gamma} A(t) \tag{9.2.12}$$

其中 $d := b(1-\tau) - 1$. 可解得二阶非齐次线性常微分方程 (9.2.12) 的通解为

$$Y = a_1 e^{\lambda_1}(t) + a_2 e^{\lambda_2}(t) + \frac{A}{m - \tau - d}$$

其中

$$\lambda_{1,2} = \frac{-\left(\dfrac{1}{\gamma} - 1 - d\right) \pm \sqrt{\left(\dfrac{1}{\gamma} - 1 - d\right)^2 - 4\dfrac{1}{\gamma}(m - \tau - d)}}{2}$$

(ii) 设 $\mathbb{T} = \mathbb{Z}$. 则 $\sigma(t) \equiv t + 1$, $\mu(t) \equiv 1$. 此时 $\sigma^\Delta = 1$, 方程 (9.2.8) 变为二阶非齐次线性差分方程

$$\Delta\Delta Y_t + \frac{1 - 2\tau + m - \gamma b(1-\tau)}{1-\tau} \Delta Y_t + \frac{m - \tau - b(1-\tau) + 1}{1-\tau} Y_t = \frac{1}{1-\tau} A_{t+2} \tag{9.2.13}$$

或者依据 $\Delta Y_t = Y_{t+1} - Y_t$, $\Delta\Delta Y_t = Y_{t+2} - 2Y_{t+1} + Y_t$, 可以写成

$$Y_{t+2} - \frac{1-m+\gamma b(1-\tau)}{1-\tau}Y_{t+1} - \frac{m+b(1-\tau)}{1-\tau}Y_t = \frac{1}{1-\tau}A_{t+2} \qquad (9.2.14)$$

可以根据 (9.2.11) 式写出 (9.2.13) 或者 (9.2.14) 的通解, 也可以利用递推式求得通解. 留给读者练习.

(iii) 设 $\mathbb{T} = q^{\mathbb{N}_0}$. 则 $\sigma(t) \equiv qt, \mu(t) \equiv (q-1)t$. 此时 $\sigma^\Delta = q$, 方程 (9.2.8) 变为

$$Y^{\Delta\Delta}(t) + \frac{\gamma(c-d) + q(q-1)(m-\tau-d)t}{\gamma[1+c(q-1)t]}Y^\Delta(t)$$
$$+ \frac{q(m-\tau-d)}{\gamma[1+c(q-1)t]}Y(t) = \frac{q}{\gamma[1+c(q-1)t]}A(q^2 t) \qquad (9.2.15)$$

其中 $c := \frac{1}{\gamma}q(1-\gamma-q(q-1)\tau t) \in \mathcal{R}$, $d := b(1-\tau) - 1$. 这是一个二阶非齐次动态方程, 也可以尝试利用递推法解得通解.

## 9.3 时标乘数-加速数模型的自伴形式

考虑到实际应用, 这一节给出时标乘数-加速数模型的自伴形式. 为此从时标二阶线性动态方程 (9.2.8) 的自伴形式入手. 自伴形式为

$$Lx := (px^\Delta)\Delta(t) + q(t)x^\sigma(t) = 0 \qquad (9.3.1)$$

其中 $p, q \in C_{\mathrm{rd}}(\mathbb{T})$, 且 $p(t) \neq 0, \forall t \in \mathbb{T}$.

**引理 9.3.1** ([Bohner2001, 定理 4.5]) 设 $f \in C_{\mathrm{rd}}(\mathbb{T})$, $t_0 \in \mathbb{T}$, $x_0, x_0^\Delta$ 是给定的常数. 则二阶时标自伴动态方程初值问题

$$Lx = f(t), \quad x(t_0) = x_0, x^\Delta(0) = x_0^\Delta$$

在 $\mathbb{T}$ 上存在的唯一解.

一个一般形式的二阶动态方程可以写成自伴形式, 以下引理给出了转换条件和方法.

**引理 9.3.2** ([Bohner2001, 定理 4.12]) 如果 $a_1, a_2 \in C_{\mathrm{rd}}(\mathbb{T})$ 且 $\mu a_2 - a_1 \in \mathcal{R}$, 则二阶时标动态方程

$$Y^{\Delta\Delta}(t) + a_1(t)Y^\Delta(t) + a_2(t)Y(t) = 0$$

可以写成自伴形式 (9.3.1), 其中

$$p = e_\alpha(\cdot, t_0), \quad \alpha = \ominus(\mu a_2 - a_1)$$

$$q = e_\alpha^\sigma(\cdot,t_0)a_2 = (1+\mu\alpha)pa_2, \quad t_0 \in \mathbb{T}^k$$

**证** 根据 $\alpha = \ominus(\mu a_2 - a_1)$ 可得 $1+\alpha\mu \neq 0$, 从而 $\alpha \in \mathcal{R}$, $p = e_\alpha(\cdot,t_0)$ 有定义. 既然 $Y = Y^\sigma - \mu Y^\Delta$, 将其代入 $Y^{\Delta\Delta}(t) + a_1(t)Y^\Delta(t) + a_2(t)Y(t) = 0$, 得

$$Y^{\Delta\Delta}(t) + [a_1(t) - \mu(t)a_2(t)] Y^\Delta(t) + a_2(t)Y^\sigma(t) = 0$$

两边同乘以 $e_\alpha^\sigma(t,t_0)$, 可得

$$e_\alpha^\sigma(t,t_0)Y^{\Delta\Delta}(t) + e_\alpha^\sigma(t,t_0)[a_1(t) - \mu(t)a_2(t)]Y^\Delta(t)$$
$$+ e_\alpha^\sigma(t,t_0)a_2(t)Y^\sigma(t) = 0$$

其中 $Y^\Delta$ 项的系数为

$$e_\alpha^\sigma(t,t_0)[a_1(t) - \mu(t)a_2(t)]$$
$$= [1+\mu(t)\alpha(t)]e_\alpha(t,t_0)[a_1(t) - \mu(t)a_2(t)]$$
$$= \alpha(t)e_\alpha(t,t_0) = e_\alpha^\Delta(t,t_0)$$

进一步,

$$0 = e_\alpha^\sigma(t,t_0)Y^{\Delta\Delta}(t) + e_\alpha^\sigma(t,t_0)[a_1(t) - \mu(t)a_2(t)]Y^\Delta(t) + e_\alpha^\sigma(t,t_0)a_2(t)Y^\sigma(t)$$
$$= e_\alpha^\sigma(t,t_0)Y^{\Delta\Delta}(t) + e_\alpha^\Delta(t,t_0)Y^\Delta(t) + e_\alpha^\sigma(t,t_0)a_2(t)Y^\sigma(t)$$
$$= \left[e_\alpha(\cdot,t_0)Y^\Delta\right]^\Delta(t) + e_\alpha^\sigma(t,t_0)a_2(t)Y^\sigma(t) \quad \square$$

根据 $p$ 和 $q$ 的定义即证.

现在回到时标乘数-加速数模型国民收入的动态方程 (9.2.8).

**定理 9.3.1** 设 $c,d$ 同 (9.2.7) 式定义. 假定 $\sigma^\Delta \in C_{\rm rd}(\mathbb{T})$, $c,d \in \mathcal{R}$. 则动态方程 (9.2.8) 相应的齐次方程有如下自伴形式:

$$(e_\alpha(t,t_0)Y^\Delta)\Delta(t) + \sigma^\Delta(t)\frac{1}{\gamma}[(m-\tau)\ominus d](t)e_\alpha(t,t_0)Y^\sigma(t) = 0 \qquad (9.3.2)$$

其中

$$\alpha = c \ominus d$$

**证** 根据引理 9.3.2, 有

$$\alpha = \ominus\left(\frac{\sigma^\Delta \frac{1}{\gamma}\mu(m-\tau-d)}{1+\mu c} - \frac{c + \sigma^\Delta \frac{1}{\gamma}\mu(m-\tau-d) - d}{1+\mu c}\right)$$

$$= \ominus \left(\frac{d-c}{1+\mu c}\right) = \ominus(d \ominus c) = c \ominus d$$

从而得

$$p = e_\alpha(\cdot,t_0) = e_{c \ominus d}(\cdot,t_0) = \frac{e_c(\cdot,t_0)}{e_d(\cdot,t_0)}$$

进一步

$$q = (1+\mu\alpha)pa_2 = [1+\mu(c \ominus d)]pa_2 = \frac{1+\mu c}{1+\mu d}pa_2$$
$$= p\sigma^\Delta \frac{1}{\gamma} \frac{m-\tau-d}{1+\mu d} = p\sigma^\Delta \frac{1}{\gamma}[(m-\tau) \ominus d] \qquad \square$$

此节的最后, 我们给出二阶时标动态方程的另一个常见形式和它的自伴转换结果. 若经济假设对应模型正好适用, 则可类似讨论.

**引理 9.3.3** ([Bohner2001, 定理 4.17])　如果 $a_1, a_2 \in C_{\mathrm{rd}}(\mathbb{T})$ 且 $\mu a_2 - a_1 \in \mathcal{R}$, 则二阶时标动态方程

$$Y^{\Delta\Delta}(t) + a_1(t)Y^{\Delta^\sigma}(t) + a_2(t)Y^\sigma(t) = 0$$

可以写成自伴形式 (9.3.1), 其中

$$p = e_\alpha(\cdot,t_0), \quad \alpha = \ominus(\mu a_2 - a_1)$$
$$q = e_\alpha(\cdot,t_0)a_2 = pa_2, \quad t_0 \in \mathbb{T}^k$$

## 9.4　考虑政府税收的时标乘数-加速数模型

在 9.1 节里, 已经提到 Samuelson 乘数-加速数模型可从三个角度进行推广和具体应用, 包括考虑政府税收、Hicks 拓展、开放经济. 9.4 节至 9.7 节就是在一般情形的基础上, 从四个角度给出模型的具体应用. 这四个角度也包括 9.5 节的 Samuelson 基本乘数-加速数模型的时标版本.

本节先考虑加入政府税收的时标乘数-加速数模型.

税收是国家 (政府) 公共财政最主要的收入形式和来源. 税收的本质是国家为满足社会公共需要, 凭借公共权利, 按照法律所规定的标准和程序, 参与国民收入分配, 强制取得财政收入所形成的一种特殊分配关系. 税收是政府运转的基本保障, 是实现政府职能的前提. 税收主要用于国防和军队建设、国家公务员工资发放、道路交通和城市基础设施建设、科学研究、医疗卫生防疫、文化教育、救灾赈济、环境保护等领域.

假设政府税收在同期进行完全投资, 并假定利率为常数 $\bar{G}$.

在一般模型 (9.2.1)~(9.2.4) 的基础上, 本部分总假设 $m=0, \gamma=\beta, A_0=0, X=0$. 建立政府税收情形的时标乘数-加速数模型如下:

$$Y(t) = C(t) + I(t) + \bar{G} + \tau Y(t)$$

$$I^\sigma(t) = \beta C^\Delta(t)$$

$$C^\sigma(t) = b(1-\tau)Y(t) + (\mu-1)Y^\Delta(t)$$

以下刻画国民收入的动态行为.

**定理 9.4.1** 设 $\sigma^\Delta$ 存在. 令

$$c := \sigma^\Delta \left(\frac{1}{\beta} - 1 - \sigma^\Delta \mu \frac{1}{\beta}\tau\right) \in \mathcal{R}, \quad d := b(1-\tau) - 1 \tag{9.4.1}$$

则 $Y$ 满足

$$Y^{\Delta\Delta}(t) + \frac{c - \sigma^\Delta \frac{1}{\beta}\mu(\tau+d) - d}{1+\mu c} Y^\Delta(t) - \frac{\sigma^\Delta \frac{1}{\beta}(\tau+d)}{1+\mu c} Y(t) = \frac{\sigma^\Delta \frac{1}{\beta}}{1+\mu c}\bar{G} \tag{9.4.2}$$

**证** 根据 $A_0 = 0, X_0 = 0$ 以及

$$A = G + X, G = \bar{G} + A_0 e_g(\cdot, t_0), X = X_0 e_x(\cdot, t_0)$$

可得 $A = \bar{G}$. 再注意到 $m=0, \gamma=\beta$, 代入定理 9.2.1 的 (9.2.8) 式即得 (9.4.2) 式. □

可以根据定理 9.3.1, 写出动态方程 (9.4.2) 的自伴形式.

**定理 9.4.2** 设 $c,d$ 同 (9.4.1) 式定义. 假定 $\sigma^\Delta \in C_{\rm rd}(\mathbb{T}), c,d \in \mathcal{R}$. 则动态方程 (9.4.2) 相应的齐次方程有如下自伴形式:

$$(e_\alpha(t,t_0)Y^\Delta)\Delta(t) + \sigma^\Delta(t)\frac{1}{\beta}\left[(-\tau) \ominus d\right](t)e_\alpha(t,t_0)Y^\sigma(t) = 0 \tag{9.4.3}$$

其中

$$\alpha = c \ominus d = \sigma^\Delta \left(\frac{1}{\beta}\left(1-\sigma^\Delta\mu\tau\right) - 1\right) \ominus (b(1-\tau)-1)$$

**证** 注意到 $m=0, \gamma=\beta$, 其余同定理 9.3.1 的证明. □

**例 9.4.1** 连续、离散和 $q^{\mathbb{N}_0}$ 情形对应如下:

(i) 设 $\mathbb{T}=\mathbb{R}, t_0=0$. 则 $\sigma(t)\equiv t, \mu(t)\equiv 0$. 此时 $\sigma^\Delta=1$, 方程 (9.4.2) 变为

$$Y''(t) + [1-\beta b(1-\tau)]Y'(t) + (1-b)(1-\tau)Y = \bar{G}$$

## 9.4 考虑政府税收的时标乘数-加速数模型

而它对应齐次方程的自伴形式 (9.4.3) 为

$$(e^{[1-\beta b(1-\tau)]t}Y')'(t) + (1-b)(1-\tau)e^{[1-\beta b(1-\tau)]t}Y(t) = 0$$

(ii) 设 $\mathbb{T} = \mathbb{Z}, t_0 = 0$. 则 $\sigma(t) \equiv t+1, \mu(t) \equiv 1$. 此时 $\sigma^\Delta = 1$, 方程 (9.4.2) 变为

$$\Delta\Delta Y_t + (2-b(1+\beta))\Delta Y_t + (1-b)Y_t = \frac{\bar{G}}{1-\tau}$$

或者依据 $\Delta Y_t = Y_{t+1} - Y_t$, $\Delta\Delta Y_t = Y_{t+2} - 2Y_{t+1} + Y_t$, 可以写成

$$Y_{t+2} - b(1+\beta)Y_{t+1} + \beta b Y_t = \frac{\bar{G}}{1-\tau}$$

这个就是 [Gandolfo1980] 的练习 6.1.b. 既然

$$\alpha = \ominus(\mu a_2 - a_1) = \frac{a_1 - a_2}{1 + a_2 - a_1} = \frac{-b(1+2\beta)}{1+b(1+2\beta)}$$

$$p(t) = (1+\alpha)^t = \left(\frac{1}{1+b(1+2\beta)}\right)^t$$

$$q(t) = (1+\mu\alpha)p(t)a_2(t) = (1+\alpha)^{t+1}a_2(t) = \beta b\left(\frac{1}{1+b(1+2\beta)}\right)^{t+1}$$

可得它对应齐次方程的自伴形式 (9.4.3) 为

$$\Delta\left[\left(\frac{1}{1+b(1+2\beta)}\right)^t \Delta Y(t)\right] + \beta b\left(\frac{1}{1+b(1+2\beta)}\right)^{t+1} Y(t+1) = 0$$

(iii) 设 $\mathbb{T} = q^{\mathbb{N}_0}, t_0 = 0$. 则 $\sigma(t) = qt, \mu(t) = (q-1)t$. 此时 $\sigma^\Delta = q$, 方程 (9.4.2) 变为

$$Y^{\Delta\Delta}(t) - \frac{\beta(c-d) - q(q-1)(\tau+d)t}{\beta[1+c(q-1)t]}Y^\Delta(t) - \frac{q(\tau+d)}{\beta[1+c(q-1)t]}Y(t)$$

$$= \frac{q}{\beta[1+c(q-1)t]}\bar{G}$$

其中 $c := \frac{1}{\beta}q(1-\gamma-q(q-1)\tau t) \in \mathcal{R}$, $d := b(1-\tau) - 1$. 既然

$$\alpha = \ominus(\mu a_2 - a_1) = \frac{a_1 - \mu a_2}{1+\mu(\mu a_2 - a_1)} = \frac{a_1 - a_2(q-1)t}{1+a_2(q-1)^2 t^2 - a_1(q-1)t}$$

$$p(t) = e_\alpha(t, t_0) = e_\alpha(t, 0)$$
$$q(t) = (1 + \mu\alpha)p(t)a_2(t) = [1 + (q-1)t\alpha] a_2(t)e_\alpha(t, 0)$$

可得它对应齐次方程的自伴形式 (9.4.3) 为

$$(e_\alpha(t,0)Y^\Delta)\Delta(t) + [1 + (q-1)t\alpha] a_2(t)e_\alpha(t,0)Y^\sigma(t) = 0$$

其中
$$a_1(t) = -\frac{\beta(c-d) - q(q-1)(\tau+d)t}{\beta[1 + c(q-1)t]}$$

$$a_2(t) = -\frac{q(\tau+d)}{\beta[1 + c(q-1)t]}$$

## 9.5  Samuelson 基本乘数-加速数模型的时标版本

本部分回到 Samuelson 基本乘数-加速数模型. 因此不考虑税收和对外贸易, 总假设 $m = 0, \tau = 0, \gamma = \beta, A_0 = 0, X_0 = 0$

根据一般模型 (9.2.1)~(9.2.4), Samuelson 基本乘数-加速数模型的时标版本如下:

$$Y(t) = C(t) + I(t) + \bar{G} \tag{9.5.1}$$

$$I^\sigma(t) = \beta C^\Delta(t) \tag{9.5.2}$$

$$C^\sigma(t) = bY(t) + (\mu - 1)Y^\Delta(t) \tag{9.5.3}$$

较之 Samuelson 基本模型的框架假设, 这个模型对消费的假设进行了调整, 使之不仅与滞后一期的国民收入有关, 而且与国民收入在时标结构上的变化有关. 如果是差分情形, 由于满足 $\mu \equiv 1$, 所以二者保持一致; 但对不满足 $\mu \equiv 1$ 的其他时标, 二者并不一致.

**定理 9.5.1**  设 $\sigma^\Delta$ 存在. 令

$$c := \sigma^\Delta\left(\frac{1}{\beta} - 1\right) \in \mathcal{R}, \quad d := b - 1 \tag{9.5.4}$$

则 $Y$ 满足

$$Y^{\Delta\Delta}(t) + \frac{c - d\left(1 + \sigma^\Delta\frac{1}{\beta}\mu\right)}{1 + \mu c}Y^\Delta(t) - \frac{\sigma^\Delta\frac{1}{\beta}d}{1 + \mu c}Y(t) = \frac{\sigma^\Delta\frac{1}{\beta}}{1 + \mu c}\bar{G} \tag{9.5.5}$$

**证**  同定理 9.4.1 的证明, 只需注意 $\tau = 0$. □

## 9.5 Samuelson 基本乘数-加速数模型的时标版本

以下给出方程 (9.5.5) 的自伴形式.

**定理 9.5.2** 设 $c, d$ 同 (9.5.4) 式定义. 假定 $\sigma^\Delta \in C_{\mathrm{rd}}(\mathbb{T})$, $c, d \in \mathcal{R}$. 则方程 (9.5.5) 的相应的齐次方程有如下自伴形式

$$(e_\alpha(t, t_0) Y^\Delta)^\Delta(t) + \sigma^\Delta(t) \frac{1}{\beta} \left[ \ominus (b-1) \right](t) e_\alpha(t, t_0) Y^\sigma(t) = 0 \tag{9.5.6}$$

其中

$$\alpha = \sigma^\Delta \left( \frac{1}{\beta} - 1 \right) \ominus (b - 1)$$

**证** 同定理 9.4.2 的证明, 将 $\tau = 0$ 代入 (9.4.3) 式即得 (9.5.6) 式. □

**例 9.5.1** 连续、离散和 $q^{\mathbb{N}_0}$ 情形对应如下:

(i) 设 $\mathbb{T} = \mathbb{R}$, $t_0 = 0$. 则 $\sigma(t) \equiv t$, $\mu(t) \equiv 0$. 此时 $\sigma^\Delta = 1$, 方程 (9.5.5) 变为

$$Y'' + \left( \frac{1}{\beta} - b \right) Y' + \frac{1}{\beta} (1-b) Y = \frac{\bar{G}}{\beta}$$

而它对应齐次方程的自伴形式 (9.5.6) 为

$$(e^{(b-\frac{1}{\beta})t} Y')'(t) + \frac{1}{\beta}(1-b) e^{(b-\frac{1}{\beta})t} Y(t) = 0$$

(ii) 设 $\mathbb{T} = \mathbb{Z}$, $t_0 = 0$. 则 $\sigma(t) \equiv t+1$, $\mu(t) \equiv 1$. 此时 $\sigma^\Delta = 1$, 方程 (9.5.5) 变为

$$\Delta \Delta Y_t + (2 - b(1+\beta)) \Delta Y_t + (1-b) Y_t = \bar{G}$$

或者依据 $\Delta Y_t = Y_{t+1} - Y_t$, $\Delta \Delta Y_t = Y_{t+2} - 2Y_{t+1} + Y_t$, 可以写成

$$Y_{t+2} - b(1+\beta) Y_{t+1} + \beta b Y_t = \bar{G}$$

可以看到方程的齐次部分同不考虑税收的模型. 这正是 Samuelson(1970) 提出的线性二阶差分方程. 因为

$$\alpha = \sigma^\Delta \left( \frac{1}{\beta} - 1 \right) \ominus (b-1) = 1 - \frac{1}{b\beta}, \ominus (b-1) = \frac{1-b}{b}$$

所以它对应齐次方程的自伴形式 (9.5.6) 为

$$\Delta \left[ \left( 2 - \frac{1}{b\beta} \right)^t \Delta Y(t) \right] + \frac{1-b}{\beta b} \left( 2 - \frac{1}{b\beta} \right)^{t+1} Y(t+1) = 0$$

(iii) 设 $\mathbb{T}=q^{\mathbb{N}_0}, t_0 = 0$. 则 $\sigma(t) = qt, \mu(t) = (q-1)t$. 此时 $\sigma^\Delta = q$, 方程 (9.5.5) 变为

$$Y^{\Delta\Delta} + \frac{q\frac{1}{\beta}(1-b)(q-1)t - q\left(1-\frac{1}{\beta}\right) + 1 - b}{1 - q\left(1-\frac{1}{\beta}\right)(q-1)t} Y^\Delta$$

$$+ \frac{q\frac{1}{\beta}(1-b)}{1 - q\left(1-\frac{1}{\beta}\right)(q-1)t} Y = \frac{q\frac{1}{\beta}}{1 - q\left(1-\frac{1}{\beta}\right)(q-1)t} \bar{G}$$

因为

$$\alpha = \sigma^\Delta \left(\frac{1}{\beta} - 1\right) \ominus (b-1) = \frac{q\left(b - \frac{1}{\beta}\right)}{1 + (q-1)(b-1)t}$$

$$\ominus (b-1) = \frac{1-b}{1 + (q-1)(b-1)t}$$

所以它对应齐次方程的自伴形式 (9.5.6) 为

$$\left(\prod_{s \in [t_0, t)} \left[1 + \frac{q(q-1)\left(b - \frac{1}{\beta}\right)s}{1 + (q-1)(b-1)s}\right] Y^\Delta\right)^\Delta (t)$$

$$+ \frac{q}{\beta} \frac{1-b}{1 + (q-1)(b-1)t} \prod_{s \in [t_0, t)} \left[1 + \frac{q(q-1)\left(b - \frac{1}{\beta}\right)s}{1 + (q-1)(b-1)}s\right] Y(qt) = 0$$

以上讨论也用到了注 1.3.1 中时标指数函数在特定时标 $\mathbb{R}$, $\mathbb{Z}$ 和 $q^{\mathbb{N}_0}$ 上的取值. 当 $\mathbb{T} = \mathbb{R}$ 时, $e_\alpha(t, t_0) = e^{\alpha(t-t_0)}$; 当 $\mathbb{T} = \mathbb{Z}$ 时, $e_\alpha(t, t_0) = (1+\alpha)^{(t-t_0)}$; 当 $\mathbb{T} = q^{\mathbb{N}_0}$ 时, $e_\alpha(t, t_0) = \prod_{s \in [t_0, t)} [1 + (q-1)\alpha s], t > t_0$.

## 9.6 开放经济乘数-加速数模型的 Hicks 拓展

本部分总假设 $\tau = 0, \gamma = \frac{\beta}{b}, \bar{G} = 0$.

## 9.6 开放经济乘数-加速数模型的 Hicks 拓展

英国经济学家 Hicks 在基本乘数-加速数模型的基础上, 对模型的假设作了修改, 认为投资不应该是前一期与当期消费差的函数, 而是前两期收入差的函数, 进而建立了 Hicks 经济周期模型.

差分情形下, Hicks 拓展假设①自发投资的形式为 $G_t = A_0(1+g)^t$, 其中 $A_0$ 为自发投资的初始值, $g$ 是自发投资的增长率. ②加速器引致投资不再依赖于消费需求的变化, 而是取决于总需求, 或者说是国民收入的变化. ③引致投资与前两期到前一期的国民收入增长成正比, 即 $I_t$ 与 $\Delta Y_{t-2} = Y_{t-1} - Y_{t-2}$ 成正比.

开放经济考虑进口和出口. 假设①当期进口 $M_t$ 与国民收入成正比, 并有一期的滞后, 即 $M_t = mY_{t-1}$. ②出口 $X_t$ 的行为由初始值 $X_0$ 和恒常增长率 $x$ 确定, 即 $X_t = X_0(1+x)^t$.

时标开放经济下 Hicks 拓展的乘数-加速数模型建立如下:

$$Y(t) = C(t) + I(t) + A(t) - M(t) \tag{9.6.1}$$

$$I^{\sigma\sigma}(t) = \frac{\beta}{b} Y^{\Delta}(t) \tag{9.6.2}$$

$$C^{\sigma}(t) = bY(t) + (\mu - 1)Y^{\Delta}(t) \tag{9.6.3}$$

$$M^{\sigma}(t) = mY(t) \tag{9.6.4}$$

其中 $A = G + X, G = A_0 e_g(\cdot, t_0), X = X_0 e_x(\cdot, t_0)$.

以下讨论依然以国民收入的动态行为为主.

**定理 9.6.1** 设 $\sigma^{\Delta}$ 存在. 当 $\mu \neq 0$ 时, 记

$$c := \sigma^{\Delta} - 1 \in \mathcal{R}, \quad d := \frac{1}{\mu}\left(\frac{\beta}{b} - 1\right) \tag{9.6.5}$$

则 $Y$ 满足

$$Y^{\Delta\Delta} + \frac{c - d + (m - b + 1)}{1 + \mu c} Y^{\Delta} + \frac{\frac{1}{\mu}(m - b + 1)}{1 + \mu c} Y = \frac{\frac{1}{\mu}}{1 + \mu c} A^{\sigma\sigma} \tag{9.6.6}$$

其中

$$A^{\sigma\sigma} = G^{\sigma\sigma} + X^{\sigma\sigma} = A_0 e_g^{\sigma\sigma}(\cdot, t_0) + X_0 e_x^{\sigma\sigma}(\cdot, t_0)$$

$$= (1 + \mu g)^2 G + (1 + \mu x)^2 X$$

**证** 根据 (9.6.1) 式、(9.6.3) 式、(9.6.2) 式、(9.6.4) 式, 得

$$Y^{\sigma\sigma} = C^{\sigma\sigma} + I^{\sigma\sigma} + A^{\sigma\sigma} - M^{\sigma\sigma}$$

$$= bY^\sigma + (\mu - 1)Y^{\Delta\sigma} + \frac{\beta}{b}Y^\Delta + A^{\sigma\sigma} - mY^\sigma$$

再根据 $f^\sigma(t) = f(t) + \mu(t)f^\Delta(t)$(见定理 1.2.1 的 (3)), $(f^\sigma)^\Delta(t) = \sigma^\Delta(f^\Delta)^\sigma$(见定理 1.2.1 的 (4)), 以及 $[e_g(\cdot, t_0)]^\Delta = g(t)e_g(\cdot, t_0)$(见定理 1.4.1), 有

$$Y^\sigma + \mu\sigma^\Delta Y^\Delta + \mu^2\sigma^\Delta Y^{\Delta\Delta}$$
$$= bY^\sigma + (\mu-1)Y^\Delta + \mu(\mu-1)Y^{\Delta\Delta} + \frac{\beta}{b}Y^\Delta + A^{\sigma\sigma} - mY^\sigma$$

移项整理得

$$\mu\left[1 + \mu\left(\sigma^\Delta - 1\right)\right]Y^{\Delta\Delta} + \left[1 + \mu\left(\sigma^\Delta - 1\right) - \frac{\beta}{b}\right]Y^\Delta + (m - b + 1)Y^\sigma = A^{\sigma\sigma}$$

继续利用 $f^\sigma(t) = f(t) + \mu(t)f^\Delta(t)$(见定理 1.2.1 的 (3)), 以及 $e_p(\sigma(t), s) = (1 + \mu(t)p(t))e_p(t, s)$(见性质 1.3.2 的 (2)), 整理得

$$\mu\left[1 + \mu\left(\sigma^\Delta - 1\right)\right]Y^{\Delta\Delta} + \left[1 + \mu\left(\sigma^\Delta - b + m\right) - \frac{\beta}{b}\right]Y^\Delta + (m - b + 1)Y$$
$$= A^{\sigma\sigma} \tag{9.6.7}$$

当 $\mu \neq 0$ 时, 即有

$$Y^{\Delta\Delta} + \frac{1 + \mu\left(\sigma^\Delta - b + m\right) - \frac{\beta}{b}}{\mu\left[1 + \mu\left(\sigma^\Delta - 1\right)\right]}Y^\Delta + \frac{m - b + 1}{\mu\left[1 + \mu\left(\sigma^\Delta - 1\right)\right]}Y$$
$$= \frac{1}{\mu\left[1 + \mu\left(\sigma^\Delta - 1\right)\right]}A^{\sigma\sigma}$$

注意到 (9.6.5) 式中 $c$ 和 $d$ 的取值, 有

$$Y^{\Delta\Delta} + \frac{c - d + (m - b + 1)}{1 + \mu c}Y^\Delta + \frac{\frac{1}{\mu}(m - b + 1)}{1 + \mu c}Y = \frac{\frac{1}{\mu}}{1 + \mu c}A^{\sigma\sigma}$$

再根据 $e_p(\sigma(t), s) = (1 + \mu(t)p(t))e_p(t, s)$(见性质 1.3.2 的 (2)), 把 $A^{\sigma\sigma}$ 展开即有

$$A^{\sigma\sigma} = G^{\sigma\sigma} + X^{\sigma\sigma} = A_0 e_g^{\sigma\sigma}(\cdot, t_0) + X_0 e_x^{\sigma\sigma}(\cdot, t_0)$$
$$= A_0(1 + \mu g)^2 e_g(\cdot, t_0) + X_0(1 + \mu x)^2 e_x(\cdot, t_0)$$

## 9.6 开放经济乘数-加速数模型的 Hicks 拓展

$$= (1+\mu g)^2 G + (1+\mu x)^2 X \qquad \square$$

**注 9.6.1** 把展开后的 $A^{\sigma\sigma}$ 代入 $Y$ 的动态方程 (9.6.6),得

$$Y^{\Delta\Delta} + \frac{c-d+(m-b+1)}{1+\mu c}Y^{\Delta} + \frac{\frac{1}{\mu}(m-b+1)}{1+\mu c}Y$$

$$= \frac{\frac{1}{\mu}}{1+\mu c}\left[(1+\mu g)^2 G + (1+\mu x)^2 X\right]$$

**注 9.6.2** 当 $\mu = 0$ 时,根据 (9.6.7) 式可以得到以下一阶时标动态方程:

$$Y^{\Delta} + \frac{m-b+1}{1-\frac{\beta}{b}}Y = \frac{1}{1-\frac{\beta}{b}}A^{\sigma\sigma} \qquad (9.6.8)$$

以下给出方程 (9.6.6) 的自伴形式.

**定理 9.6.2** 设 $\mu \neq 0$, $c$ 和 $d$ 同 (9.6.5) 式中定义. 假定 $\sigma^{\Delta} \in C_{\mathrm{rd}}(\mathbb{T})$, $c, d \in \mathcal{R}$. 则方程 (9.6.6) 的相应的齐次方程有如下自伴形式

$$(e_\alpha(t,t_0)Y^{\Delta})^{\Delta}(t) + \frac{b(m-b+1)}{\mu(t)\beta}e_\alpha(t,t_0)Y^{\sigma}(t) = 0 \qquad (9.6.9)$$

其中

$$\alpha = c \ominus d$$

**证** 记

$$a_1 = \frac{c-d+(m-b+1)}{1+\mu c}, \quad a_2 = \frac{\frac{1}{\mu}(m-b+1)}{1+\mu c}$$

根据引理 9.3.2、性质 1.3.1 的 (3) 式,计算得

$$\alpha = \ominus(\mu a_2 - a_1) = \ominus\left(\frac{m-b+1}{1+\mu c} - \frac{c-d+(m-b+1)}{1+\mu c}\right)$$

$$= \ominus\left(\frac{d-c}{1+\mu c}\right) = \ominus(d \ominus c) = c \ominus d$$

由性质 1.3.2 的 (7) 式,可得

$$p = e_\alpha(\cdot,t_0) = e_{c \ominus d}(\cdot,t_0) = \frac{e_c(\cdot,t_0)}{e_d(\cdot,t_0)}$$

进一步

$$q = (1+\mu\alpha)pa_2 = [1+\mu(c\ominus d)]pa_2 = \frac{1+\mu c}{1+\mu d}pa_2$$

$$= p\frac{1+\mu c}{1+\mu d}\frac{\frac{1}{\mu}(m-b+1)}{1+\mu c} = p\frac{\frac{1}{\mu}(m-b+1)}{1+\mu d} = p\frac{b(m-b+1)}{\mu\beta}$$

因此自伴形式为

$$(e_\alpha(t,t_0)Y^\Delta)\Delta(t) + \frac{b(m-b+1)}{\mu(t)\beta}e_\alpha(t,t_0)Y^\sigma(t) = 0 \qquad \Box$$

**注 9.6.3** 假定 $Y = \bar{Y}$ 是常数. 可得方程 (9.6.6) 和 (9.6.8) 的特解是

$$\bar{Y} = \frac{A^{\sigma\sigma}}{m-b+1} \tag{9.6.10}$$

它是国民收入的均衡值. 与均衡值的偏差由对应时标二阶齐次动态方程

$$Y^{\Delta\Delta} + \frac{c-d+(m-b+1)}{1+\mu c}Y^\Delta + \frac{\frac{1}{\mu}(m-b+1)}{1+\mu c}Y = 0 \tag{9.6.11}$$

的通解给出. (9.6.10) 式中的系数 $1/(m-b+1)$ 是乘数. 可以看出, 自发性支出增加一倍, 将带来均衡国民收入增加 $1/(m-b+1)$ 倍.

当齐次方程 (9.6.11) 是回归的, 记方程 (9.6.11) 的特征方程的根为 $\lambda_1$ 和 $\lambda_2$, 则非齐次方程 (9.6.6) 的通解就是

$$Y = a_1 e_{\lambda_1}(\cdot,t_0) + a_2 e_{\lambda_2}(\cdot,t_0) + \frac{A^{\sigma\sigma}}{m-b+1} \tag{9.6.12}$$

**例 9.6.1** 连续、离散和 $q^{\mathbb{N}_0}$ 情形对应如下:

(i) 设 $\mathbb{T} = \mathbb{R}$, $t_0 = 0$. 则 $\sigma(t) \equiv t$, $\mu(t) \equiv 0$. 此时方程 (9.6.8) 适用, 可得到如下的连续情形下国民收入的动态行为

$$Y' + \frac{m-b+1}{1-\frac{\beta}{b}}Y = \frac{1}{1-\frac{\beta}{b}}A$$

且容易解出方程的解.

(ii) 设 $\mathbb{T} = \mathbb{Z}$, $t_0 = 0$. 则 $\sigma(t) \equiv t+1$, $\mu(t) \equiv 1$. 此时 $\sigma^\Delta = 1$, $c = 0$, $d = \frac{\beta}{b} - 1$, 方程 (9.6.6) 变为

$$\Delta\Delta Y_t + \left[\left(1-\frac{\beta}{b}\right) + (m-b+1)\right]\Delta Y_t + (m-b+1)Y_t = A_{t+2}$$

9.6 开放经济乘数-加速数模型的 Hicks 拓展

或者依据 $\Delta Y_t = Y_{t+1} - Y_t, \Delta\Delta Y_t = Y_{t+2} - 2Y_{t+1} + Y_t$, 可以写成

$$Y_{t+2} - \left(\frac{\beta}{b} - m + b\right) Y_{t+1} + \frac{\beta}{b} Y_t = A_{t+2}$$

因为

$$\alpha = c \ominus d = \ominus \left(\frac{\beta}{b} - 1\right) = \frac{b}{\beta} - 1$$

所以它对应齐次方程的自伴形式 (9.6.9) 为

$$\Delta \left[\left(\frac{b}{\beta}\right)^t \Delta Y(t)\right] + (m - b + 1) \left(\frac{b}{\beta}\right)^{t+1} Y(t+1) = 0$$

(iii) 设 $\mathbb{T} = q^{\mathbb{N}_0}, t_0 = 0$. 则 $\sigma(t) = qt, \mu(t) = (q-1)t$. 此时 $\sigma^\Delta = q$,

$$c = q - 1, \quad d = \frac{\frac{\beta}{b} - 1}{(q-1)t}$$

方程 (9.6.6) 变为

$$Y^{\Delta\Delta} + \frac{(q-1)t - \frac{1}{(q-1)t}\left(\frac{\beta}{b} - 1\right) + (m - b + 1)}{1 + (q-1)^2 t} Y^\Delta$$

$$+ \frac{\frac{1}{(q-1)t}(m - b + 1)}{1 + (q-1)^2 t} Y = \frac{\frac{1}{(q-1)t}}{1 + (q-1)^2 t} A\left(q^2 t\right)$$

因为

$$\alpha = (q-1) \ominus \left(\frac{\frac{\beta}{b} - 1}{(q-1)t}\right) = \frac{(q-1)^2 t - \left(\frac{\beta}{b} - 1\right)}{(q-1)\beta t}$$

所以它对应齐次方程的自伴形式 (9.7.9) 为

$$\left(\prod_{s \in [t_0,\, t)} \left[1 + \frac{(q-1)^2 s - \left(\frac{\beta}{b} - 1\right)}{\beta}\right] Y^\Delta\right)^\Delta (t)$$

$$+ \frac{b(m-b+1)}{(q-1)\beta t} \prod_{s\in[t_0,t)}\left[1 + \frac{(q-1)^2 s - \left(\frac{\beta}{b}-1\right)}{\beta}\right] Y(qt) = 0$$

以上讨论同样用到了注 1.3.1 中时标指数函数在特定时标 $\mathbb{Z}$ 和 $q^{\mathbb{N}_0}$ 上的取值. 当 $\mathbb{T} = \mathbb{Z}$ 时, $e_\alpha(t,t_0) = (1+\alpha)^{t-t_0}$; 当 $\mathbb{T} = q^{\mathbb{N}_0}$ 时, $e_\alpha(t,t_0) = \prod_{s\in[t_0,t)}[1 + (q-1)\alpha s], t > t_0$.

## 9.7 封闭经济乘数-加速数模型的 Hicks 拓展

封闭经济对应于开放经济, 不考虑对外贸易, 即没有进出口. 因此本小节总假设 $m=0, \tau=0, \gamma=\frac{\beta}{b}, X_0=0, \bar{G}=0$.

时标封闭经济下 Hicks 拓展的乘数-加速数模型建立如下:

$$Y(t) = C(t) + I(t) + G(t) \tag{9.7.1}$$

$$I^{\sigma\sigma}(t) = \frac{\beta}{b} Y^\Delta(t) \tag{9.7.2}$$

$$C^\sigma(t) = bY(t) + (\mu-1)Y^\Delta(t) \tag{9.7.3}$$

其中 $G = A_0 e_g(\cdot, t_0)$.

**定理 9.7.1** 设 $\sigma^\Delta$ 存在, $\mu \neq 0$. 令

$$c := \sigma^\Delta - 1 \in \mathcal{R}, \quad d := \frac{1}{\mu}\left(\frac{\beta}{b} - 1\right) \tag{9.7.4}$$

则 $Y$ 满足

$$Y^{\Delta\Delta} + \frac{c - d(1-b)}{1+\mu c} Y^\Delta - \frac{\frac{1}{\mu}(1-b)}{1+\mu c} Y = \frac{\frac{1}{\mu}(1+\mu g)^2}{1+\mu c} G \tag{9.7.5}$$

**证** 同定理 9.6.1 的证明, 注意 $m=0$ 和 $X_0=0$. □

**注 9.7.1** 当 $\mu = 0$ 时, 根据 (9.6.8) 式可以得到以下一阶时标动态方程:

$$Y^\Delta + \frac{1-b}{1-\frac{\beta}{b}} Y = \frac{(1+\mu g)^2}{1-\frac{\beta}{b}} G \tag{9.7.6}$$

以下给出方程 (9.7.5) 的自伴形式.

## 9.7 封闭经济乘数-加速数模型的 Hicks 拓展

**定理 9.7.2** 设 $\mu \neq 0$ 且 $c,d$ 同 (9.7.4) 式定义. 假定 $\sigma^\Delta \in C_{rd}(\mathbb{T})$, $c,d \in \mathcal{R}$. 方程 (9.7.5) 相应的齐次方程有如下自伴形式

$$(e_\alpha(t,t_0)Y^\Delta)\Delta(t) + \frac{b(1-b)}{\mu(t)\beta}e_\alpha(t,t_0)Y^\sigma(t) = 0 \qquad (9.7.7)$$

其中

$$\alpha = (\sigma^\Delta - 1) \ominus \left(\frac{1}{\mu}\left(\frac{\beta}{b} - 1\right)\right) = c \ominus d$$

**证** 同定理 9.6.2 的证明, 注意 $m=0$ 和 $X_0 = 0$. □

**例 9.7.1** 连续、离散和 $q^{\mathbb{N}_0}$ 情形对应如下:

(i) 设 $\mathbb{T} = \mathbb{R}$, $t_0 = 0$. 则 $\sigma(t) \equiv t$, $\mu(t) \equiv 0$. 此时方程 (9.7.6) 适用, 可得到如下的连续情形下国民收入的动态行为

$$Y' + \frac{1-b}{1-\frac{\beta}{b}}Y = \frac{1}{1-\frac{\beta}{b}}G$$

且容易解出方程的解.

(ii) 设 $\mathbb{T} = \mathbb{Z}$, $t_0 = 0$. 则 $\sigma(t) \equiv t+1$, $\mu(t) \equiv 1$. 此时 $\sigma^\Delta = 1$, $c = 0$, $d = \frac{\beta}{b} - 1$, 方程 (9.7.5) 变为

$$\Delta\Delta Y_t - \left(\frac{\beta}{b} + b\right)\Delta Y_t + (1-b)Y_t = G_{t+2}$$

或者依据 $\Delta Y_t = Y_{t+1} - Y_t$, $\Delta\Delta Y_t = Y_{t+2} - 2Y_{t+1} + Y_t$, 可以写成

$$Y_{t+2} - \left(\frac{\beta}{b} + b\right)Y_{t+1} + \frac{\beta}{b}Y_t = G_{t+2}$$

对应齐次方程的自伴形式 (9.7.7) 为

$$\Delta\left[\left(\frac{b}{\beta}\right)^t \Delta Y(t)\right] + (1-b)\left(\frac{b}{\beta}\right)^{t+1} Y(t+1) = 0$$

(iii) 设 $\mathbb{T} = q^{\mathbb{N}_0}$, $t_0 = 0$. 则 $\sigma(t) = qt$, $\mu(t) = (q-1)t$. 此时 $\sigma^\Delta = q$,

$$c = q - 1, \quad d = \frac{\frac{\beta}{b} - 1}{(q-1)t}$$

方程 (9.7.5) 变为

$$Y^{\Delta\Delta} + \frac{(q-1)t - \dfrac{1}{(q-1)t}\left(\dfrac{\beta}{b}-1\right)+(1-b)}{1+(q-1)^2 t}Y^{\Delta} + \frac{\dfrac{1}{(q-1)t}(1-b)}{1+(q-1)^2 t}Y$$

$$= \frac{\dfrac{1}{(q-1)t}}{1+(q-1)^2 t}G\left(q^2 t\right)$$

对应齐次方程的自伴形式 (9.7.7) 为

$$\left(\prod_{s\in[t_0,t)}\left[1+\frac{(q-1)^2 s-\left(\dfrac{\beta}{b}-1\right)}{\beta}\right]Y^{\Delta}\right)^{\Delta}(t)$$

$$+\frac{b(1-b)}{(q-1)\beta t}\prod_{s\in[t_0,t)}\left[1+\frac{(q-1)^2 s-\left(\dfrac{\beta}{b}-1\right)}{\beta}\right]Y(qt)=0$$

以上讨论同样用到了注 1.3.1 中时标指数函数在特定时标 $\mathbb{Z}$ 和 $q^{\mathbb{N}_0}$ 上的取值. 当 $\mathbb{T}=\mathbb{Z}$ 时, $e_\alpha(t,t_0)=(1+\alpha)^{(t-t_0)}$; 当 $\mathbb{T}=q^{\mathbb{N}_0}$ 时, $e_\alpha(t,t_0)=\prod_{s\in[t_0,t)}[1+(q-1)\alpha s], t>t_0$.

乘数-加速数理论是衡量经济增长与经济波动的基本理论. 我国许多学者已经和正在用它来解释我国经济快速增长和经济波动的现象. 按照乘数-加速数模型, 在乘数作用下, 投资变动会导致收入多倍的变动; 而在加速数作用下, 收入的变动又会引起投资的多倍变动, 正是这种双重作用引起了经济周期的波动. 由于 Samuelson 模型不能解释持续的经济周期波动性, 对 Samuelson 模型的实际验证和理论发展依然受到经济学界的持续关注. 近些年来, 也不断有国内学者结合我国国情, 对 Samuelson 基本乘数-加速数模型进行修正和推广, 利用推广的模型研究经济增长的周期波动性. 对本章感兴趣的读者可以继续讨论模型求解和稳定性分析, 利用各种具体应用的模型对经济波动作出解释, 还可以尝试模拟和预测等工作, 去多方面探究经济增长和波动之谜.

# 第 10 章 时标通货膨胀和失业关系模型

经济增长、通货膨胀和失业是宏观经济学最受关注的三个问题. 通货膨胀指商品和劳务的一般价格水平普遍持续上涨的现象. 失业是指法定工作年龄范围内愿意工作而没有工作的人. 探讨通货膨胀和失业的关系一直是经济学学术界关注的热点. 大多数关于通货膨胀的讨论都是从菲利普斯曲线开始的. 菲利普斯曲线以澳大利亚经济学家 A. W. Phillips 的名字命名, 最初描述货币工资率与失业率之间的关系, 后来经 Samuelson 和 Solow 演化, 成为反映通货膨胀和失业之间交替关系的曲线.

本章在连续时间和离散时间模型的基础上, 用时标版本统一了菲利普斯曲线方程, 并仔细研究了时标上的通货膨胀和失业之间的关系. 现有文献中, 菲利普斯曲线方程有两个离散版本, 哪个更 "好" 并没有一致结论. 时标可以揭示连续与离散的本质区别, 因此时标模型可以帮助识别最自然适合连续模型的离散版本. 通过模型求解, 本章对通货膨胀率、预期通货膨胀率和失业率的动态行为进行了刻画, 并且给出了模型收敛到均衡值的充分和必要条件, 以及一个充分但非必要的收敛准则.

对本章内容感兴趣的读者可以参见 [Heim2012] 等的工作.

## 10.1 连续时间模型

连续时间模型由三个基础方程构成.

用 $W$ 代表货币工资, $w$ 是货币工资增长率, 定义为

$$w = \frac{W'}{W}$$

记 $U$ 为失业率. 失业率 $U$ 和货币工资增长率 $w$ 之间存在经验负相关关系, 可写作

$$w = f(U), \quad f'(U) < 0 \tag{10.1.1}$$

这就是第一个基础方程, 也是最初的菲利普斯关系.

以 Samuelson 为代表的新古典综合派把菲利普斯曲线改造成了失业率与通货膨胀率之间的关系, 用于解释通货膨胀. 记 $P$ 为价格水平, 通货膨胀率定义为

$$p = \frac{P'}{P}$$

正的货币工资增长率 $w$ 会影响通货膨胀,因此通货膨胀率 $p$ 也可以表示成失业率 $U$ 的函数. 假设 $f(U) = \alpha - \beta U$ 是线性的, 再根据西方经济学者认定的劳动生产增长率 $T$、货币工资率 $w$ 和通货膨胀率 $p$ 之间的关系:

$$p = w - T$$

可以建立

$$p = \alpha - T - \beta U, \quad \alpha, \beta > 0 \tag{10.1.2}$$

这就是演化后的菲利普斯曲线, 表示的是通货膨胀率与失业率之间的替代关系. 作为西方宏观经济分析的基石, 它意味着二者之间的某种权衡, 即政策制定者可以选择不同的失业率和通货膨胀率的组合. 例如通过容忍高通货膨胀率来拥有较低的失业率, 或者通过高失业率来维持低通货膨胀率.

1968 年, 货币学派的代表 M. Friedman 指出, 菲利普斯关系忽略了影响工资变动的一个重要因素, 那就是工人对通货膨胀的预期, 即对未来实际通货膨胀率的估计. 当工人和厂商协商工资时, 他们关心的是工资的真实价值, 即实际工资, 而不是名义工资. 因此, 双方都愿意在合同期内, 根据预期的通货膨胀或多或少地调整名义工资水平. 失业并非取决于通货膨胀水平, 而是取决于超过预期通货膨胀之上的过渡通货膨胀 ([Dornbusch 2009]). 据此, 演化后的菲利普斯曲线又逐渐被附加预期的菲利普斯曲线所取代.

记 $\Pi$ 是预期通货膨胀率. 经济学界常使用的 (10.1.1) 式的预期版本具有如下形式

$$w = f(U) + h\Pi, \quad 0 < h \leqslant 1$$

其中 (10.1.2) 式相应变成

$$p = \alpha - T - \beta U + h\Pi, \quad 0 < h \leqslant 1$$

预期通货膨胀的加入要求确定预期的形成. 假设通货膨胀预期的形成是自适应的:

$$\frac{d\Pi}{dt} = j(p - \Pi), \quad 0 < j \leqslant 1$$

这是第二个基础方程. 自适应预期是货币主义学派所用的预期概念, 也称适应性预期, 即人们根据过去的经验来形成并调整对未来的预期. 上式表明, 如果实际通货膨胀率 $p$ 高于预期通货膨胀率 $\Pi$, 那么 $\Pi$ 被低估, $\frac{d\Pi}{dt} > 0$, $\Pi$ 会向上修正. 反之, 如果实际通货膨胀率 $p$ 低于预期通货膨胀率 $\Pi$, 那么 $\Pi$ 被高估, $\frac{d\Pi}{dt} < 0$, $\Pi$ 会向下修正. $j$ 为适应性系数, 决定了预期对过去的误差进行调整的速度.

## 10.1 连续时间模型

以上的方程解释了失业率 $U$ 如何影响通货膨胀率 $p$. 反过来, 通货膨胀率 $p$ 也会影响失业率 $U$. 为简单起见, 我们只考虑通过货币政策传导的影响.

设 $M$ 是名义货币余额, 则 $m = M'/M$ 是名义货币余额增长率. 令

$$\frac{dU}{dt} = -k(m - p)$$

这是第三个基础方程. 因为

$$m - p = \frac{M'}{M} - \frac{P'}{P} = \frac{M'P - MP'}{MP} = \frac{(M'P - MP')/P^2}{M/P} = \frac{(M/P)'}{M/P}$$

所以其中 $m - p$ 是实际货币增长率.

综合以上叙述, 得到由三个基础方程构成的以下模型:

$$p = \alpha - T - \beta U + g\Pi, \quad 0 < g \leqslant 1 \quad \text{(菲利普斯关系)} \tag{10.1.3}$$

$$\frac{d\Pi}{dt} = j(p - \Pi) \quad \text{(自适应预期方程)} \tag{10.1.4}$$

$$\frac{dU}{dt} = -k(m - p) \quad \text{(货币政策方程)} \tag{10.1.5}$$

模型中, 实际通货膨胀率 $p$、失业率 $U$ 和预期通货膨胀率 $\Pi$ 是内生变量. 将 (10.1.3) 式代入 (10.1.4) 式, 得

$$\frac{d\Pi}{dt} = j(\alpha - T - \beta U + g\Pi - \Pi) = j(\alpha - T - \beta U) - j(1-g)\Pi$$

两边关于 $t$ 求导,

$$\frac{d^2\Pi}{dt^2} = -j\beta\frac{dU}{dt} - j(1-g)\frac{d\Pi}{dt}$$

再根据 (10.1.5) 式, 得

$$\frac{d^2\Pi}{dt^2} = j\beta k(m - p) - j(1-g)\frac{d\Pi}{dt} \tag{10.1.6}$$

由 (10.1.4) 式, 已知

$$p = \frac{1}{j}\frac{d\Pi}{dt} + \Pi$$

将其代入 (10.1.6) 式, 得到如下关于内生变量 $\Pi$ 的二阶常微分方程: $\dfrac{d^2\Pi}{dt^2} = \beta k + j(1-g)$,

对 (10.1.3) 式求导得

$$\frac{dp}{dt} = -\beta\frac{dU}{dt} + g\frac{d\Pi}{dt} \tag{10.1.7}$$

整理得
$$\frac{d\Pi}{dt} = \frac{1}{g}\frac{dp}{dt} + \frac{\beta}{g}\frac{dU}{dt} \tag{10.1.8}$$

将其代入 (10.1.4) 式，得
$$\frac{1}{g}\frac{dp}{dt} + \frac{\beta}{g}\frac{dU}{dt} = j(p - \Pi)$$

利用
$$\Pi = \frac{1}{g}(p - \alpha + T + \beta U)$$

可得
$$\frac{dp}{dt} + \beta\frac{dU}{dt} = j\left[p(g-1) + \alpha - T - \beta U\right]$$

求导获得
$$\frac{d^2p}{dt^2} + \beta\frac{d^2U}{dt^2} = j(g-1)\frac{dp}{dt} - j\beta\frac{dU}{dt}$$

对 (10.1.5) 式求导可得
$$\frac{d^2U}{dt^2} = k\frac{dp}{dt}$$

从而
$$\frac{d^2p}{dt^2} + \beta k\frac{dp}{dt} = j(g-1)\frac{dp}{dt} + \beta kj(m - p)$$

等价于
$$\frac{d^2p}{dt^2} + [\beta k + j(1-g)]\frac{dp}{dt} + \beta kjp = \beta kjm \tag{10.1.9}$$

可见实际通货膨胀率 $p$ 的动态方程 (10.1.9) 和预期通货膨胀率 $\Pi$ 的动态方程 (10.1.6) 形式是一致的.

如果需要获得关于内生变量 $U$ 的二阶常微分方程，令 (10.1.8) 式和 (10.1.4) 式相等，注意 (10.1.3) 式，得

$$\frac{1}{g}\frac{dp}{dt} + \frac{\beta}{g}\frac{dU}{dt} = j(p - \Pi) = j\left(p - \frac{1}{g}p + \frac{\alpha}{g} - \frac{T}{g} - \frac{\beta}{g}U\right) \tag{10.1.10}$$

根据 (10.1.5) 式，有
$$p = \frac{1}{k}U' + m$$

因此
$$\frac{dp}{dt} = \frac{1}{k}\frac{d^2U}{dt^2}$$

代入整理 (10.1.10) 式, 得

$$\frac{d^2U}{dt^2} + [\beta k - j(g-1)]\frac{dU}{dt} + \beta kjU = kjm(g-1) + kj(\alpha - T) \quad (10.1.11)$$

可见失业率 $U$ 的动态方程 (10.1.11)、实际通货膨胀率 $p$ 的动态方程 (10.1.9)、预期通货膨胀率 $\Pi$ 的动态方程 (10.1.6) 所对应的齐次方程都是一致的.

## 10.2 离散时间模型

目前文献中常用的有两个版本的离散时间模型, 它们的差别在于货币政策方程. 其中一个差分版本来源于 [Aljinovic2009], 另一个差分版本来源于 [Chiang 1984]. 以下分别加以介绍.

**1. Aljinovic 版本**

作者在文中假定了如下三个基础方程:

$$p_t = \alpha - T - \beta U_t + g\Pi_t, \quad \alpha, \beta > 0 \quad \text{(菲利普斯关系)} \quad (10.2.1)$$

$$\Pi_{t+1} - \Pi_t = j(p_t - \Pi_t), \quad 0 < j \leqslant 1 \quad \text{(自适应预期方程)} \quad (10.2.2)$$

$$U_{t+1} - U_t = -k(m - p_t), \quad k > 0 \quad \text{(货币政策方程)} \quad (10.2.3)$$

内生变量为实际通货膨胀率 $p_t$, 预期通货膨胀率 $\Pi_t$ 和失业率 $U_t$.

首先整理它们为一个关于内生变量 $p_t$ 的二阶差分方程.

根据 (10.2.1)~(10.2.3) 式,

$$\begin{aligned} p_{t+1} - p_t &= \alpha - T - \beta U_{t+1} + g\Pi_{t+1} - (\alpha - T - \beta U_t + g\Pi_t) \\ &= -\beta(U_{t+1} - U_t) + g(\Pi_{t+1} - \Pi_t) \\ &= \beta k(m - p_t) + jg(p_t - \Pi_t) \end{aligned} \quad (10.2.4)$$

再利用 (10.2.1) 式, 有

$$g\Pi_t = p_t - (\alpha - T) + \beta U_t$$

代回 (10.2.4) 式, 得

$$p_{t+1} - [1 - \beta k - j(1-g)]p_t + j\beta U_t = \beta km + j(\alpha - T) \quad (10.2.5)$$

自然有

$$p_{t+2} - [1 - \beta k - j(1-g)]p_{t+1} + j\beta U_{t+1} = \beta km + j(\alpha - T) \qquad (10.2.6)$$

用 (10.2.6) 式减去 (10.2.5) 式, 有

$$p_{t+2} - [2 - \beta k - j(1-g)]p_{t+1} + j\beta(U_{t+1} - U_t) + [1 - \beta k - j(1-g)]p_t = 0$$

把 (10.2.3) 式代入, 得

$$p_{t+2} - [2 - \beta k - j(1-g)]p_{t+1} + j\beta(-k(m - p_t)) + [1 - \beta k - j(1-g)]p_t = 0$$

整理得关于 $p_t$ 的二阶差分方程:

$$p_{t+2} - [2 - \beta k - j(1-g)]p_{t+1} + [1 + \beta k(j-1) - j(1-g)]p_t = \beta kjm \qquad (10.2.7)$$

同理, 也可以写出关于内生变量 $\Pi_t$ 的二阶差分方程. 差分 (10.2.2) 式, 根据 (10.2.1)~(10.2.3) 式, 有

$$\begin{aligned}
\Pi_{t+2} - 2\Pi_{t+1} + \Pi_t &= j(p_{t+1} - p_t) - j(\Pi_{t+1} - \Pi_t) \\
&= j[-\beta(U_{t+1} - U_t) + g(\Pi_{t+1} - \Pi_t)] - j(\Pi_{t+1} - \Pi_t) \\
&= -\beta j[-k(m - p_t)] + j(g-1)(\Pi_{t+1} - \Pi_t) \\
&= \beta jkm - \beta jkp_t + j(g-1)(\Pi_{t+1} - \Pi_t) \\
&= \beta jkm - \beta k(\Pi_{t+1} + (j-1)\Pi_t) + j(g-1)(\Pi_{t+1} - \Pi_t)
\end{aligned}$$

得关于 $\Pi_t$ 的二阶差分方程:

$$\Pi_{t+2} - [2 - \beta k - j(1-g)]\Pi_{t+1} + [1 + \beta k(j-1) - j(1-g)]\Pi_t = \beta kjm \qquad (10.2.8)$$

可见预期通货膨胀率 $\Pi$ 的动态方程 (10.2.8) 和实际通货膨胀率 $p_t$ 的动态方程 (10.2.7) 形式是一致的.

类似地, 继续写出关于内生变量 $U_t$ 的二阶差分方程. 只需差分 (10.2.3) 式, 根据 (10.2.1) 式 ~(10.2.4) 式, 有

$$\begin{aligned}
U_{t+2} - 2U_{t+1} + U_t &= k(p_{t+1} - p_t) \\
&= k(-\beta(U_{t+1} - U_t) + g(\Pi_{t+1} - \Pi_t)) \\
&= -k\beta(U_{t+1} - U_t) + kgj(p_t - \Pi_t)
\end{aligned}$$

## 10.2 离散时间模型

$$= -k\beta (U_{t+1} - U_t) + kj [gp_t - (p_t - \alpha + T + \beta U_t)]$$

$$= -k\beta (U_{t+1} - U_t) + kj [(g-1)p_t + \alpha - T - \beta U_t]$$

$$= -k\beta (U_{t+1} - U_t) + kj [(g-1)(1/k (U_{t+1} - U_t) + m) + \alpha - T - \beta U_t]$$

$$= (-k\beta + j(g-1)) U_{t+1} + (k\beta - j(g-1) - kj\beta) U_t$$

$$+ kjm + kj(\alpha - T)$$

得关于 $U_t$ 的二阶差分方程:

$$U_{t+2} - [2 - \beta k - j(1-g)] U_{t+1} + [1 + \beta k(j-1) - j(1-g)] U_t = kjm(g-1) + kj(\alpha - T) \tag{10.2.9}$$

可见失业率 $U_t$ 的动态方程 (10.2.9)、实际通货膨胀率 $p_t$ 的动态方程 (10.2.7)、预期通货膨胀率 $\Pi$ 的动态方程 (10.2.8) 所对应的齐次方程都是一致的.

**2. Chiang 版本**

[Chiang1984] 中介绍的模型是

$$p_t = \alpha - T - \beta U_t + g\Pi_t, \quad \alpha, \beta > 0 \quad (\text{菲利普斯关系}) \tag{10.2.10}$$

$$\Pi_{t+1} - \Pi_t = j(p_t - \Pi_t), \quad 0 < j \leq 1 \quad (\text{自适应预期方程}) \tag{10.2.11}$$

$$U_{t+1} - U_t = -k(m - p_{t+1}), \quad k > 0 \quad (\text{货币政策方程}) \tag{10.2.12}$$

注意货币政策方程 (10.2.12) 中, Chiang 版本中, 当期失业率 $U_t$ 的变化除了取决于名义货币余额增长率 $m$, 还依赖于下一期的实际通货膨胀率 $p_{t+1}$, 但通过 (10.2.3) 式可以看出, Aljinovic 版本依赖的是当期的实际通货膨胀率 $p_t$.

和 Aljinovic 版本的讨论一致, 首先把模型描述成一个有关通货膨胀率 $p$ 的二阶差分方程. 根据 (10.2.10) 式 ~(10.2.12) 式,

$$p_{t+1} - p_t = \alpha - T - \beta U_{t+1} + g\Pi_{t+1} - (\alpha - T - \beta U_t + g\Pi_t)$$

$$= -\beta(U_{t+1} - U_t) + g(\Pi_{t+1} - \Pi_t)$$

$$= \beta k(m - p_{t+1}) + jg(p_t - \Pi_t) \tag{10.2.13}$$

再利用 (10.2.10) 式, 有

$$g\Pi_t = p_t - (\alpha - T) + \beta U_t$$

代回 (10.2.13) 式, 得

$$(1 + \beta k)p_{t+1} - [1 + j(g-1)] p_t + j\beta U_t = \beta km + j(\alpha - T) \tag{10.2.14}$$

自然有

$$(1+\beta k)p_{t+2} - [1+j(g-1)]p_{t+1} + j\beta U_{t+1} = \beta km + j(\alpha - T) \quad (10.2.15)$$

用 (10.2.15) 式减去 (10.2.14) 式, 有

$$(1+\beta k)p_{t+2} - [2+\beta k + j(g-1)]p_{t+1} + j\beta(U_{t+1} - U_t)$$
$$+ [1+j(g-1)]p_t = 0$$

把 (10.2.12) 式代入, 得

$$(1+\beta k)p_{t+2} - [2+\beta k + j(g-1)]p_{t+1} + j\beta(-k(m - p_{t+1}))$$
$$+ [1+j(g-1)]p_t = 0$$

整理得关于 $p_t$ 的二阶差分方程

$$p_{t+2} - \frac{2-\beta k(j-1) - j(1-g)}{1+\beta k}p_{t+1} + \frac{1-j(1-g)}{1+\beta k}p_t = \frac{\beta kjm}{1+\beta k} \quad (10.2.16)$$

同理, 也可以写出关于内生变量 $\Pi_t$ 的二阶差分方程. 差分 (10.2.11) 式, 根据 (10.2.10) 式 $\sim$(10.2.13) 式, 得

$$\Pi_{t+2} - 2\Pi_{t+1} + \Pi_t$$
$$= j(p_{t+1} - p_t) - j(\Pi_{t+1} - \Pi_t)$$
$$= j[-\beta(U_{t+1} - U_t) + g(\Pi_{t+1} - \Pi_t)] - j(\Pi_{t+1} - \Pi_t)$$
$$= -\beta j[-k(m - p_{t+1})] + j(g-1)(\Pi_{t+1} - \Pi_t)$$
$$= \beta jkm - \beta jkp_{t+1} + j(g-1)(\Pi_{t+1} - \Pi_t)$$
$$= \beta jkm - \beta kj\left[\Pi_{t+1} + \frac{1}{j}(\Pi_{t+2} - \Pi_{t+1})\right] + j(g-1)(\Pi_{t+1} - \Pi_t)$$
$$= \beta jkm - \beta kj\Pi_{t+1} - \beta k(\Pi_{t+2} - \Pi_{t+1}) + j(g-1)(\Pi_{t+1} - \Pi_t)$$
$$= \beta jkm - \beta k\Pi_{t+2} - \beta k(j-1)\Pi_{t+1} + j(g-1)\Pi_{t+1} - j(g-1)\Pi_t$$

整理得关于 $\Pi_t$ 的二阶差分方程:

$$\Pi_{t+2} - \frac{2-\beta k(j-1) - j(1-g)}{1+\beta k}\Pi_{t+1} + \frac{1-j(1-g)}{1+\beta k}\Pi_t = \frac{\beta kjm}{1+\beta k} \quad (10.2.17)$$

可见预期通货膨胀率 $\varPi$ 的动态方程 (10.2.17) 和实际通货膨胀率 $p_t$ 的动态方程 (10.2.16) 形式是一致的.

类似地, 继续写出关于内生变量 $U_t$ 的二阶差分方程. 只需差分 (10.2.12) 式, 根据 (10.2.10) 式 $\sim$(10.2.13) 式, 有

$$\begin{aligned}
& U_{t+2} - 2U_{t+1} + U_t \\
=\ & k(p_{t+2} - p_{t+1}) \\
=\ & k\left(-\beta\left(U_{t+2} - U_{t+1}\right) + g(\varPi_{t+2} - \varPi_{t+1})\right) \\
=\ & -k\beta\left(U_{t+2} - U_{t+1}\right) + kgj(p_{t+1} - \varPi_{t+1}) \\
=\ & -k\beta\left(U_{t+2} - U_{t+1}\right) + kj(g-1)p_{t+1} + kj\left(\alpha - T - \beta U_{t+1}\right) \\
=\ & -k\beta\left(U_{t+2} - U_{t+1}\right) + j(g-1)\left(U_{t+1} - U_t\right) + kj(g-1)m \\
& + kj\left(\alpha - T - \beta U_{t+1}\right) \\
=\ & -k\beta U_{t+2} + [(1-j)k\beta + j(g-1)]U_{t+1} - j(g-1)U_t + kj(g-1)m + kj(\alpha - T)
\end{aligned}$$

整理得关于 $U_t$ 的二阶差分方程:

$$U_{t+2} - \frac{2-\beta k(j-1)-j(1-g)}{1+\beta k}U_{t+1} + \frac{1-j(1-g)}{1+\beta k}\varPi_t = \frac{kj(g-1)m + kj(\alpha - T)}{1+\beta k} \tag{10.2.18}$$

可见失业率 $U_t$ 的动态方程 (10.2.18)、实际通货膨胀率 $p_t$ 的动态方程 (10.2.16)、预期通货膨胀率 $\varPi$ 的动态方程 (10.2.17) 所对应的齐次方程都是一致的.

通过模型分析和求解, 可得均衡的通货膨胀率等于货币扩张率, 即 $\bar{p} = m$; 而均衡的失业率为 $\bar{U} = \dfrac{1}{\beta}\left[\alpha - T + (g-1)\right]m$, 这也是长期菲利普斯关系. 同时通过方程特征值判别, 可以对 $p$ 和 $U$ 的稳定性进行分析, 得到通货膨胀率和失业率的收敛准则.

## 10.3 时标 Aljinovic 版本模型

本节在时标上, 将 10.1 节的连续时间模型和 10.2 节的 [Aljinovic2009] 版本的离散时间模型统一在一致的时标时间框架之下.

在前面讨论的基础上, 可以直接给出如下时标模型:

$$p(t) = \alpha - T - \beta U(t) + g\pi(t), \quad \alpha, \beta > 0 \quad (\text{菲利普斯关系}) \tag{10.3.1}$$

$$\Pi^\Delta(t) = j(p(t) - \Pi(t)), \quad 0 < j \leqslant 1 \quad \text{(自适应预期方程)} \tag{10.3.2}$$

$$U^\Delta(t) = -k(m - p(t)), \quad k > 0 \quad \text{(货币政策方程)} \tag{10.3.3}$$

**注 10.3.1** 当分别考虑 $\mathbb{T} = \mathbb{R}$ 和 $\mathbb{T} = \mathbb{Z}$, 模型 (10.3.1)~(10.3.3) 正好分别对应连续时间模型 (10.1.3)~(10.1.5) 和离散时间模型 (10.2.1)~(10.2.3).

**1. 通货膨胀率的动态行为**

根据 (10.3.1) 式, 总有

$$p^\Delta(t) = -\beta U^\Delta(t) + g\Pi^\Delta(t)$$

即

$$\Pi^\Delta(t) = \frac{1}{g}p^\Delta(t) + \frac{\beta}{g}U^\Delta(t) \tag{10.3.4}$$

根据 (10.3.1) 式, 还有

$$g\Pi(t) = p(t) - \alpha + T + \beta U(t) \tag{10.3.5}$$

令 (10.3.4) 式等于 (10.3.2) 式, 再利用 (10.3.5) 式, 得

$$p^\Delta(t) + \beta U^\Delta(t) = jg(p(t) - \Pi(t)) = j(g-1)p(t) + j\alpha - jT - \beta jU(t) \tag{10.3.6}$$

对 (10.3.6) 式两端 delta 求导, 得

$$p^{\Delta\Delta}(t) + \beta U^{\Delta\Delta}(t) = j(g-1)p^\Delta(t) - \beta j U^\Delta(t) \tag{10.3.7}$$

根据 (10.3.3) 式, 有

$$U^{\Delta\Delta}(t) = kp^\Delta(t)$$

将其与 (10.3.3) 式代入 (10.3.7) 式, 得

$$p^{\Delta\Delta}(t) + [\beta k + j(1-g)]p^\Delta(t) + \beta kjp(t) = \beta kjm \tag{10.3.8}$$

(10.3.8) 式刻画的是通货膨胀率 $p$ 的动态行为. 它是一个二阶非齐次常系数时标动态方程.

记

$$a := \beta k - j(g-1), \quad b := \beta kj$$

则动态方程 (10.3.8) 可以简写为

$$p^{\Delta\Delta}(t) + ap^\Delta(t) + bp(t) = \beta kjm$$

## 10.3 时标 Aljinovic 版本模型

下面的定理给出了模型 (10.3.1)∼(10.3.3) 的解.

**定理 10.3.1** 如果 $a^2-4b \neq 0, \forall t \in \mathbb{T}$, 且 $\mu b - a \in \mathcal{R}$. 则

(i) 模型 (10.3.1)∼(10.3.3) 的通解为

$$p(t) = c_1 e_{\lambda_1}(t,t_0) + c_2 e_{\lambda_2}(t,t_0) + m \tag{10.3.9}$$

(ii) 初值问题 (10.3.1)∼(10.3.3), $p(t_0) = p_0, p^\Delta(t_0) = p_0^\Delta$ 的解为

$$p(t) = p_0 \frac{e_{\lambda_1}(t,t_0) + e_{\lambda_2}(t,t_0)}{2} + \frac{ap_0 + 2p_0^\Delta}{\sqrt{a^2-4b}} \frac{e_{\lambda_2}(t,t_0) - e_{\lambda_1}(t,t_0)}{2}$$

其中 $t_0 \in \mathbb{T}^k$,

$$\lambda_{1,2}(t) = \frac{-a \pm \sqrt{a^2-4b}}{2}$$

**证** 已知模型 (10.3.1)∼(10.3.3) 可以表示成二阶非齐次常系数时标动态方程 (10.3.8), 即

$$p^{\Delta\Delta}(t) + ap^\Delta(t) + bp(t) = \beta kjm$$

(i) 根据定理 1.4.5, 齐次方程

$$p^{\Delta\Delta}(t) + ap^\Delta(t) + bp(t) = 0$$

的通解为 $c_1 e_{\lambda_1}(t,t_0) + c_2 e_{\lambda_2}(t,t_0)$. 这里 $e_{\lambda_1}(t,t_0)$ 和 $e_{\lambda_2}(t,t_0)$ 就是齐次方程的基础解系. 以下寻求非齐次方程 (10.3.8) 的一个特解 $p^*$. 利用常数变易法 (见定理 1.4.9 及其证明), $p^*$ 具有形式

$$p^*(t) = c_1(t)e_{\lambda_1}(t,t_0) + c_2(t)e_{\lambda_2}(t,t_0) \tag{10.3.10}$$

将 $p^*$ 代回非齐次方程, 可得

$$\begin{pmatrix} c_1^\Delta(t) \\ c_2^\Delta(t) \end{pmatrix} = \frac{1}{W^\sigma(e_{\lambda_1}, e_{\lambda_2})(t)} \begin{pmatrix} e_{\lambda_2}^{\Delta\sigma}(t) & -e_{\lambda_2}^\sigma(t) \\ -e_{\lambda_1}^{\Delta\sigma}(t) & e_{\lambda_1}^\sigma(t) \end{pmatrix} \begin{pmatrix} 0 \\ \beta kjm \end{pmatrix}$$

即

$$c_1^\Delta(t) = -\frac{e_{\lambda_2}^\sigma(t) \beta kjm}{W^\sigma(e_{\lambda_1}, e_{\lambda_2})(t)}, \quad c_2^\Delta(t) = \frac{e_{\lambda_1}^\sigma(t) \beta kjm}{W^\sigma(e_{\lambda_1}, e_{\lambda_2})(t)}$$

在初值条件 $y(t_0) = y_0, y^\Delta(t_0) = y_0^\Delta$ 下, 两端 delta 积分, 继续求解得

$$c_1(t) = -\int_{t_0}^t \frac{e_{\lambda_2}^\sigma(t) \beta kjm}{W^\sigma(e_{\lambda_1}, e_{\lambda_2})(t)} \Delta\tau, \quad c_2(t) = \int_{t_0}^t \frac{e_{\lambda_1}^\sigma(t) \beta kjm}{W^\sigma(e_{\lambda_1}, e_{\lambda_2})(t)} \Delta\tau$$

再代回 (10.3.10) 式,即有

$$p^*(t) = \int_{t_0}^t \frac{e_{\lambda_1}(\sigma(\tau), t_0)e_{\lambda_2}(t, t_0) - e_{\lambda_2}(\sigma(\tau), t_0)e_{\lambda_1}(t, t_0)}{W(y_1, y_2)(\sigma(\tau))} j\beta km\Delta\tau$$

$$= -e_{\lambda_1}(t, t_0)\int_{t_0}^t \frac{e_{\lambda_2}(\sigma(\tau), t_0)}{(\lambda_2 - \lambda_1)e_{\lambda_1}(\sigma(\tau), t_0)e_{\lambda_2}(\sigma(\tau), t_0)} j\beta km\Delta\tau$$

$$+ e_{\lambda_2}(t, t_0)\int_{t_0}^t \frac{e_{\lambda_1}(\sigma(\tau), t_0)}{(\lambda_2 - \lambda_1)e_{\lambda_1}(\sigma(\tau), t_0)e_{\lambda_2}(\sigma(\tau), t_0)} j\beta km\Delta$$

$$= -e_{\lambda_1}(t, t_0)\int_{t_0}^t e_{\ominus\lambda_1}(\sigma(\tau), t_0)\frac{1}{\lambda_2(\tau) - \lambda_1(\tau)} j\beta km\Delta\tau$$

$$+ e_{\lambda_2}(t, t_0)\int_{t_0}^t e_{\ominus\lambda_2}(\sigma(\tau), t_0)\frac{1}{\lambda_2(\tau) - \lambda_1(\tau)} j\beta km\Delta\tau$$

$$= -e_{\lambda_1}(t, t_0)\int_{t_0}^t \lambda_1\left[1 + \mu(\tau)(\ominus\lambda_1)(\tau)\right]e_{\ominus\lambda_1}(\tau, t_0)$$

$$\cdot \frac{1}{\lambda_1(\tau)(\lambda_2(\tau) - \lambda_1(\tau))} j\beta km\Delta\tau$$

$$+ e_{\lambda_2}(t, t_0)\int_{t_0}^t \lambda_2\left[1 + \mu(\tau)(\ominus\lambda_2)(\tau)\right]e_{\ominus\lambda_2}(\tau, t_0)$$

$$\cdot \frac{1}{\lambda_2(\tau)(\lambda_2(\tau) - \lambda_1(\tau))} j\beta km\Delta\tau$$

$$= -e_{\lambda_1}(t, t_0)K_1\int_{t_0}^t \lambda_1\left[1 - \frac{\mu(\tau)\lambda_1}{1 + \mu(\tau)\lambda_1}\right]e_{\ominus\lambda_1}(\tau, t_0)\Delta\tau$$

$$+ e_{\lambda_2}(t, t_0)K_2\int_{t_0}^t \lambda_2\left[1 - \frac{\mu(\tau)\lambda_2}{1 + \mu(\tau)\lambda_2}\right]e_{\ominus\lambda_2}(\tau, t_0)\Delta\tau$$

$$= -e_{\lambda_1}(t, t_0)K_1\int_{t_0}^t \lambda_1\frac{1}{1 + \mu(\tau)\lambda_1}e_{\ominus\lambda_1}(\tau, t_0)\Delta\tau$$

$$+ e_{\lambda_2}(t, t_0)K_2\int_{t_0}^t \lambda_2\frac{1}{1 + \mu(\tau)\lambda_2}e_{\ominus\lambda_2}(\tau, t_0)\Delta\tau$$

$$= e_{\lambda_1}(t, t_0)K_1\int_{t_0}^t (\ominus\lambda_1)(\tau)e_{\ominus\lambda_1}(\tau, t_0)\Delta\tau$$

$$- e_{\lambda_2}(t, t_0)K_2\int_{t_0}^t (\ominus\lambda_2)(\tau)e_{\ominus\lambda_2}(\tau, t_0)\Delta\tau$$

## 10.3 时标 Aljinovic 版本模型

$$\begin{aligned}
&= e_{\lambda_1}(t,t_0)K_1 \int_{t_0}^{t} e_{\ominus\lambda_1}^{\Delta}(\tau,t_0)\Delta\tau - e_{\lambda_2}(t,t_0)K_2 \int_{t_0}^{t} e_{\ominus\lambda_2}^{\Delta}(\tau,t_0)\Delta\tau \\
&= e_{\lambda_1}(t,t_0)K_1 \int_{t_0}^{t} [e_{\ominus\lambda_1}(t_0,\tau)]^{\Delta}\Delta\tau - e_{\lambda_2}(t,t_0)K_2 \int_{t_0}^{t} [e_{\ominus\lambda_2}(t_0,\tau)]^{\Delta}\Delta\tau \\
&= e_{\lambda_1}(t,t_0)K_1 [e_{\lambda_1}(t_0,t) + e_{\lambda_1}(t_0,t_0)] + e_{\lambda_2}(t,t_0)K_2 [e_{\lambda_2}(t_0,t) + e_{\lambda_2}(t_0,t_0)] \\
&= -e_{\lambda_1}(t,t_0)K_1 [1 - e_{\ominus\lambda_1}(t,t_0)] + e_{\lambda_2}(t,t_0)K_2 [1 - e_{\ominus\lambda_2}(t,t_0)] \\
&= -K_1 e_{\lambda_1}(t,t_0) + K_1 + K_2 e_{\lambda_2}(t,t_0) - K_2
\end{aligned}$$

其中

$$K_1 = \frac{\beta k j m}{\lambda_1(\lambda_2 - \lambda_1)}, \quad K_2 = \frac{\beta k j m}{\lambda_2(\lambda_2 - \lambda_1)}$$

则特解为

$$p(t) = K_1 - K_2 = \beta k j m \left[\frac{1}{\lambda_1(\lambda_2-\lambda_1)} - \frac{1}{\lambda_2(\lambda_2-\lambda_1)}\right] = \beta k j m \frac{1}{\lambda_1\lambda_2}$$
$$= \beta k j m \frac{1}{\beta k j} = m$$

从而方程 (10.3.8) 具有 (10.3.9) 式形式的通解.

(ii) 根据定理 1.4.6 直接可得. □

下面的定理给出了通货膨胀率 $p$ 收敛的充分必要条件.

**定理 10.3.2** 如果 $\lambda_1, \lambda_2 := \dfrac{-a \pm \sqrt{a^2-4b}}{2} \in \mathcal{R}$, 且

$$\lim_{t\to\infty}\int_{t_0}^{t}\lim_{h\searrow\mu(\tau)}\frac{\log|1+h\lambda_1|}{h}\Delta\tau = -\infty, \lim_{t\to\infty}\int_{t_0}^{t}\lim_{h\searrow\mu(\tau)}\frac{\log|1+h\lambda_2|}{h}\Delta\tau = -\infty$$

则模型 (10.3.1)~(10.3.3) 确定的通货膨胀率 $p$ 收敛于它的均衡值 $p_e = m$.

**证** 根据 [Bohner2011, 定理 3.4], 定义

$$\Psi_h(\lambda) := \begin{cases} \dfrac{\log|1+h\lambda|}{h}, & h > 0 \\ \lambda, & h = 0 \end{cases}$$

证明过程同定理 7.2.2. 不再赘述. □

**推论 10.3.1** 如果 $\lambda_1(t), \lambda_2(t) < 0$, $\forall t \in \mathbb{T}$ 和 $\lambda_1, \lambda_2 \in \mathcal{R}^+$. 则模型 (10.3.1)~(10.3.3) 确定的通货膨胀率 $p$ 收敛于它的均衡值 $p_e = m$.

**例 10.3.1**  设 $\mathbb{T} = \mathbb{R}$. (10.3.8) 式对应

$$\frac{d^2p}{dt^2} + [\beta k + j(1-g)]\frac{dp}{dt} + \beta kjp = \beta kjm$$

这恰好与连续时间的 (10.1.9) 式一致. 根据推论 10.3.1, 只要

(1) 当 $(\beta k + j(1-g))^2 - 4\beta kj > 0$ 时,

$$\frac{-(\beta k + j(1-g)) + \sqrt{(\beta k + j(1-g))^2 - 4\beta kj}}{2} < 0$$

(2) 当 $(\beta k + j(1-g))^2 - 4\beta kj < 0$ 时, $\beta k - j(g-1) > 0$,

那么模型 (10.3.1)~(10.3.3) 确定的通货膨胀率 $p$ 就收敛于它的均衡值 $p_e = m$.

**注 10.3.2**  推论 10.3.1 中给出的是充分非必要条件. 在连续时间情形下, 推论 10.3.1 中的条件既是充分条件也是必要条件.

**例 10.3.2**  设 $\mathbb{T} = \mathbb{Z}$. (10.3.8) 式对应

$$\Delta^2 p_t + (\beta k + j(1-g))\Delta p_t + \beta kjp_t = \beta kjm$$

$$p_{t+2} - 2p_{t+1} + p_t + (\beta k + j(1-g))(p_{t+1} - p_t) + \beta kjp_t = \beta kjm$$

$$p_{t+2} - [2 - \beta k - j(1-g)]p_{t+1} + [1 + \beta k(j-1) - j(1-g)]p_t = \beta kjm$$

这恰好与离散时间的 (10.2.7) 式一致. 既然

$$\lim_{h \searrow 1} \frac{\log|1 + h\lambda_1|}{h} = \log|1 + h\lambda_1|, \quad \lim_{h \searrow 1} \frac{\log|1 + h\lambda_2|}{h} = \log|1 + h\lambda_2|$$

那么只要 $-2 < \lambda_1 < 0$ 和 $-2 < \lambda_2 < 0$, 即 $|b_1/b| < 1$, 根据定理 10.3.2, 就有模型 (10.3.1)~(10.3.3) 确定的通货膨胀率 $p$ 收敛于它的均衡值 $p_e$.

**2. 预期通货膨胀率的动态行为**

将模型 (10.3.1)~(10.3.3) 表示为有关预期通货膨胀率 $\Pi$ 的时标二阶动态方程. 对 (10.3.1) 式求 delta 导数, 并利用 (10.3.2) 式和 (10.3.3) 式, 可得

$$\begin{aligned}\Pi^{\Delta\Delta}(t) &= j\left(p^\Delta(t) - \Pi^\Delta(t)\right) = j\left[-\beta U^\Delta(t) + g\Pi^\Delta(t) - \Pi^\Delta(t)\right] \\ &= -\beta j[-k(m - p(t))] + j(g-1)\Pi^\Delta(t) \\ &= \beta kjm - \beta kjp(t) + j(g-1)\Pi^\Delta(t) \\ &= \beta kjm - \beta k\left[\Pi^\Delta(t) + j\Pi(t)\right] + j(g-1)\Pi^\Delta(t) \\ &= \beta kjm + [-\beta k + j(g-1)]\Pi^\Delta(t) - \beta kj\Pi(t)\end{aligned}$$

## 10.3 时标 Aljinovic 版本模型

从而有

$$\Pi^{\Delta\Delta}(t) + [\beta k + j(1-g)]\Pi^{\Delta}(t) + \beta k j \Pi(t) = \beta k j m \tag{10.3.11}$$

可以看到, 预期通货膨胀率 $\Pi$ 的动态行为 (10.3.11) 和实际通货膨胀率 $p$ 的动态行为 (10.3.8) 是一致的, 这和传统的连续模型, 以及 Aljinovic 的离散版本的结果相同.

接下来的讨论与通货膨胀率 $p$ 类似. 记

$$a := \beta k + j(1-g), \quad b := j\beta k$$

**定理 10.3.3** 如果 $a^2 - 4b \neq 0, \forall t \in \mathbb{T}$, 且 $\mu b - a \in \mathcal{R}$. 则

(i) 模型 (10.3.1)~(10.3.3) 的通解为

$$\Pi(t) = c_1 e_{\lambda_1}(t, t_0) + c_2 e_{\lambda_2}(t, t_0) + m \tag{10.3.12}$$

(ii) 初值问题 (10.3.1)~(10.3.3), $\Pi(t_0) = \Pi_0, \Pi^{\Delta}(t_0) = \Pi_0^{\Delta}$ 的解为

$$\Pi(t) = \Pi_0 \frac{e_{\lambda_1}(t, t_0) + e_{\lambda_2}(t, t_0)}{2} + \frac{a\Pi_0 + 2\Pi_0^{\Delta}}{\sqrt{a^2 - 4b}} \frac{e_{\lambda_2}(t, t_0) - e_{\lambda_1}(t, t_0)}{2}$$

其中 $t_0 \in \mathbb{T}^k$,

$$\lambda_{1,2}(t) = \frac{-a \pm \sqrt{a^2 - 4b}}{2}$$

**定理 10.3.4** 如果 $\lambda_1, \lambda_2 := \dfrac{-a \pm \sqrt{a^2 - 4b}}{2} \in \mathcal{R}$, 且

$$\lim_{t\to\infty}\int_{t_0}^{t} \lim_{h \searrow \mu(\tau)} \frac{\log|1 + h\lambda_1|}{h} \Delta\tau = -\infty, \quad \lim_{t\to\infty}\int_{t_0}^{t} \lim_{h \searrow \mu(\tau)} \frac{\log|1 + h\lambda_2|}{h} \Delta\tau = -\infty$$

则模型 (10.3.1)~(10.3.3) 确定的预期通货膨胀率 $\Pi$ 收敛于它的均衡值 $\Pi_e = m$.

**推论 10.3.2** 如果 $\lambda_1(t), \lambda_2(t) < 0, \forall t \in \mathbb{T}$ 和 $\lambda_1, \lambda_2 \in \mathcal{R}^+$. 则模型 (10.3.1)~(10.3.3) 确定的预期通货膨胀率 $\Pi$ 收敛于它的均衡值 $\Pi_e = m$.

**注 10.3.3** 对于时标 Aljinovic 版本模型, 通货膨胀率 $p$ 和预期通货膨胀率 $\Pi$ 依然具有相同的均衡值, 都是名义货币增长率 $m$.

**例 10.3.3** 设 $\mathbb{T} = \mathbb{R}$. (10.3.11) 式对应

$$\frac{d^2\Pi}{dt^2} = [\beta k + j(1-g)]\frac{d\Pi}{dt} + \beta k j \Pi = \beta k j m$$

这恰好与连续时间的 (10.1.6) 式一致.

**例 10.3.4**  设 $\mathbb{T} = \mathbb{Z}$. (10.3.11) 式对应

$$\Delta^2 \Pi_t + [\beta k + j(1-g)] \Delta \Pi_t + \beta k j \Pi_t = \beta k j m$$

$$\Pi_{t+2} - 2\Pi_{t+1} + \Pi_t + [\beta k + j(1-g)](\Pi_{t+1} - \Pi_t) + \beta k j \Pi_t = \beta k j m$$

$$\Pi_{t+2} - [2 - \beta k - j(1-g)]\Pi_{t+1} + [1 + \beta k(j-1) - j(1-g)]\Pi_t = \beta k j m$$

这恰好与离散时间的 (10.2.8) 式一致.

3. 失业率的动态行为

将模型 (10.3.1)~(10.3.3) 表示为有关失业率 $U$ 的时标二阶动态方程. 对 (10.3.3) 式求 delta 导数, 可得

$$\begin{aligned}
U^{\Delta\Delta}(t) &= k p^{\Delta}(t) = k\left[-\beta U^{\Delta}(t) + g\Pi^{\Delta}(t)\right] \\
&= -k\beta U^{\Delta}(t) + kgj\left[p(t) - \Pi(t)\right] \\
&= -k\beta U^{\Delta}(t) + kj\left[gp(t) - (p(t) - \alpha + T + \beta U(t))\right] \\
&= -k\beta U^{\Delta}(t) + kj\left[(g-1)p(t) + \alpha - T - \beta U(t)\right] \\
&= -k\beta U^{\Delta}(t) + kj\left[(g-1)\left(1/k U^{\Delta}(t) + m\right) + \alpha - T - \beta U(t)\right] \\
&= [-k\beta + j(g-1)] U^{\Delta}(t) - \beta k j U(t) + kjm + kj(\alpha - T)
\end{aligned}$$

从而有

$$U^{\Delta\Delta}(t) + [\beta k + j(1-g)] U^{\Delta}(t) + \beta k j U(t) = kjm(g-1) + kj(\alpha - T) \quad (10.3.13)$$

观察失业率的动态行为 (10.3.13) 式、预期通货膨胀率 $\Pi$ 的动态行为 (10.3.10) 式、实际通货膨胀率 $p$ 的动态行为 (10.3.8) 式, 三者对应的齐次动态方程是一致的, 这也和传统的连续模型, 以及 Aljinovic 的离散版本的结果相同.

记

$$a := \beta k + j(1-g), \quad b := j\beta k$$

**定理 10.3.5**  如果 $a^2 - 4b \neq 0, \forall t \in \mathbb{T}$, 且 $\mu b - a \in \mathcal{R}$. 则

(i) 模型 (10.3.1)~(10.3.3) 的通解为

$$U(t) = c_1 e_{\lambda_1}(t, t_0) + c_2 e_{\lambda_2}(t, t_0) + \frac{m + \alpha - T}{\beta} \quad (10.3.14)$$

(ii) 初值问题 (10.3.1)~(10.3.3), $U(t_0) = U_0, U^{\Delta}(t_0) = U_0^{\Delta}$ 的解为

$$U(t) = U_0 \frac{e_{\lambda_1}(t, t_0) + e_{\lambda_2}(t, t_0)}{2} + \frac{aU_0 + 2U_0^{\Delta}}{\sqrt{a^2 - 4b}} \cdot \frac{e_{\lambda_2}(t, t_0) - e_{\lambda_1}(t, t_0)}{2}$$

其中 $t_0 \in \mathbb{T}^k$.

$$\lambda_{1,2}(t) = \frac{-a \pm \sqrt{a^2-4b}}{2}$$

**定理 10.3.6** 如果 $\lambda_1, \lambda_2 := \dfrac{-a \pm \sqrt{a^2-4b}}{2} \in \mathcal{R}$, 且

$$\lim_{t \to \infty} \int_{t_0}^{t} \lim_{h \searrow \mu(\tau)} \frac{\log|1+h\lambda_1|}{h} \Delta\tau = -\infty, \quad \lim_{t \to \infty} \int_{t_0}^{t} \lim_{h \searrow \mu(\tau)} \frac{\log|1+h\lambda_2|}{h} \Delta\tau = -\infty$$

则模型 (10.3.1)~(10.3.3) 确定的失业率 $U$ 收敛于它的均衡值 $U_e = \dfrac{m+\alpha-T}{\beta}$.

**推论 10.3.3** 如果 $\lambda_1(t), \lambda_2(t) < 0$, $\forall t \in \mathbb{T}$ 和 $\lambda_1, \lambda_2 \in \mathcal{R}^+$. 则模型 (10.3.1)~(10.3.3) 确定的失业率 $U$ 收敛于它的均衡值 $U_e = \dfrac{m+\alpha-T}{\beta}$.

**例 10.3.5** 设 $\mathbb{T} = \mathbb{R}$. (10.3.13) 式对应

$$\frac{d^2U}{dt^2} + [\beta k + j(1-g)]\frac{dU}{dt} + \beta k j U = kjm(g-1) + kj(\alpha - T)$$

这恰好与连续时间的 (10.1.11) 式一致.

**例 10.3.6** 设 $\mathbb{T} = \mathbb{Z}$. (10.3.13) 式对应

$$\Delta^2 U_t + [\beta k + j(1-g)]\Delta U_t + \beta k j U_t = kjm(g-1) + kj(\alpha - T)$$

$$U_{t+2} - 2U_{t+1} + U_t + [\beta k + j(1-g)](U_{t+1} - U_t) + \beta k j \Pi_t = \beta k j m$$

$$U_{t+2} - [2 - \beta k - j(1-g)]U_{t+1} + [1 + \beta k(j-1) - j(1-g)]U_t = \beta k j m$$

这恰好与离散时间的 (10.2.9) 式一致.

## 10.4 时标 Chiang 版本模型

本节在时标上, 将 10.1 节的连续时间模型和 10.2 节的 [Chiang1984] 版本的离散时间模型统一在一致的时标时间框架之下.

根据模型 (10.2.10)~(10.2.12), 直接写出时标 Chiang 版本的通货膨胀和失业关系模型:

$$p(t) = \alpha - T - \beta U(t) + g\Pi(t), \quad \alpha, \beta > 0 \quad \text{(菲利普斯关系)} \tag{10.4.1}$$

$$\Pi^\Delta(t) = j(p(t) - \Pi(t)), \quad 0 < j \leqslant 1 \quad \text{(适应性预期方程)} \tag{10.4.2}$$

$$U^\Delta(t) = -k(m - p^\sigma(t)), \quad k > 0 \quad \text{(货币政策方程)} \tag{10.4.3}$$

注意 Chiang 版本的货币政策方程 (10.4.3) 中, 当期失业率 $U(t)$ 的变化依赖于 $\sigma(t)$ 期的实际通货膨胀率 $p^\sigma(t)$; 而 Aljinovic 版本的货币政策方程 (10.3.3) 中, 当期失业率 $U(t)$ 的变化依赖的是当期的实际通货膨胀率 $p(t)$. 在满足 $\sigma(t) \equiv t$, 即 $\mu(t) \equiv 0$ 的时标, 比如连续情形 $\mathbb{R}$ 上, 两个版本一致; 而在 $\sigma(t) \neq t$, 即 $\mu(t) > 0$ 的所有时标, 比如离散情形 $\mathbb{Z}$ 上, 两个版本却是不同的. 当在时标时间框架下讨论这两种版本, 是较容易给出不同假设下结论不同的根本缘由的.

**1. 通货膨胀率的动态行为**

对 (10.4.1) 式两端求 delta 导数, 可得

$$p^\Delta(t) = -\beta U^\Delta(t) + g\Pi^\Delta(t) \tag{10.4.4}$$

因此

$$\Pi^\Delta(t) = \frac{1}{g} p^\Delta(t) + \frac{\beta}{g} U^\Delta(t) \tag{10.4.5}$$

又由 (10.4.1) 式, 有

$$g\Pi(t) = p(t) - \alpha + T + \beta U(t) \tag{10.4.6}$$

结合 (10.4.4) 式、(10.4.2) 式和 (10.4.6) 式, 有

$$p^\Delta(t) + \beta U^\Delta(t) = g\Pi^\Delta(t) = jg\left[p(t) - \Pi(t)\right]$$
$$= jgp(t) - j\left[p(t) - \alpha + T + \beta U(t)\right]$$
$$= j(g-1)p(t) + j\alpha - jT - \beta j U(t)$$

两端 delta 求导得

$$p^{\Delta\Delta}(t) + \beta U^{\Delta\Delta}(t) = j(g-1)p^\Delta(t) - \beta j U^\Delta(t) \tag{10.4.7}$$

由 (10.4.3) 式, 有

$$U^{\Delta\Delta}(t) = kp^{\sigma\Delta}(t)$$

代入 (10.4.7) 式, 再注意到 (10.4.3) 式, 得

$$p^{\Delta\Delta}(t) + \beta k p^{\sigma\Delta}(t) = j(g-1)p^\Delta(t) + \beta kj(m - p^\sigma(t))$$

进一步推导,

$$p^{\Delta\Delta}(t) + \beta k \sigma^\Delta p^\Delta \sigma(t) = j(g-1)p^\Delta(t) + j\beta k(m - p^\sigma(t))$$

## 10.4 时标 Chiang 版本模型

$$p^{\Delta\Delta}(t) + \beta k\sigma^{\Delta}(p^{\Delta}(t) + \mu p^{\Delta\Delta}(t)) = j(g-1)p^{\Delta}(t) + \beta kj(m - p^{\sigma}(t))$$

$$(1 + \sigma^{\Delta}\beta k\mu)p^{\Delta\Delta}(t) + [\sigma^{\Delta}\beta k + j(1-g) + \beta kj\mu]p^{\Delta}(t) + \beta kjp(t) = \beta kjm$$

最后整理得通货膨胀率的动态行为方程

$$p^{\Delta\Delta}(t) + \frac{\sigma^{\Delta}\beta k + j(1-g) + \beta kj\mu}{1 + \sigma^{\Delta}\beta k\mu}p^{\Delta}(t) + \frac{\beta kj}{1 + \sigma^{\Delta}\beta k\mu}p(t) = \frac{\beta kjm}{1 + \sigma^{\Delta}\beta k\mu} \quad (10.4.8)$$

当 $\mu(t) \equiv 0$ 时, (10.4.8) 式与 (10.3.8) 式一致.

记

$$a(t) := \frac{\sigma^{\Delta}\beta k + j(1-g) + \beta kj\mu}{1 + \sigma^{\Delta}\beta k\mu}, \quad b(t) := \frac{\beta kj}{1 + \sigma^{\Delta}\beta k\mu}$$

可以建立如下定理.

**定理 10.4.1** 如果 $(a(t))^2 - 4b(t) \neq 0, \forall t \in \mathbb{T}$, 且 $\mu b - a \in \mathcal{R}$. 则

(i) 模型 (10.4.1)~(10.4.3) 的通解为

$$p(t) = c_1 p_1(t) + c_2 p_2(t) + p^*(t) \quad (10.4.9)$$

其中 $p_1(t)$ 和 $p_2(t)$ 满足 delta 朗斯基行列式 $W(p_1, p_2) \neq 0$, $p^*$ 是方程 (10.4.8) 的一个特解.

(ii) 初值问题 (10.4.1)~(10.4.3), $p(t_0) = p_0, p^{\Delta}(t_0) = p_0^{\Delta}$ 的解为

$$p(t) = c_1 p_1(t) + c_2 p_2(t)$$
$$+ \int_{t_0}^{t} \frac{p_1(\sigma(\tau))p_2(\tau) - p_2(\sigma(\tau))p_1(\tau)}{W(p_1, p_2)(\sigma(\tau))} \frac{j\beta km}{1 + \sigma^{\Delta}(\tau)\mu(\tau)\beta k} \Delta\tau$$

其中

$$c_1(t) = \frac{p_2^{\Delta}(t_0)p_0 - p_2(t_0)p_0^{\Delta}}{W(p_1, p_2)(t_0)}, \quad c_2(t) = \frac{p_1(t_0)p_0^{\Delta} - p_1^{\Delta}(t_0)p_0}{W(p_1, p_2)(t_0)}$$

**证** 已知模型 (10.4.1)~(10.4.3) 可以表示成时标二阶非齐次时标动态方程 (10.4.8), 即

$$p^{\Delta\Delta}(t) + a(t)p^{\Delta}(t) + b(t)p(t) = \frac{\beta kjm}{1 + \sigma^{\Delta}\beta k\mu} \quad (10.4.10)$$

(i) 齐次方程

$$p^{\Delta\Delta}(t) + a(t)p^{\Delta}(t) + b(t)p(t) = 0$$

的通解为 $c_1 p_1(t) + c_2 p_2(t)$. 这里 $p_1(t)$ 和 $p_2(t)$ 是齐次方程的基础解系, 它们的 delta 朗斯基行列式 $W(p_1, p_2) \neq 0$.

如果可以找到满足 $W(p_1,p_2)\neq 0$ 的 $p_1(t)$ 和 $p_2(t)$, 那么类似于定理 10.3.1 的证明, 可以寻求形如

$$p^*(t)=c_1(t)p_1(t)+c_2(t)p_2(t)$$

的非齐次方程 (10.4.10) 的一个特解 $p^*$, 从而得到模型 (10.4.1)~(10.4.3) 的通解为

$$p(t)=c_1p_1(t)+c_2p_2(t)+p^*(t)$$

但是, 对于 $a(t)$ 和 $b(t)$ 不为常数的变系数齐次时标动态方程 (10.4.11), 没有通用的方法去求解, 即 $p_1(t)$ 和 $p_2(t)$ 并不一定容易获取. 如果齐次方程 (10.4.11) 是某种具有特殊形式的动态方程, 那么可以获得通解的特定表达式. 因此在实际经济问题的研究中, 需要具体问题具体对待.

(ii) 根据定理 1.4.9 直接可得.  □

**注 10.4.1**　如果 $a(t)$ 和 $b(t)$ 恒为常数, 根据定理 1.4.5, 类似于定理 10.3.1 的证明, 可以寻求到非齐次方程 (10.4.10) 的一个特解 $p^*=m$, 从而方程 (10.4.10) 也具有 (10.3.9) 式形式的通解. 进而初值问题的解也具有定理 10.3.1 中的形式.

**注 10.4.2**　对 (10.3.8) 式和 (10.4.8) 式进行比较. 对于 $\mu\equiv 0$ 的时标, (10.3.8) 式与 (10.4.8) 式是一致的, 而对于 $\mu>0$ 的时标, 可以看出, (10.3.8) 式比 (10.4.8) 式更加简洁并易于解释. 因为前者描述时标 Aljinovic 版本的模型 (10.3.1)~(10.3.3), 后者描述时标 Chiang 版本的模型 (10.4.1)~(10.4.3). 由此可说时标 Aljinovic 版本的模型更加自然. 但是如果我们的研究目的是考察时标结构对模型均衡及内生变量的动态行为的影响, 那么时标 Chiang 版本更有价值.

**例 10.4.1**　设 $\mathbb{T}=\mathbb{R}$. 此时方程 (10.4.8) 简化为

$$\frac{d^2p}{dt^2}+[\beta k-j(g-1)]\frac{dp}{dt}+\beta kjp=\beta kjm$$

这恰好与连续时间的 (10.1.9) 式相同.

**例 10.4.2**　设 $\mathbb{T}=\mathbb{Z}$. 此时方程 (10.4.8) 简化为

$$\Delta^2 p_t+\frac{\beta k+j(1-g)+\beta kj}{1+\beta k}\Delta p_t+\frac{\beta kj}{1+\beta k}p_t=\frac{\beta kjm}{1+\beta k}$$

$$p_{t+2}-2p_{t+1}+p_t+\frac{\beta k+j(1-g)+\beta kj}{1+\beta k}(p_{t+1}-p_t)+\frac{\beta kj}{1+\beta k}p_t=\frac{\beta kjm}{1+\beta k}$$

$$p_{t+2}-\frac{2-\beta k(j-1)+j(g-1)}{1+\beta k}p_{t+1}+\frac{1-j(1-g)}{1+\beta k}p_t=\frac{\beta kjm}{1+\beta k}$$

这恰好与离散时间的 (10.2.16) 式一致.

## 10.4 时标 Chiang 版本模型

**2. 预期通货膨胀率的动态行为**

将模型 (10.3.1)~(10.3.3) 表示为有关预期通货膨胀率 $\Pi$ 的时标二阶动态方程. 对 (10.4.1) 式求 delta 导数, 并利用 (10.4.2) 式和 (10.4.3) 式, 可得

$$\begin{aligned}\Pi^{\Delta\Delta}(t) &= j(p^\Delta(t) - \Pi^\Delta(t)) = j\left[-\beta U^\Delta(t) + g\Pi^\Delta(t) - \Pi^\Delta(t)\right] \\ &= -\beta j\left[-k(m - p^\sigma(t))\right] + j(g-1)\Pi^\Delta(t) \\ &= \beta jkm - \beta jkp^\sigma(t) + j(g-1)\Pi^\Delta(t) \\ &= \beta jkm - \beta k\left[\Pi^{\Delta\sigma}(t) + j\Pi^\sigma(t)\right] + j(g-1)\Pi^\Delta(t) \\ &= \beta jkm - \beta k\left[\Pi^\Delta(t) + \Pi^{\Delta\Delta}(t)\mu(t)\right] - \beta kj\left[\Pi(t) + \Pi^\Delta(t)\mu(t)\right] \\ &\quad + j(g-1)\Pi^\Delta(t)\end{aligned}$$

整理得预期通货膨胀率的动态行为

$$\Pi^{\Delta\Delta}(t) + \frac{\beta k + j(1-g) + \beta kj\mu(t)}{1 + \beta k\mu(t)}\Pi^\Delta(t) + \frac{\beta kj}{1 + \beta k\mu(t)}\Pi(t) = \frac{\beta kjm}{1 + \beta k\mu(t)} \tag{10.4.11}$$

当 $\mu(t) \equiv 0$ 时, (10.4.11) 式与 (10.3.10) 式一致.

记

$$a(t) := \frac{\beta k + j(1-g) + \beta kj\mu(t)}{1 + \beta k\mu(t)}, \quad b(t) := \frac{\beta kj}{1 + \beta k\mu(t)}$$

则接下来的讨论和通货膨胀率 $p$ 动态行为的讨论类似.

**注 10.4.3** 对于时标 Aljinovic 版本的模型, 预期通货膨胀率 $\Pi$ 和实际通货膨胀率 $p$ 的动态行为是一致的; 但对于时标 Chiang 版本的模型, 比较 (10.4.8) 式和 (10.4.11) 式, 发现二者并不完全一致, $\sigma^\Delta$ 带来了二者间的差别. 对特殊的连续情形和离散情形, 这种差别是无法显现的, 但在一般的时标上, 沿着时标结构却容易追踪这种差别的来源、表现与演化路径.

**注 10.4.4** 对于时标 Chiang 版本的模型, 通货膨胀率 $p$ 和预期通货膨胀率 $\Pi$ 的均衡值通常也不一致, 这与长期菲利普斯曲线的结论完全不同. 通过公式发现, 不一致的根源也来自时标结构, 因此沿这个渠道, 或许可以挖掘到更深层次的经济规律.

**例 10.4.3** 设 $\mathbb{T} = \mathbb{R}$. (10.4.11) 式对应

$$\frac{d^2\Pi}{dt^2} + [\beta k + j(1-g)]\frac{d\Pi}{dt} + \beta kj\Pi = \beta kjm$$

这恰好与连续情形的 (10.1.6) 式一致.

**例 10.4.4** 设 $\mathbb{T} = \mathbb{Z}$. (10.4.11) 式对应

$$\Delta^2 \Pi_t + \frac{\beta k + j(1-g) + \beta kj}{1+\beta k}\Delta\Pi_t + \frac{\beta kj}{1+\beta k}\Pi_t = \frac{\beta kjm}{1+\beta k}$$

$$\Pi_{t+2} - 2\Pi_{t+1} + \Pi_t + \frac{\beta k + j(1-g) + \beta kj}{1+\beta k}(\Pi_{t+1} - \Pi_t) + \frac{\beta kj}{1+\beta k}\Pi_t = \frac{\beta kjm}{1+\beta k}$$

$$\Pi_{t+2} - \frac{2 - \beta k(j-1) + j(g-1)}{1+\beta k}\Pi_{t+1} + \frac{1 - j(1-g)}{1+\beta k}\Pi_t = \frac{\beta kjm}{1+\beta k}$$

这恰好与离散情形的 (10.2.17) 式一致.

3. 失业率的动态行为

将模型 (10.4.1)~(10.4.3) 表示为有关失业率 $U$ 的时标二阶动态方程. 对 (10.4.3) 式求 delta 导数, 同时利用 (10.4.1) 式和 (10.4.2) 式, 可得

$$\begin{aligned}
U^{\Delta\Delta}(t) &= kp^{\sigma\Delta}(t)\\
&= k\sigma^\Delta p^{\Delta\sigma}(t) = k\left[-\beta U^{\Delta\sigma}(t) + g\Pi^{\Delta\sigma}(t)\right]\\
&= -k\beta U^{\Delta\sigma}(t) + kgj\left[p^\sigma(t) - \Pi^\sigma(t)\right]\\
&= -k\beta\left[U^\Delta(t) + \mu(t)U^{\Delta\Delta}(t)\right]\\
&\quad + kj\left[gp^\sigma(t) - (p^\sigma(t) - \alpha + T + \beta U^\sigma(t))\right]\\
&= -k\beta U^\Delta(t) - k\beta\mu(t)U^{\Delta\Delta}(t)\\
&\quad + kj\left[(g-1)p^\sigma(t) + \alpha - T - \beta U^\sigma(t)\right]\\
&= -k\beta U^\Delta(t) - k\beta\mu(t)U^{\Delta\Delta}(t)\\
&\quad + kj\left\{(g-1)\left[1/kU^\Delta(t) + m\right] + \alpha - T - \beta\left[U(t) + U^\Delta(t)\mu(t)\right]\right\}\\
&= -k\beta\mu(t)U^{\Delta\Delta}(t) - \left[k\beta - j(g-1) + \beta kj\mu(t)\right]U^\Delta(t)\\
&\quad - \beta kjU(t) + kjm + kj(\alpha - T)
\end{aligned}$$

整理得失业率的动态行为方程

$$U^{\Delta\Delta}(t) + \frac{\beta k + j(1-g) + \beta kj\mu(t)}{1+\beta k\mu(t)}U^\Delta(t) + \frac{\beta kj}{1+\beta k\mu(t)}U(t)$$

$$= \frac{kjm(g-1) + kj(\alpha - T)}{1+\beta k\mu(t)} \tag{10.4.12}$$

## 10.4 时标 Chiang 版本模型

当 $\mu(t) \equiv 0$ 时,(10.4.12) 式与 (10.3.13) 式一致.

失业率动态行为的讨论也是和通货膨胀率的类似,不再赘述. 但是依然给出连续情形和离散情形的例子,便于读者进行比较.

**例 10.4.5** 设 $\mathbb{T} = \mathbb{R}$. (10.4.12) 式对应

$$\frac{d^2U}{dt^2} + [\beta k + j(1-g)]\frac{dU}{dt} + \beta kjU = kjm(g-1) + kj(\alpha - T)$$

这恰好与连续情形的 (10.1.11) 式一致.

**例 10.4.6** 设 $\mathbb{T} = \mathbb{Z}$. (10.4.12) 式对应

$$\Delta^2 U_t + \frac{\beta k + j(1-g) + \beta kj}{1+\beta k}\Delta U_t + \frac{\beta kj}{1+\beta k}U_t$$
$$= \frac{kjm(g-1) + kj(\alpha - T)}{1+\beta k}$$

$$U_{t+2} - 2U_{t+1} + U_t + \frac{\beta k + j(1-g) + \beta kj}{1+\beta k}(U_{t+1} - U_t) + \frac{\beta kj}{1+\beta k}U_t$$
$$= \frac{kjm(g-1) + kj(\alpha - T)}{1+\beta k}$$

$$U_{t+2} - \frac{2 - \beta k(j-1) - j(1-g)}{1+\beta k}U_{t+1} + \frac{1-j(1-g)}{1+\beta k}U_t$$
$$= \frac{kjm(g-1) + kj(\alpha - T)}{1+\beta k}$$

这恰好与离散情形的 (10.2.18) 式一致.

**注 10.4.5** 对于时标 Chiang 版本的模型,比较 (10.4.8) 式和 (10.4.11) 式,发现失业率 $U$ 和预期通货膨胀率 $\Pi$ 对应的齐次方程一致,但和实际通货膨胀率 $p$ 之间依然存在 $\sigma^\Delta$ 带来的差别. 对连续和离散情形,都有 $\sigma^\Delta \equiv 1$,这种差别无法显现,而在一般的时标上,和时标结构有关的 $\sigma^\Delta$ 通常是不同的.

**例 10.4.7** 设 $\mathbb{T} = q^{\mathbb{N}_0} = \{q^n : n \in \mathbb{N}_0, q > 1\}$. 则 $\sigma(t) = qt, \mu(t) = (q-1)t$. 此时 $\sigma^\Delta = q$,(10.4.8) 式、(10.4.11) 式和 (10.4.12) 式分别对应

$$p^{\Delta\Delta}(t) + \frac{q\beta k + j(1-g) + (q-1)\beta kjt}{1+q(q-1)\beta kt}p^\Delta(t) + \frac{\beta kj}{1+q(q-1)\beta kt}p(t)$$
$$= \frac{\beta kjm}{1+q\beta k(q-1)t}$$

$$\Pi^{\Delta\Delta}(t) + \frac{\beta k + j(1-g) + (q-1)\beta kjt}{1+(q-1)\beta kt}\Pi^\Delta(t) + \frac{\beta kj}{1+(q-1)\beta kt}\Pi(t)$$

$$= \frac{\beta kjm}{1+(q-1)\beta kt}$$

$$U^{\Delta\Delta}(t) + \frac{\beta k + j(1-g)+(q-1)\beta kjt}{1+(q-1)\beta kt}U^{\Delta}(t) + \frac{\beta kj}{1+(q-1)\beta kt}U(t)$$

$$= \frac{kjm(g-1)+kj(\alpha-T)}{1+(q-1)\beta kt}$$

时标 $\mathbb{T}=q^{\mathbb{N}_0}$ 虽然也是由离散的 lsrs 点组成, 但是它和 $\mathbb{T}=\mathbb{Z}$ 不同, $\mu(t)$ 并不是常函数. 从以上三个内生变量的动态行为方程可以看出, 实际通货膨胀率 $p$ 和预期通货膨胀率 $\Pi$ 的长期均衡值的差异是由 $q=\sigma^{\Delta}$ 带来的, 而 $q$ 刻画的是时标 $q^{\mathbb{N}_0}$ 上点 $t$ 离散的程度, 本书把它解释为经济活动发生的频率, $q$ 越大, 频率越低, 此时实际通货膨胀 $p$ 的均衡值低于预期通货膨胀率 $\Pi$ 的均衡值的程度就越大. 但不论是长期还是短期, 对 $q>1$, 是可以通过调整 $q$ 尽可能接近于 1, 来实现政策目标和社会需求的.

通货膨胀率和失业率对经济和政治都有很强的影响力, 因而其研究长久以来一直备受经济学家的重视. 通货膨胀和失业都会造成社会损失, 寻找通货膨胀和失业的最优组合可以减少这种损失. 通过建立社会损失函数, 寻求预期通货膨胀率的最优路径, 使得确定时间内的社会损失最小, 是政府希望解决的问题, 也是基于本章已有的讨论, 读者可以继续研究的方向. 另外, 本章的最后, 我们提出经济活动频率的差异带来了实际通货膨胀率和预期通货膨胀率长期均衡值的差异, 从行为经济学的角度看, 经济活动频率的不同体现着时间偏好和行为模式的不同, 因此时标模型是擅长分析行为经济学的一些理论的. 第 11 章我们将给出具体应用的证据.

# 第 11 章 时标上的行为经济学理论

时标结构天然具有刻画时间选择与行为模式的优势,因此适用于行为经济学理论分析. 本章利用时标变分法和最优控制理论,通过建立和分析一个时标 "吃蛋糕" 模型,以及一个时标家庭消费模型,表明了在涉及跨期选择时,时标分析对行为经济学中的时间偏好现象具备好的解释能力. 本章内容可以看作是行为经济学理论在时标框架下拓展的具体实践.

对本章内容感兴趣的读者可以参见 [Guzowska2015] 等的工作.

## 11.1 预 备 知 识

在技术飞速发展的今天,研究者们对现实建模可靠性的探索愈加迫切,这使得越来越多的研究人员开始关注人类作为模型主体的行为假设. 在行为假设中,时间偏好是一个关键问题.

在对人类决策,比如说消费和储蓄行为等进行分析时,通常都会对人类的时间偏好进行假设,这就是 Samuelson 的跨期选择模型,它是生命周期模型,甚至是几乎大部分经济模型的通常假设. 本章模型也是基于这个假设.

本章模型分析工具是时标变分法. [Bohner2004] 首先介绍了时标变分法,之后,[Bartosiewicz2011, Ferreira2011, Hilscher2004, Hilscher2009, Malinowska2010, Malinowska2011] 等从不同角度发展了时标变分法. 既然本书的目的不在于介绍纯数学理论,那么需要了解的读者可以查看这些文献获得时标变分法的研究动态. 本章相应定理给出了证明和具体实例,读者可以相对容易地了解分析过程.

## 11.2 "吃蛋糕" 问题

本节介绍离散和连续 "吃蛋糕" 问题模型,在此基础上建立时标 "吃蛋糕" 问题模型. 有关离散和连续模型的介绍,读者可以查看 [Anderson2013, Hotelling1931, Kemp1977, Romer1986] 等了解有关模型假设、建立和分析的更多细节.

1. 离散 "吃蛋糕" 问题模型

首先在离散时间下介绍一个 "吃蛋糕" 问题.

假设一个消费者当期有一块尺寸为 $f_0$ 的蛋糕. 这个消费者的生命周期为 $T$ 期. 在每一期,蛋糕或者被吃掉,或者被保存到下一期再做决策,称前面的选择为消费，后面的选择为储蓄. 也假设除了这块蛋糕，没有任何其他食品，也不存在向其他消费者借贷的可能. 同时，蛋糕永不会过期. 在 $t=1,2,\cdots,T$ 的每一期，消费者都要做出消费多少以及储蓄多少的决策. 因此，面临的主要问题是：每个时期，消费者该怎么决定蛋糕消费和储蓄的最优数量？假设已知消费者的偏好属性、时间贴现因子和边值 (初值和终值) 条件，记 $f(t)$ 为蛋糕尺寸函数、$c(t)$ 为消费函数、$\delta \geqslant 0$ 为贴现因子、$u$ 为效用函数，那么离散时间的最优化问题可以写为

$$\max \sum_{t=1}^{T}\left(\frac{1}{1+\delta}\right)^{t-1}u(c(t)) \tag{11.2.1}$$

$$\text{s.t.} \quad f(t)=f(t-1)-c(t), f(0)=f_0, f(T)\geqslant 0 \tag{11.2.2}$$

若一个消费者对当前消费和未来消费同样看重，那么 $\delta=0$；如果一个消费者只看重当前消费，不关心未来消费，那么 $\delta=\infty$. 效用值由消费路径决定，效用函数代表今天消费和未来消费之间的一种均衡，是外生主观的. 假定效用函数满足

$$u \in C^2, u'>0, u''<0, \lim_{c \to 0} u'(c)=\infty, \lim_{c \to \infty} u'(c)=0$$

即消费产生正效用，但是满足边际效用递减.

2. 连续 "吃蛋糕" 问题模型

和离散时间 "吃蛋糕" 问题保持一致的假设，直接写出连续时间模型如下：

$$\max \int_0^T e^{-\delta t} u(c(t))\,dt \tag{11.2.3}$$

$$\text{s.t.} \quad c(t)=-f'(t), f(0)=f_0, f(T)\geqslant 0 \tag{11.2.4}$$

3. 时标 "吃蛋糕" 问题模型

在离散模型和连续模型的基础上，建立 delta 导数的时标 "吃蛋糕" 问题模型如下：

$$\max \int_0^T e_{\ominus \delta}(t,0) u(c^\sigma(t)) \Delta t \tag{11.2.5}$$

$$\text{s.t.} \quad c^\sigma(t)=-f^\Delta(t), f(0)=f_0, f(T)\geqslant 0 \tag{11.2.6}$$

模型 (11.2.5)~(11.2.6) 是一个变分问题，终值条件是一个不等式. 为了求解模型，先建立一个可解性定理.

## 11.2 "吃蛋糕"问题

**定理 11.2.1** 设 $a, b \in \mathbb{T}$, $a < b$. 如果 $\hat{y} \in C_{\mathrm{rd}}^1([a,b]_{\mathbb{T}})$ 是问题

$$\max J_\Delta(y) = \int_a^b L\left(t, y^\sigma(t), y^\Delta(t)\right) \Delta t, \quad y(a) = y_a, \quad y(b) \geqslant y_{\min}$$

的一个解, 其中 $L$ 满足

(i) 对任意的容许路径 $y$, $L$ 在点 $t$ 是 rd 连续的;

(ii) 函数 $L(t, \cdot, \cdot)$ 是 $C^1$ 的, 且对 $t$ 是一致的,

那么 $\hat{y}$ 满足 Euler-Lagrange 方程

$$\frac{\Delta}{\Delta t} L_{y^\Delta}\left(t, y^\sigma(t), y^\Delta(t)\right) = L_{y^\sigma}\left(t, y^\sigma(t), y^\Delta(t)\right), \quad t \in [a, \rho^2(b)]_{\mathbb{T}} \quad (11.2.7)$$

和横截条件

$$L_{y^\Delta}\left(\rho(b), \hat{y}^\sigma(\rho(b)), \hat{y}^\Delta(\rho(b))\right) + \int_{\rho(b)}^b L_{y^\sigma}(t, \hat{y}^\sigma(t), \hat{y}^\Delta(t)), t \leqslant 0 \quad (11.2.8)$$

$$\hat{y}(b) \geqslant y_{\min} \quad (11.2.9)$$

$$(\hat{y}(b) - y_{\min})$$
$$\cdot \left[ L_{y^\Delta}\left(\rho(b), \hat{y}^\sigma(\rho(b)), \hat{y}^\Delta(\rho(b))\right) + \int_{\rho(b)}^b L_{y^\sigma}\left(t, \hat{y}^\sigma(t), \hat{y}^\Delta(t)\right) \Delta t \right] = 0$$
$$(11.2.10)$$

**证** 令 $y(t) := \hat{y}(t) + \varepsilon \eta(t)$, 其中 $\varepsilon \in \mathbb{R}$ 是足够小的参数, $\eta \in C_{\mathrm{rd}}^1([a,b]_{\mathbb{T}})$ 且 $\eta(a) = 0$. 则

$$J_\Delta(\hat{y} + \varepsilon \eta) \leqslant J_\Delta(\hat{y})$$

记 $\varphi(\varepsilon) := J_\Delta(\hat{y} + \varepsilon \eta)$, 则函数 $\varphi(\varepsilon)$ 在 $\varepsilon = 0$ 取到极值. 既然 $\hat{y}(b) \geqslant y_{\min}$, 那么或者 $\hat{y}(b) > y_{\min}$, 或者 $\hat{y}(b) = y_{\min}$.

当 $\hat{y}(b) > y_{\min}$ 时, $y(b) - \hat{y}(b)$ 可能为正, 也可能为负. 因此根据 [Malinowska2010] 的定理 3.2, 可得

$$\frac{\Delta}{\Delta t} L_{y^\Delta}\left(t, \hat{y}^\sigma(t), \hat{y}^\Delta(t)\right) = L_{y^\sigma}\left(t, \hat{y}^\sigma(t), \hat{y}^\Delta(t)\right), \quad t \in [a, \rho^2(b)]_{\mathbb{T}}$$

以及横截条件

$$L_{y^\Delta}\left(\rho(b), \hat{y}^\sigma(\rho(b)), \hat{y}^\Delta(\rho(b))\right) + \int_{\rho(b)}^b L_{y^\sigma}\left(t, \hat{y}^\sigma(t), \hat{y}^\Delta(t)\right) \Delta t = 0 \quad (11.2.11)$$

当 $\hat{y}(b) = y_{\min}$ 时, $y(b) - \hat{y}(b) \geqslant 0$. 假定 $\eta(b) \geqslant 0$, 则 $y(b) - \hat{y}(b) \geqslant 0$ 意味着 $\varepsilon \geqslant 0$. 因此, 最优化的一阶必要条件 $\varphi'(\varepsilon)|_{\varepsilon=0} = 0$ 变成 $\varphi'(\varepsilon)|_{\varepsilon=0} \leqslant 0$. 进而得到条件

$$L_{y^\Delta}(\rho(b), \hat{y}^\sigma(\rho(b)), \hat{y}^\Delta(\rho(b))) + \int_{\rho(b)}^{b} L_{y^\sigma}(t, \hat{y}^\sigma(t), \hat{y}^\Delta(t))\Delta t \leqslant 0 \quad (11.2.12)$$

综合 (11.2.11) 式和 (11.2.12) 式即得 (11.2.10) 式. □

根据定理 11.2.1, 模型 (11.2.5)~(11.2.6) 的最优化一阶必要条件是

$$[e_{\ominus \delta}(t, 0) u'(\tilde{c}(t))]^\Delta = 0 \quad (11.2.13)$$

$$u'(\tilde{c}(\rho(T))) \leqslant 0, f(T) \geqslant 0, u'(\tilde{c}(\rho(T)))f(T) = 0 \quad (11.2.14)$$

利用 delta 指数函数的性质计算 (11.2.13) 式, 可得

$$\frac{e_{\ominus \delta}(t, 0)}{1 + \mu(t)\delta}\left\{[u'(\tilde{c}(t))]^\Delta - \delta u'(\tilde{c}(t))\right\} = 0$$

从而有

$$\frac{[u'(\tilde{c}(t))]^\Delta}{u'(\tilde{c}(t))} = \delta \quad (11.2.15)$$

这是一阶必要条件的另一种形式, 表明了效用、消费与贴现率之间的均衡关系.

**例 11.2.1** 设 $\mathbb{T} = \mathbb{R}$. (11.2.15) 式对应

$$\delta = \frac{[u'(c(t))]'}{u'(c(t))} = \frac{u''(c(t))c'(t)}{u'(c(t))}$$

这与连续模型的结果是一致的.

**例 11.2.2** 设 $\mathbb{T} = \mathbb{Z}$. (11.2.15) 式对应

$$u'(\tilde{c}(t+1)) = (1+\delta)u'(\tilde{c}(t))$$

这与一个熟知的离散模型的结果是一致的.

事实上, 在一个全部为孤立点, 即 lsrs 点的时标 $\mathbb{T}$ 上, 计算 (11.2.15) 式, 总可得

$$u'(\tilde{c}(\sigma(t))) = [1 + \delta\mu(t)]u'(\tilde{c}(t)) \quad (11.2.16)$$

观察 (11.2.16) 式, 公式中出现了刻画时标结构的 $\mu(t)$, 这意味着条件 (11.2.16) 式可以考察消费频率不同的更一般情形. 进一步还可以看出, 时点 $t$ 和后一期的时点 $\sigma(t)$ 的边际替代率为

$$\mathrm{MRS}_{t,\sigma(t)} = \frac{1}{1 + \delta\mu(t)}$$

## 11.2 "吃蛋糕"问题

它已经不再是一个常数, 而是与 $\mu(t)$ 有关.

**例 11.2.3** 取对数效用函数, 考察最优化问题

$$\max \int_0^T e_{\ominus \delta}(t,0) \ln(\tilde{c}(t)) \Delta t \tag{11.2.17}$$

s.t.

$$\tilde{c}(t) = -f^{\Delta}(t), \quad f(0) = f_0, \quad f(T) \geqslant 0 \tag{11.2.18}$$

根据定理 11.2.1, 模型 (11.2.17)~(11.2.18) 的最优化一阶必要条件是

$$\tilde{c}^{\Delta}(t) = -\delta \tilde{c}(\sigma(t)) \tag{11.2.19}$$

$$f(0) = f_0, \quad f(T) = 0 \tag{11.2.20}$$

利用一阶齐次伴随时标动态方程初值问题的求解定理 1.4.10, 得动态方程 (11.2.19) 的解为

$$\tilde{c}(t) = c_0 e_{\ominus \delta}(t,0), \quad c_0 = \tilde{c}(0) \tag{11.2.21}$$

由 (11.2.18) 式中的 $\tilde{c}(t) = -f^{\Delta}(t)$, 得

$$f_0 = f(0) = \int_0^T \tilde{c}(t) \Delta t \tag{11.2.22}$$

把 (11.2.21) 式代入 (11.2.22) 式, 可得

$$c_0 = \frac{f_0}{\int_0^T e_{\ominus \delta}(t,0) \Delta t}$$

从而

$$\tilde{c}(t) = \frac{f_0}{\int_0^T e_{\ominus \delta}(t,0) \Delta t} e_{\ominus \delta}(t,0) \tag{11.2.23}$$

因为 (11.2.17) 式中的被积函数 $e_{\ominus \delta}(t,0) \ln(\tilde{c}(t))$ 对所有的 $t$ 都是凹的, 根据 [Malinowska2011] 的定理 3.5, 由 (11.2.23) 式定义的函数 $\tilde{c}(t)$ 是问题 (11.2.17)~(11.2.18) 的最优解. 虽然最优解的表达式是一致的, 但时标上的表达形式更加紧凑.

以下在几个时点分布稀疏程度不同的特定时标上, 计算和比较例 11.2.3 的最优解, 能够更加清晰地看出时标结构对模型动态行为的影响.

**例 11.2.4**  设 $\mathbb{T}=h\mathbb{Z}\cap[0,60]$. 这里 $h\mathbb{Z}=\{hk:k\in\mathbb{Z},h>0\}$, $60\in\mathbb{T}$. 此时 (11.2.23) 式对应

$$\tilde{c}(t)=\frac{\delta}{1+\delta h}\frac{f_0}{1-\left(\frac{1}{1+\delta h}\right)^{\frac{60}{h}}}\left(\frac{1}{1+\delta h}\right)^{\frac{t}{h}} \tag{11.2.24}$$

当取定 $\delta$ 和 $f_0$, 比如 $\delta=0.1$, $f_0=60$, 可以根据不同的 $h$ 确定相应的消费最优路径. 更大的 $h$ 意味着更稀疏的时标结构, 此时递减的消费最优路径水平更高.

**例 11.2.5**  设 $\mathbb{T}=\left(\{2^{\mathbb{N}_0}\}\cup\{0\}\right)\cap[0,64]$. 这个时标具有时点越靠后, 则时点之间间隔越长的特点, 因此便于考察随着时点间隔拉长带来的模型动态的变化. (11.2.23) 式此时对应

$$\tilde{c}(t)=\frac{\tilde{c}(0)}{1+\delta}\prod_{s=0}^{k-1}\frac{1}{(1+\delta 2^s)}, \quad k=0,\cdots,5 \tag{11.2.25}$$

其中

$$\tilde{c}(0)=\frac{f(0)}{1+\sum_{k=0}^{5}\frac{2^k}{1+\delta}\prod_{s=0}^{k-1}\frac{1}{(1+\delta 2^s)}}$$

当取定 $\delta$ 和 $f_0$, 比如 $\delta=0.1$, $f_0=60$, 可以观察到随着时间的推移, 消费频率逐渐降低, 而消费最优路径的水平逐渐增加. 并且当消费频率降低, 消费水平会出现积聚的动态倾向. 这应该能够从某种角度解释疫情, 或者因某种原因消费停滞后的 "报复性消费" 的社会现象.

**例 11.2.6**  设 $\mathbb{T}=\{0,2,10,15,40,55,60\}$. 仍然取 $\delta=0.1$, $f_0=60$, 递归求解动态方程边值问题 (11.2.19)~(11.2.20), 可得 $\tilde{c}(0)=2.97, \tilde{c}(2)=2.48$, $\tilde{c}(10)=1.37$, $\tilde{c}(15)=0.92, \tilde{c}(40)=0.26, \tilde{c}(55)=0.10$. 这个时标结构体现行为的忽快忽慢, 消费水平积聚的动态倾向更加明显. 对时点 $t$, 当 $\sigma(t)$ 的行为取消, 时点 $t$ 的消费水平会出现明显的增长.

通过以上几个例子, 可以看到行为经济学的一些理论能够在时标上得到较清晰的解释, 刻画时标结构的 $\mu(t)=\sigma(t)-t$ 的变化影响着消费水平的动态取值. 因此, 当 $\mu(t)$ 为常数时, 这种动态变化是观察不到的. 而传统的连续模型和离散模型都是 $\mu(t)$ 为常数的特殊情形.

## 11.3 家庭消费问题

**1. 离散家庭消费问题模型**

假设 $u$ 是效用函数, $\delta \geqslant 0$ 是贴现率. $y(t)$ 是时期 $t$ 的外生收入, $a(t)$ 是个人在时期 $t$ 累积的资产负债比. 建立离散时间家庭消费的效用模型,

$$\max \sum_{t=1}^{T} \left(\frac{1}{1+\delta}\right)^{t-1} u(c(t)) \tag{11.3.1}$$

s.t.

$$a(t) = (1+r)a(t-1) + y(t) - c(t), \quad a(0) = a_0, \quad a(T) = a_T \tag{11.3.2}$$

既然 $a$ 可以是正的, 也可以是负的, 即消费者可以为未来储蓄, 也可以在任何时期以外生利率 $r$ 向未来借款, 所以 $a_0$ 可以解释为上一代传下来的遗产 ($a_0 > 0$) 或者债务负担 ($a_0 < 0$); 而 $a_T$ 可以解释为传给下一代的遗产 ($a_T > 0$) 或债务负担 ($a_T < 0$).

**2. 连续家庭消费问题模型**

同离散模型的假定一样, 可以建立连续时间家庭消费的效用模型,

$$\max \int_0^T e^{-\delta t} u(c(t)) dt \tag{11.3.3}$$

s.t.

$$a'(t) = ra(t) + y(t) - c(t), \quad a(0) = a_0, \quad a(T) = a_T \tag{11.3.4}$$

**3. 时标家庭消费问题模型**

在离散模型和连续模型的基础上, 建立 delta 导数的时标家庭消费问题模型如下:

$$\max \int_0^T e_{\ominus \delta}(t, 0) u(c^\sigma(t)) \Delta t \tag{11.3.5}$$

s.t.

$$a^\Delta(t) = \frac{r}{1+r\mu(t)} a^\sigma(t) + \frac{1}{1+r\mu(t)} y^\sigma(t) - \frac{1}{1+r\mu(t)} c^\sigma(t)$$

$$a(0) = a_0, \quad a(T) = a_T \tag{11.3.6}$$

模型 (11.3.5)~(11.3.6) 是一个变分问题. 假设 $\sigma$ 是 delta 可导的, 定义 Hamilton 算子 $H(t, x, v, p) : [a, \rho(b)]_{\mathbb{T}} \times \mathbb{R}^3 \longrightarrow \mathbb{R}$,

$$H(t, x^\sigma, u^\sigma, p^\sigma) = f(t, x^\sigma, u^\sigma) + p^\sigma g(t, x^\sigma, u^\sigma)$$

以下定理给出了最优解的一阶必要条件.

**定理 11.3.1**([Malinowska2010])　设 $(\tilde{x}, \tilde{u})$ 是下述问题的标准极值:

$$\mathcal{L}[x, u] = \int_a^b f(t, x^\sigma(t), u^\sigma(t)) \Delta t$$

s.t.

$$x^\Delta(t) = g(t, x^\sigma(t), u^\sigma(t))$$

$$x(a) = x_a, \quad x(b) = x_b$$

其中 $L$ 满足

(i) 对任意的容许路径 $y$, $L$ 在点 $t$ 是 rd 连续的;

(ii) 函数 $L(t, \cdot, \cdot)$ 和 $g(t, \cdot, \cdot)$ 是 $C^1$ 的, 且对 $t$ 是一致的,

则存在函数 $\tilde{p}$, 使得对所有的 $t \in [a, \rho^2(b)]_\mathbb{T}$, $(\tilde{x}, \tilde{u}, \tilde{p})$ 满足 Hamilton 系统

$$x^\Delta(t) = H_{p^\sigma}(t, x^\sigma(t), u^\sigma(t), p^\sigma(t))$$

$$(p^\sigma(t))^\Delta = -H_{x^\sigma}(t, x^\sigma(t), u^\sigma(t), p^\sigma(t))$$

和平稳性条件

$$H_{u^\sigma}(t, x^\sigma(t), u^\sigma(t), p^\sigma(t)) = 0$$

模型 (11.3.5)~(11.3.6) 作为一个变分问题, 它的 Hamilton 算子是

$$H(t, a^\sigma, y^\sigma, c^\sigma, p^\sigma) = e_{\ominus \delta} u(c^\sigma) + p^\sigma \left( \frac{r}{1 + r\mu} a^\sigma + \frac{1}{1 + r\mu} y^\sigma - \frac{1}{1 + r\mu} c^\sigma \right)$$

而最优解的一阶必要条件为

$$a^\Delta(t) = \frac{r}{1 + r\mu(t)} a^\sigma(t) + \frac{1}{1 + r\mu(t)} y^\sigma(t) - \frac{1}{1 + r\mu(t)} c^\sigma(t) \tag{11.3.7}$$

$$(p^\sigma(t))^\Delta = -\frac{r}{1 + r\mu(t)} p^\sigma(t) \tag{11.3.8}$$

$$e_{\ominus \delta}(t, 0) u'(c^\sigma(t)) - \frac{1}{1 + r\mu(t)} p^\sigma(t) = 0 \tag{11.3.9}$$

结合 (11.3.8) 式和 (11.3.9) 式, 可以得到变分问题 (11.3.5)~(11.3.6) 的 Euler-Lagrange 方程,

$$[u'(c^\sigma(t))]^\Delta = \frac{\delta - r - r\mu^\Delta(t)}{1 + r\mu^\sigma(t)} u'(c^\sigma(t)) \tag{11.3.10}$$

**例 11.3.1** 设 $\mathbb{T} = \mathbb{R}$. (11.3.10) 式对应

$$u''(c(t))c'(t) = (\delta - r)u'(c(t))$$

这与连续模型的 Euler-Lagrange 方程是一致的.

**例 11.3.2** 设 $\mathbb{T} = \mathbb{Z}$. (11.3.10) 式对应

$$u'(c(t+2)) = \frac{1+\delta}{1+r}u'(c(t+1))$$

这与利用 Bellman 方程所得的离散模型的结果是一致的.

观察 (11.3.10) 式, 可以得到连续和离散模型无法获知的一个结论, 那就是当 $\mu$ 变动时, 边际效用的增长率不再是一个常数, 而是随 $\mu$ 变动的, 即边际效用的增长率是受时标结构, 即消费行为的时间偏好影响的.

再根据 (11.3.8) 式和 (11.3.9) 式, 可得

$$u'(c^\sigma(t)) = \frac{C}{1+r\mu(t)} \frac{e_{\ominus r}(t,0)}{e_{\ominus \delta}(t,0)} = \frac{C}{1+r\mu(t)} e_{r \ominus \delta}(t,0) \tag{11.3.11}$$

其中 $C$ 是一个常数. 结合 (11.3.7) 式和 (11.3.11) 式, 初值条件和终值条件可以求解消费和资产的时间路径.

在 [Atici2011] 里, 针对目标函数和约束条件定义在不同时标上的情形, 作者提出了一个动态最优化问题的技术. 以下用这个技术来讨论本节问题. 设消费函数 $c(t)$ 定义在时标 $\mathbb{T}_c$ 上, 而收入函数 $y(t)$ 发生在时标 $\mathbb{T}_y$ 上, 资产债务比 $a(t)$ 产生于 $\mathbb{T}_a$ 上. 记 $\mathbb{T} = \mathbb{T}_c \cup \mathbb{T}_y \cup \mathbb{T}_a$, 并且

$$m(t) = \max\{\tau \leqslant t : \tau \in \mathbb{T}_c\}$$

$$r(t) = \begin{cases} r, & t \in \mathbb{T}_a \\ 0, & \text{其他} \end{cases}$$

$$i(t) = \begin{cases} 1, & t \in \mathbb{T}_y \\ 0, & \text{其他} \end{cases}$$

此时可将模型 (11.3.5)~(11.3.6) 写为

$$\max \int_0^T e_{\ominus \delta}(m(t),0) u(c^\sigma(m(t))) \Delta t \tag{11.3.12}$$

s.t.

$$a^\Delta(t) = \frac{r(t)}{1+r(t)\mu(t)} a^\sigma(t) + \frac{i(t)}{1+r(t)\mu(t)} y^\sigma(t) - \frac{1}{1+r(t)\mu(t)} c^\sigma(m(t))$$

$$a(0) = a_0, \quad a(T) = a_T \tag{11.3.13}$$

进一步,

(i) 如果 $\mathbb{T}_y = \varnothing$, 那么预算约束

$$a^\Delta(t) = \frac{r(t)}{1 + r(t)\mu(t)} a^\sigma(t) - \frac{1}{1 + r(t)\mu(t)} c^\sigma(m(t))$$

(ii) 如果 $\mathbb{T}_y = \varnothing$ 且 $\mathbb{T}_a = \varnothing$, 那么模型 (11.3.12)~(11.3.13) 和时标 delta "吃蛋糕" 模型 (11.2.5)~(11.3.6) 一致.

根据定理 11.3.1, 可以获得模型 (11.3.12)~(11.3.13) 最优解的一阶必要条件.

**例 11.3.3** 令 $a(0) = 100, a(T) = 0$. 考察模型 (11.3.12)~(11.3.13). 取 $\delta = 0.1$, $\mathbb{T} = \mathbb{T}_c \cup \mathbb{T}_y \cup \mathbb{T}_a$, 其中 $\mathbb{T}_c = 2\mathbb{Z} \cap [0, 12]$, $\mathbb{T}_y = \varnothing$, $\mathbb{T}_a = 3\mathbb{Z} \cap [0, 12]$.

这个时标符合这样一种情况: 一年多来, 消费者依靠他们的储蓄 ($a(0) = 100$, $y = 0$) 和每三个月收到的利息 (假设 $r = 0.03$ 以及 $r = 0.05$) 生活. 这个例子证明了 [Shapiro1995] 和 [Parker1999] 等描述的现象. 他们观察到收入的预期变化影响短期消费率; 当消费者不期望任何额外收入时, 消费者的消费就会下降.

利率从 0.03 到 0.05 的变化并不影响上述行为, 但它表明更高的储蓄倾

$$\frac{d\Pi}{dt} + \beta kj\Pi = \beta kjm \tag{11.3.14}$$

如果需要获得关于内生变量 $p$ 的二向. 更高的利率使得消费者试图在最后一段时间里存更多的钱.

当前, 行为经济学已经从一种思潮变成了经济学实证领域的一部分, 与理性决策模型互相补充, 各自扮演不同职能. 行为经济学的理论已经涵盖了诸多领域, 比如跨期选择、消费选择、风险决策、动态决策、博弈论等. 本章通过简单的 "吃蛋糕" 问题和一个家庭消费问题, 来展示如何在时标时间框架下建立模型, 并且利用时标动态优化理论分析行为经济学问题. 根据具体分析可以发现, 在刻画时间选择与行为模式方面, 时标结构优势明显, 因此可以预见, 如果将时标相关理论应用于行为经济学现象的分析和解释, 也许能够发现一些连续时间和离散时间模型无法解释的有趣现象.

# 参 考 文 献

[Dornbusch 2009] 多恩布什, 费希尔, 斯塔兹. 宏观经济学 [M]. 10 版. 王志伟译. 北京: 中国人民大学出版社, 2009.

[Philippe2004] 菲利普·阿吉翁, 彼得·霍依特. 内生增长理论 [M]. 陶然, 等译. 北京: 北京大学出版社, 2004.

[Takayama2009] 高山晟. 数理经济学 [M]. 2 版. 杨斌, 等译. 北京: 中国人民大学出版社, 2009.

[Gong2012] 龚六堂, 苗建军. 动态经济学方法 [M]. 2 版. 北京: 北京大学出版社, 2012.

[Hu2012] 胡健伟, 汤怀民. 微分方程数值解法 [M]. 北京: 科学出版社, 2000.

[Chiang2015] 蒋中一. 动态最优化基础 [M]. 曹乾译. 北京: 中国人民大学出版社, 2015.

[Robert2004] 罗伯特·M. 索罗. 增长理论: 一种解析 [M]. 2 版. 冯健, 等译. 北京: 中国财政经济出版社, 2004.

[luo2013] 罗华. 经济增长模型的时标分析及相关理论进展 [D]. 大连: 东北财经大学, 2013.

[luo2017] 罗华. 非线性 V 时标动态系统解的存在性与唯一性 [J]. 高校应用数学学报·A 辑, 2017, 32(1): 1-12.

[luo2018] 罗华. 非线性加权 V 时标动态方程共振问题的可解性与多解性 [J]. 高校应用数学学报·A 辑, 2018, 33(3) : 303-314.

[RenMa2020] 任佳, 马晓栋. 差分方程形式下不同预期的蛛网模型及其稳定性研究——以中国猪肉市场为例 [J]. 当代金融研究, 2020 (5): 96-104.

[Shao2020] 邵宜航. 数理经济学精要——经济理论的最优化数学解析 [M]. 2 版. 北京: 北京大学出版社, 2020.

[Tian2016] 田国强. 高级微观经济学 [M]. 北京: 中国人民大学出版社, 2016.

[Yan2020] 严成樑. 现代经济增长理论的发展脉络与未来展望——兼从中国经济增长看现代经济增长理论的缺陷 [J]. 经济研究, 2020, 55(7): 191-208.

[WangLiu2007] 王怡, 刘爱莲. 时标下的蛛网模型 [J]. 山东大学学报 (理学版), 2007, 42(7): 41-44.

[Yuan2010] 袁志刚, 宋铮. 高级宏观经济学 [J]. 2 版. 上海: 复旦大学出版社, 2010.

[Zhan2012] 詹再东. 时标型动态微分系统的最优控制问题及其应用 [D]. 杭州: 浙江大学, 2012.

[Zong2020] 宗良, 时圆, 郝毅. 经济周期长度测算: 基于乘数–加速数模型和中国经济数据 [J]. 国际金融研究, 2020(10): 34-43.

[Zuo2007] 左大培, 杨春学. 经济增长理论模型的内生化历程 [M]. 北京: 中国经济出版社, 2007.

[Abdeljawad2015] Abdeljawad T. On conformable fractional calculus[J]. J. Comput. Appl. Math., 2015, 279: 57-66.

[Anderson2012] Anderson P. The Economics of Business Valuation: Towards a Value Functional Approach[M]. Stanford: Stanford University Press, 2012.

[Agarwal1999] Agarwal R P, Bohner M. Basic calculus on time scales and some of its applications[J]. Results Math., 1999, 35: 3-22.

[Aljinovic2009] Aljinovic Z, Pivac S, Sego B. An expectation of the rate of inflation according to inflation-unemployment interaction in croatia[J]. International Journal of Human and Social Sciences, 2009, 4(13): 919-923.

[Anderson2015] Anderson D, Ulness D J. Newly defined conformable derivatives [J]. Adv. Dyn. Syst. Appl., 2015, 10(2): 109-137.

[Atici2006] Atici F M, Biles D C, Lebedinsky A. An application of time scales to economics[J]. Math. Comput. Modelling, 2006, 43: 718-726.

[Atici2011] Atici F M, Biles D C, Lebedinsky A. A utility maximisation problem on multiple time scales[J]. Int. J. Dyn. Syst. Differ. Equ., 2011, 3: 38-47.

[Atici2009] Atici F M, McMahan C S. A comparison in the theory of calculus of variations on time scales with an application to the Ramsey model[J]. Nonlinear Dynamics and Systems Theory, 2009, 9 (1): 1-10.

[Atici2008] Atici F M, Uysal F. A production-inventory model of HMMS on time scales[J]. Appl. Math. Letters, 2008, 21: 236-243.

[Araujo1983] Araujo A, Scheinkman J A. Maximum principle and transversality condition for concave infinite horizon economic models[J]. J. Economic Theory, 1983, 30(1): 1-16.

[Bartosiewicz2011] Bartosiewicz Z, Martins N, Torres D F M. The second Euler-Lagrange equation of variational calculus on time scales[J]. Eur. J. Control, 2011, 17(1): 9-18.

[Bayour2018] Bayour B, Hammoudi A, Torres D F M. A truly conformable calculus on time scales[J]. Glob. Stoch. Anal., 2018, 5(1): 1-14.

[Benkhettou2016] Benkhettou N, Hassani S, Torres D F M. A conformable fractional calculus on arbitrary time scales[J]. J. King Saud Univ. Sci., 2016, 28(1): 93-98,

[Bohner2004] Bohner M. Calculus of variations on time scales[J]. Dynam. Systems Appl., 2004, 13(3-4): 339-349.

[Bohner2010] Bohner M, Gelles G, Heim J. Multiplier-accelerator models on time scales[J]. International J. Statis. Economics, 2010, 4(S10):1-12.

[Bohner2011] Bohner M, Guseinov G S, Karpuz B. Properties of the Laplace transform on time scales with arbitrary graininess[J]. Integral Transforms Spec. Funct., 2011, 22(11): 785-800.

[Bohner2018] Bohner M, Hatipoğlu V, Hatipoğlu F. Cobweb model with conformable fractional derivatives[J]. Math. Methods Appl. Sci., 2018, 41(18): 9010-9017.

[Bohner2019] Bohner M, Hatipoğlu V F. Dynamic cobweb models with conformable fractional derivatives[J]. Nonlinear Analysis: Hybrid Systems, 2019, 32: 157-167.

[Bohner2001] Bohner M, Peterson A C. Dynamic Equations on Time Scales: An Introduction with Applications[M]. Boston: Birkhäuser, 2001.

[Bohner2003] Bohner M, Peterson A C. Advances in Dynamic Equations on Time Scales[M]. Boston: Birkhäuser, 2003.

[Bohner2013] Bohner M, Heim J, Liu A L. Solow models on time scales[J]. Cubo, 2013, 15(1): 13-32.

[Bohner2006] Bohner M, Luo H. Singular second-order multipoint dynamic boundary value problems with mixed derivatives[J]. Advances in Difference Equations, 2006, 2006: 1-15.

[Chiang1984] Chiang A C. Fundamental methods of mathematical economics[M]. 3rd ed. New York: McGraw-Hill, Inc., 1984.

[Dorfman1969] Dorfman R. An economic interpretation of optimal control theory[J]. American Economic Review, 1969, 59: 817-831.

[Ferreira2011] Ferreira R A C, Malinowska A B, Torres D F M. Optimality conditions for the calculus of variations with higher-order delta derivatives[J]. Appl. Math. Lett., 2011, 24(1): 87-92.

[Gandolfo1980] Gandolfo G. Economic dynamics: methods and models[M]. 2nd ed. volume 16 of Advanced Textbooks in Economics, Amsterdam: North-Holland Publishing Co., 1980.

[Gong2009] Gong Y, Xiang X. A class of optimal control problems of system governed by the first order linear dynamic equations on time scales[J]. J. Industrial and Management Optimization, 2009, 5: 1-10.

[Guzowska2015] Guzowska M, Malinowska A B, Ammi M R S. Calculus of variations on time scales: applications to economic models[J]. Advances in Difference Equations, 2015, 203: 1-15.

[Gülşen2017] Güelşen T, Yılmaz E, Göktaş S. Conformable fractional Dirac system on time scales[J]. J. Inequal. Appl. Paper, 2017, 2017: 161.

[PubMed] Gulsen T, Yilmaz E, Goktas S. Conformable fractional Dirac system on time scales[J]. Journal of Inequalities and Applications, 2017, 2017: 161.

[Gülşen2018] Gülşen T, Yılmaz E, Kemaloğlu H. Conformable fractional Sturm-Liouville equation and some existence results on time scales[J]. Turkish J. Math., 2018, 42(3): 1348-1360.

[Hilscher2004] Hilscher R, Zeidan V. Calculus of variations on time scales: weak local piecewise solutions with variable endpoints[J]. J. Math. Anal. Appl., 2004, 289: 143-166.

[Hilscher2009] Hilscher R, Zeidan V. Weak maximum principle and accessory problem for control problems on time scales[J]. Nonlinear Anal., 2009, 70(9): 3209-3226.

[Hilger1988] Hilger S. Ein MaSSkettenkalkül mit Anwendung auf Zentrumsmannigfaltigkeiten[D]. Wurzburg: Universtat Wurzburg, 1988.

[Hilger1990] Hilger S. Analysis on measure chains-a unified approach to continuous and discrete calculus[J]. Result. Math., 1990, 18: 18-56.

[Heim2012] Heim J S. Economics and finance on time scales[D]. Missouri University of Science and Technology, 2012.

[Hotelling1931] Hotelling H. The economics of exhaustible resources[J]. J. Polit. Econ., 1931, 39(2): 137-175.

[Kamien1981] Kamien M I, Schwartz N L. Dynamic Optimization: The calculus of Variations and Optimal Control in Economics and Managemen[M]. Series Volume 4, New Yonk, Oxford: Elsevier North Holland, Inc. 1981.

[Kaymakcalan1996] Kaymakcalan B, Lakshmikantham V, Sivasundaram S. Dynamic Systems on Measure Chains[M]. Dordrecht: Kluwer AcademicPublishers, 1996.

[Kemp1977] Kemp M C. Further generalizations of the cake-eating problem under uncertainty[J]. Theory Decis., 1977, 8(4): 363-367.

[Khalil2014] Khalil R, Al Horani M, Yousef A, Sababheh M. A new definition of fractional derivative[J]. J. Comput. Appl. Math., 2014, 264: 65-70.

[Kufenko2020] Kufenko V, Prettner K, Geloso V. Divergence, convergence, and the history-augmented Solow model[J]. Structural Change and Economic Dynamics, 2020, 53: 62-76.

[Machado2011] Machado J T, Kiryakova V, Mainardi F. Recent history of fractional calculus[J]. Commun. Nonlinear Sci. Numer. Simul., 2011, 16(3): 1140-1153.

[Malinowska2010] Malinowska A B, Torres D F M. Natural boundary conditions in the calculus of variations[J]. Math. Methods Appl. Sci., 2010, 33: 1712-1722.

[Malinowska2011] Malinowska A B, Martins N, Torres D F M. Transversality conditions for infinite horizon variational problems on time scales[J]. Optim. Lett., 2011, 5(1): 41-53.

[Nerlove1958] Nerlove M. Adaptive expectations and cobweb phenomena[J]. The Quarterly Journal of Economics, 1958, 72(2): 227-240.

[Parker1999] Parker J A. The reaction of household consumption to predictable changes in social security taxes[J]. Am. Econ. Rev., 1999, 89(4): 959-973.

[Peng2009] Peng Y, Xiang X, Gong Y, Liu G. Necessary conditions of optimality for a class of optimal control problems on time scales[J]. Comput. Math. Appl., 2009, 58: 2035-2045.

[Qi2010] Qi L, Kanaya S. The concavity of the value function of the extended Barro-Becker model[J]. J. Economic Dynamics and Control, 2010, 34: 314-329.

[Romer1986] Romer P. Cake eating, chattering, and jumps: existence results for variational problems[J]. Econometrica, 1986, 54(4): 897-908.

[Shapiro1995] Shapiro M, Slemrod J. Consumer response to the timing of income: evidence from a change in tax withholding [J]. Am. Econ. Rev., 1995, 85(1): 274-283.

[Shone2002] Shone R. Economic Dynamics [M]. 2nd ed. Cambridge: Cambridge University Press, 2002.

[Solow1956] Solow R M. A contribution to the theory of economic growth [J]. The Quarterly Journal of Economics, 1956, 70(1): 65-94.

[Swan1956] Swan T W. Economic growth and capital accumulation[J]. Economic Record, 1956, 32: 334-361.

[Tisdell2008] Tisdell C C, Zaidi A. Basic qualitative and quantitative results for solutions to nonlinear: dynamic equations on time scales with an application to economic modelling[J]. Nonlinear Anal., 2008, 68: 3504-3524.

[Zhan2009] Zhan Z D, Wei W, Xu H L. Hamilton-Jacobi-Bellman equations on time scales[J]. Math. Comput. Modelling, 2009, 49: 2019-2028.